CONTENIDO

PARTE IV
LA ESTACADA

PARTE V
MI AVENTURA DE MAR

PARTE VI
EL CAPITÁN SILVER

PROLÓGO DE LA EDICIÓN ESPAÑOLA

En el campo abundantísimo de la moderna literatura inglesa, la casa de Appleton no ha tenido sino el embarazo de la elección, para decidir qué obra debería ocupar el segundo lugar en la colección de novelas inaugurada con el aplaudido "Misterio..." de Hugo Conway.

Roberto Luis Stevenson ha sido el autor elegido, y si la traducción no ha sido tal que borre todos los méritos del original, ya encontrarán no poco que aplaudir y más aún con que solazarse los lectores hispanoamericanos.

La Isla del Tesoro no tiene la pretensión de ser una novela trascendental encaminada á mejorar las costumbres ó censurar los hábitos de un pueblo. No entran en ella en juego todas esas pasiones candentes cuyo hervidero llena las modernas obras de ficción con miasmas que hacen daño. El lector que busca en libros de este género un mero solaz que refresque su espíritu, después de largas horas de un pesado trabajo moral ó material, no se verá aquí detenido por disertaciones inoportunas ni problemas ociosos. Nada de eso.

La Isla del Tesoro es una narración llana, un romance fácil, un cuento sabroso con un niño por héroe, y que, á pesar de sus peripecias dramáticas y conmovedoras, conserva en todo el discurso del libro una pureza y una sencillez tales que no habrá hogar, por mucha severidad que impere en él, del cual pueda desterrársele con razón.

Stevenson se propuso, además, describir con esa difícil facilidad que parece ser un secreto suyo, esas escenas y aventuras marinas en que el lector percibe, desprendiéndose de la sencilla narración, ya el olor acre de las brisas de la playa, ya el rumor de la pleamar deshaciéndose contra las rocas, ya el eco monótono de los cantos de marineros y grumetes empeñados en la maniobra.

La fábula es sencilla pero perfectamente verosímil; con sólo que se recuerden los horrores que realizaron en los mares que dividen el Antiguo del Nuevo Continente aquellas hordas de piratas ingleses que tantas veces abordaron las naos de Nueva España y del Perú, se comprende la posibilidad de ese feroz Capitán Flint que, tras de adquirir un tesoro por la rapiña y la audacia, lo esconde en el corazón de una isla desierta para excitar con él, á su muerte, la avaricia y la sed de oro de sus mismos cómplices.

La Isla del Tesoro ha sido juzgada de la manera más favorable por los más severos críticos ingleses, y es de esperarse que, salvo lo que pueda haberla depreciado la traducción, encuentre una acogida que corresponda al mérito del original, no menos que al empeño con que la casa de los Sres. Appleton han llevado á cabo la edición española.

Manuel Caballero.

Nueva York, Julio de **1886**.

LA ISLA DEL TESORO

PARTE I
EL VIEJO FILIBUSTERO

CAPÍTULO I

EL VIEJO LOBO MARINO EN LA POSADA DEL "ALMIRANTE BENBOW"

Imposible me ha sido rehusarme á las repetidas instancias que el Caballero Trelawney, el Doctor Livesey y otros muchos señores me han hecho para que escribiese la historia circunstanciada y completa de la Isla del Tesoro. Voy, pues, á poner manos á la obra contándolo todo, desde el alfa hasta el omega, sin dejarme cosa alguna en el tintero, exceptuando la determinación geográfica de la isla, y esto tan solamente porque tengo por seguro que en ella existe todavía un tesoro no descubierto. Tomo la pluma en el año de gracia de **17**—y retrocedo hasta la época en que mi padre tenía aún la posada del "Almirante Benbow," y hasta el día en que por primera vez llegó á alojarse en ella aquel viejo marino de tez bronceada y curtida por los elementos, con su grande y visible cicatriz.

Todavía lo recuerdo como si aquello hubiera sucedido ayer: llegó á las puertas de la posada estudiando su aspecto, afanosa y atentamente, seguido por su maleta que alguien conducía tras él en una carretilla de mano. Era un hombre alto, fuerte, pesado, con un moreno pronunciado, color de avellana. Su trenza ó coleta alquitranada le caía sobre los hombros de su nada limpia blusa marina. Sus manos callosas, destrozadas y llenas de cicatrices enseñaban las extremidades de unas uñas rotas y negruzcas. Y su rostro moreno llevaba en una mejilla aquella gran cicatriz de sable, sucia y de un color blanquizco, lívido y repugnante. Todavía lo recuerdo, paseando su mirada investigadora en torno del cobertizo, silbando mientras examinaba y prorrumpiendo, en seguida, en aquella antigua canción marina que tan á menudo le oí cantar después:

"Son quince los que quieren el cofre de aquel muerto
Son quince ¡yo—ho—hó! son quince ¡viva el rom!"

con una voz de viejo, temblorosa, alta, que parecía haberse formado y roto en las barras del cabrestante. Cuando pareció satisfecho de su examen llamó á la puerta con un pequeño bastón, especie de espeque que llevaba en la mano, y cuando acudió mi padre, le pidió bruscamente un vaso de rom. Después que se le hubo servido lo saboreó lenta y pausadamente, como un antiguo catador, paladeándolo con delicia y sin cesar de recorrer alternativamente con la mirada, ora las rocas, ora la enseña de la posada.

—Esta es una caleta de buen fondo—dijo en su jerga marina—y al mismo tiempo una taberna muy bien situada. ¿Mucha clientela, patrón?

—Nó, le respondió mi padre, bastante poca, lo cual es tanto más sensible.

—Bueno, dijo él, entonces este es el camarote que yo necesito. Hola, tú, grumete, le gritó al hombre que rodaba la carretilla en que venía su gran cofre de á bordo, trae acá esa maleta y súbela. Pienso fondear aquí un poco. Y luego prosiguió:—Yo soy un hombre bastante llano; todo lo que yo necesito es rom, huevos y tocino y aquella altura que se vé allí para estar á la mira de las embarcaciones. ¿Quieren Vds. saber cómo han de llamarme?

llámenme Capitán. ¡Oh! ¡ya sé lo que van á pedirme! Al decir esto arrojó tres ó cuatro monedas de oro en el umbral y añadió con un tono de altivez y una mirada tan orgullosa como de un verdadero Capitán:—¡Avisarme cuando se acabe eso!

Y la verdad es que, aunque su pobre traje no predisponía en su favor, ni menos aún su lenguaje tosco, no tenía absolutamente el aspecto de un tramposo, sino que parecía más bien un marino, un maestro de embarcación acostumbrado á que se le obedezca como á Capitán. El muchacho que traía la carretilla nos refirió que la posta ó coche del correo lo había dejado la víspera por la mañana en la posada del "Royal George," que allí se informó qué albergues había á lo largo de la costa, y que habiendo oído buenos informes probablemente acerca del nuestro, y habiéndosele descrito como muy poco concurrido, lo había elegido de preferencia á todos los demás para su residencia. Eso fué todo lo que pudimos averiguar acerca de nuestro huésped.

El Capitán era habitualmente un hombre de muy pocas palabras. Todo el día se lo pasaba, ya vagando á orillas de la caleta, ó ya encima de las rocas, con un largo telescopio ó anteojo marino. Por las noches se acomodaba en un rincón de la sala, cerca del fuego y se consagraba á beber rom y agua con todas sus fuerzas. Las más veces no quería contestar cuando se le hablaba: contentábase con arrojar sobre el que le dirijía la palabra una rápida y altiva mirada, y con dejar escapar de su nariz un resoplido que formaba en la atmósfera, cerca de su cara, una curva de vapor espeso. Los de la casa y nuestros amigos y clientes ordinarios pronto concluimos por no hacerle caso. Día por día, cuando llegaba á la posada, de vuelta de sus vagabundas excursiones, preguntaba invariablemente si no se había visto algunos marineros atravesar por el camino. Al principio nos pareció que la falta de camaradas que le hiciesen compañía era lo que le obligaba á hacer esa constante pregunta; pero muy luego vimos que lo que él procuraba más bien era evitarlos. Cuando algún marinero se detenía en la posada, como lo hacían entonces y lo hacen aún los que siguen el camino de la costa para Brístol, el Capitán lo examinaba al través de las cortinas de la puerta, antes de entrar á la sala, y ya se sabía que, cuando tal concurrente se presentaba, él permanecía invariablemente mudo como una carpa.

Para mí, sin embargo, no había mucho de misterio ni de secreto en sus alarmas, en las cuales tenía yo cierta participación. Un día me había llamado aparte y sigilosamente me había prometido darme una pieza de cuatro peniques el día primero de cada mes con la sola condición de que estuviese alerta, y le avisara, en el momento mismo en que descubriera, la aparición de un "marino con una sola pierna." Con frecuencia, sin embargo, cuando el día primero del mes iba yo á reclamar mi salario prometido, no me daba más respuesta que su habitual y formidable resoplido de la nariz y clavar sus ojos airados en los míos, obligándome á bajarlos; pero antes de que se hubiera pasado una semana, ya estaba yo seguro de que su parecer habría cambiado y lo veía, en efecto, venir á mí trayéndome espontáneamente mi moneda de cuatro peniques, no sin reiterarme sus órdenes de estar alerta para avisarle la aparición de aquel "marino con una sola pierna."

Imposible me sería contar hasta qué punto ese esperado personaje turbaba y entristecía mis sueños. En las noches tempestuosas, cuando el viento hacía estremecer los cuatro ángulos de nuestra casa y cuando la marea bramaba despedazando sus olas á lo largo de la caleta y sobre los abruptos riscos, yo le veía aparecérseme en sueños en mil formas diversas y con mil expresiones diabólicas. Ya era la pierna cortada hasta la rodilla, ya desarticulada desde la cadera; ya se me aparecía como una especie de criatura monstruosa que jamás había tenido sino una sola pierna, y ésa de forma indescriptible. Otras ocasiones lo veía saltar y correr y perseguirme por zanjas y vallados, lo cual constituía, por cierto, la peor de todas mis pesadillas. Hay que convenir, pues, en que pagaba yo bien cara mi pobre soldada mensual de cuatro peniques, con aquellas visiones abominables.

Pero si bien es cierto que tal era mi terror á propósito del marino de una pierna, también es verdad que, por lo que respecta al Capitán mismo, le tenía yo mucho menos miedo que cualquiera de los que lo conocían. Había algunas noches en que se permitía tomar mucho más rom del que podía razonablemente tolerar su cabeza. Entonces se le veía sentarse y entonar sus perversas y salvajes viejas cántigas marinas de que ya nadie hacía caso. Pero á veces le ocurría pedir vasos para todos y forzaba á su tímido y trémulo auditorio á escuchar sus patibularias historias ó á formar un coro á sus siniestras canciones. Con frecuencia oía yo á la casa entera estremecerse con aquel estribillo:

"El diablo ¡yo—ho—hó! el diablo ¡viva el rom!"

en el que todos los vecinos se le unían por amor á sus vidas, con el temor de que aquel ogro les diese la muerte, y cada cual procurando levantar la voz más que el compañero de al lado, á fin de no llamar la atención por su negligencia, porque en aquellos accesos el Capitán era el compañero más intolerante y arrebatado que se ha conocido. Á veces golpeaba bruscamente con su callosa mano sobre la mesa para imponer silencio absoluto á los circunstantes; otras, se dejaba arrebatar á un ímpetu de cólera salvaje á la menor pregunta y en otras le producía el mismo efecto el que ninguna se le dirijiese, porque decía que la concurrencia no estaba atendiendo á su narración. Por ningún motivo hubiera él consentido en que alma nacida abandonase la posada hasta que, sintiéndose ya completamente ebrio y soñoliento él mismo, se iba tambaleando á tirarse sobre su cama.

Sus cuentos y narraciones era lo que á las gentes espantaba más que todo. Horribles historias eran, por cierto; historias de ahorcados, castigos bárbaros como el llamado "paseo de la tabla" y temerosas tempestades en el mar y en el Paso de Tortugas—y salvajes hazañas y abruptos parajes en el Mar Caribe y costa firme. Según sus narraciones debió pasar su vida entera entre los hombres más perversos que Dios ha permitido que crucen sobre los mares; y el lenguaje que usaba para contar todas sus historias disgustaba á aquel sencillo auditorio de campesinos, casi tanto como los crímenes espantosos que describía con él. Mi padre siempre estaba diciendo que la posada concluiría por arruinarse, porque las gentes pronto dejarían de concurrir á ella para que se las tiranizase allí, y se las asustara y se las mandara á acostar horripiladas y estremeciéndose; pero yo creo que, al contrario su presencia no dejó de sernos de algún provecho. Las gentes comenzaron por tenerle un miedo atroz pero á poco, según hoy puedo recordarlo, ya empezaban á gustar de él. Porque, á la verdad, el Capitán era una fuente de valiosas emociones, enmedio de aquella quieta y sosegada vida del campo. Algunos de los más jóvenes de nuestros vecinos no le escatimaban ya ni su misma admiración, llamándole un verdadero lobo marino, un tiburón legítimo y otros nombres parecidos, agregando que hombres de su ralea son precisamente los que hacen que el nombre de Inglaterra sea temido y respetado sobre el océano.

Pero también, en cierto modo no dejaba de llevarnos bonitamente hacia la ruina; porque su permanencia se prolongaba en nuestra casa semana tras semana, y después un mes tras de otro, de tal manera que ya las monedas de oro aquellas habían sido más que devengadas, sin que mi padre se hiciese el ánimo de insistir demasiado en que renovase la exhibición. Si alguna vez se permitía indicar algo, el Capitán resoplaba por el fuelle de su nariz de una manera tan formidable que casi se pudiera decir que bramaba y con su feroz mirada arrojaba á mi pobre padre fuera de la habitación. Yo lo ví, con frecuencia, después de tales repulsas, retorcerse los manos desesperadamente y tengo la certeza de que, el fastidio y el terror que se dividían su existencia contribuyeron grandemente á acelerar su anticipada é infeliz muerte.

En todo el tiempo que vivió con nosotros el Capitán no hizo el menor cambio en su traje, sino fué el comprarse algunos pares de medias, aprovechando el paso casual de un buhonero. Habiéndosele caído una de las alas de su sombrero, no se ocupó de reducir á su lugar primitivo aquel colgajo que era para él una gran molestia, sobre todo, cuando hacía viento. Me acuerdo todavía de la miserable apariencia de su jubón que remendaba, él en persona, arriba en su habitación y que, antes de su muerte, no era ya otra cosa más que remiendos. Jamás escribió ni recibía carta alguna, ni se dignaba hablar á nadie que no fuese de los vecinos que él conocía por tales, y aun á éstos hacíalo solamente cuando bullían en su cabeza los espíritus del rom. En cuanto al gran cofre de á bordo, ninguno de nosotros había logrado verlo abierto.

Solamente una vez sufrió un verdadero enojo, lo cual sucedió poco antes de su triste fin, en ocasión en que la salud de mi padre estaba ya declinando en una pendiente, que acabó por llevarlo hasta el sepulcro. El Doctor Livesey vino una vez con cierto retardo, por la tarde, con el objeto de ver á su enfermo; tomó alguna ligera comida que le ofreció mi madre y se entró, en seguida, á la sala, para fumar su puro, en tanto que le traían su caballo desde el pueblo, porque en la posada carecíamos de bestias y de caballerizas. Yo me fuí tras él y me acuerdo haber observado el contraste que ofreció á mis ojos aquel doctor fino y aseado, de cabellera empolvada, tan blanca como la nieve, de vivísimos ojos negros y maneras gratas y amables, con aquellos retozones palurdos del campo; y más que todo con el sucio, enorme y repugnante espantajo de pirata de nuestra posada, que se veía sentado en su rincón habitual, bastante avanzado ya á aquella hora en su embriaguez cuotidiana, y recargando sus brazos musculosos sobre la mesa. De repente nuestro huésped comenzó á canturriar su eterna canción:

"Son quince los que quieren el cofre de aquel muerto
Son quince ¡yo—ho—hó! son quince ¡viva el rom!
El diablo y la bebida hicieron todo el resto,
El diablo ¡yo—ho—hó! el diablo ¡viva el rom!"

Al principio me había yo figurado que el cofre del muerto que él cantaba sería probablemente aquel gran baúl suyo que guardaba arriba en su cuarto del frente de la casa, y este pensamiento no había dejado de mezclarse confusamente en mis pesadillas con la figura del esperado marino de una sola pierna. Pero cuando sucedió lo que ahora refiero, ya todos habíamos dejado de conceder la más pequeña atención al extraño canto de nuestro hombre que, con excepción del Doctor Livesey, no era ya nuevo para nadie. Pude observar, sin embargo, que al Doctor no le producía un efecto de los más agradables, porque le ví levantar los ojos por un momento, con un aire de bastante disgusto, hacia el Capitán, antes de comenzar una conversación que emprendió enseguida con el viejo Taylor, el jardinero, acerca de una nueva curación para las afecciones reumáticas. Entre tanto el Capitán parecía alegrarse al sonido de su propia música, de una manera gradual, hasta que concluyó por golpear con su mano sobre la mesa de aquella manera brusca y autoritativa que todos nosotros sabíamos muy bien que quería decir: "¡Silencio!" Todas las voces callaron á la vez, como por encanto, excepto la del Doctor Livesey que continuó dejándose oir imperturbablemente clara y agradable, interrumpida solamente, por las vigorosas fumadas que daba á su puro cada dos ó tres palabras. El Capitán lo miró fijamente por algunos momentos, volvió á golpear sobre la mesa, le lanzó una nueva mirada más terrible todavía y concluyó por vociferar, con un villano y soez juramento:

—¡Silencio, allí, los del entre-puente!

—¿Es á mí á quien Vd. se dirijía? preguntó el Doctor, á lo cual nuestro rufián contestó que sí, no sin añadir otro juramento nuevo.

—No le replicaré á Vd. más que una cosa, dijo el Doctor, y es que si Vd. continúa bebiendo rom como hasta aquí, muy pronto el mundo se verá libre de una bien asquerosa sabandija.

Sería inútil pretender describir la furia que se apoderó del viejo al escuchar esto. Púsose en pie de un salto, sacó y abrió una navaja marina de gran tamaño y balanceándola abierta sobre la palma de la mano amenazaba clavar al Doctor contra la pared.

El Doctor no hizo el más pequeño movimiento. Tornó á hablarle de nuevo, lo mismo que antes, por encima de su hombro y con el mismo tono de voz, solo un poco más alto de manera que oyesen bien todos los circunstantes, pero con la más perfecta calma y serenidad:

—Si no vuelve Vd. esa navaja al bolsillo en este mismo instante, le juro á Vd. por quien soy que será ahorcado en la próxima reunión del Tribunal del Condado.

Siguióse luego un combate de miradas entre uno y otro, pero pronto el Capitán hubo de rendirse, guardó su arma y volvió á su asiento gruñendo como un perro que ha sido mordido.

—Y ahora, amigo—continuó el Doctor—desde el momento en que me consta la presencia de un hombre como Vd. en mi distrito, puede Vd. estar seguro de que ni de día ni de noche se le perderá de vista. Yo no soy solamente un médico, soy también un magistrado; así es que, si llega hasta mí la queja más insignificante en su contra, aunque no sea más que por un rasgo de grosería como el de esta noche, ya sabré tomar las medidas más del caso para que se le dé á Vd. caza y se le arroje del país. Haga Vd. que baste con esto.

Poco después llegó á la puerta la cabalgadura, y el Doctor Livesey partió en ella sin dilación. Pero el Capitán se mantuvo pacífico aquella noche y aun otras muchas de las subsecuentes.

CAPÍTULO II

"BLACK DOG" APARECE Y DESAPARECE

No mucho tiempo después de lo referido en el capítulo precedente, ocurrió el primero de los sucesos misteriosos que nos desembarazaron, por fin, del Capitán, aunque no de sus negocios como pronto lo verán los que leyeren. Corría, á la sazón, un invierno crudo y frío, con largas y terribles heladas y deshechos temporales. Mi pobre padre continuaba empeorando de día en día, al grado de que ya se veía muy claramente la poca probabilidad de que llegase á ver una nueva primavera. El manejo de la posada había caído enteramente en manos de mi madre y mías, y ambos teníamos demasiado que hacer con ella para que nos fuese dable el parar mientes con exceso en nuestro desagradable huésped.

Era una fría y desapacible mañana del mes de Enero—muy temprano todavía—la caleta, cubierta toda de escarcha, aparecía gris ó blanquecina, en tanto que la maréa subía, lamiendo suavemente las piedras de la playa, y el sol, muy bajo aún, tocaba apenas las cimas de las lomas y brillaba allá muy lejos en el confín del océano. El Capitán se había levantado mucho más temprano que de costumbre y se había dirijido hacia la playa, con su especie de alfange, colgando bajo los anchos faldones de su vieja blusa marina, su anteojo de larga vista bajo el brazo y su sombrero echado hacia atrás sobre la cabeza. Todavía me parece ver su respiración, suspensa en forma de una estela de humo, en el camino que iba recorriendo á largos pasos, y aún recuerdo que el último sonido que oí de él cuando se hubo perdido tras de la gran roca, fué un gran resoplido de indignación, como si todavía revolviese en su ánimo el recuerdo desagradable de la escena con el Doctor Livesey.

Ahora bien, mi madre estaba á la sazón, con mi padre, en su habitación y yo me ocupaba en arreglar la mesa para el almuerzo, mientras volvía el Capitán, cuando repentinamente se abrió la puerta de la sala y penetró á ésta un hombre que yo no había visto hasta entonces. Era éste un individuo pálido y encanijado, en cuya mano izquierda faltaban dos dedos y que, aunque llevaba también su cuchilla al cinto, no tenía, ni con mucho, el aspecto de un hombre de armas tomar. Yo siempre estaba en acecho de marineros de una sola pierna, ó de dos, pero el que acababa de aparecérseme era para mí un enigma. No tenía el aspecto de un verdadero marino y sin embargo había en él no sé qué aire de gente del mar.

Le pregunté, desde luego, en qué podía servirle y él me contestó que deseaba tomar un poco de rom, pero apenas iba yo á salir de la sala en busca de lo que pedía cuando se sentó á una de las mesas excitándome á que me acercase á él. Yo me detuve en el sitio en que su indicación me había cogido, teniendo en mi mano una servilleta.

—Ven aquí, muchacho, me repitió, acércate más.

Yo dí un paso hacia él.

—¿Es para mi camarada Bill para quien has preparado esta mesa? me preguntó dirijiéndome cierta mirada extraña.

—Ignoro quien es su camarada Bill, le contesté yo; esta mesa es para una persona que se aloja en nuestra casa y á quien nosotros llamamos el Capitán.

—Eso es—replicó él—mi camarada Bill lo mismo puede ser llamado Capitán, que nó. Tiene una cicatriz en una mejilla y unos modos valientemente agradables, muy propios suyos, sobre todo, cuando está bebido. Como señas, pues... ¿qué más?... te repito que tu Capitán tiene una cicatriz en un carrillo... y si más quieres, te diré que ese carrillo es el derecho... ¡Ah! ¡bueno! Ya lo había yo dicho... ¿con que mi camarada Bill está aquí, en esta casa?

—Ahora anda fuera, le contesté yo; ha salido á paseo.

—¿Por dónde se ha ido, muchacho?

Señalé yo entonces en dirección de la roca, diciéndole que el Capitán no tardaría en volver; respondí á algunas otras de sus preguntas y entonces él añadió:

—¡Ah! ¡vamos! esto será tan bueno como un vaso de rom para mi camarada Bill.

La expresión de su cara, al decir esto, no tenía nada de agradable, y yo tenía mis razones para pensar que aquel extraño se equivocaba, en el supuesto de que creyese lo que decía. Pero, al fin y al cabo, pensé que aquello no era negocio mío, además de que no era asunto muy fácil el saber qué partido tomar. El recién venido se mantenía esquivándose tras la parte interior de la puerta de la posada, ojeando de soslayo en torno de su escondrijo, como gato que está en acecho de un ratón. Una vez, salíme yo afuera hacia el camino, pero él me llamó adentro inmediatamente y como no obedeciese su mandato tan pronto como él quería, un cambio instantáneo y espantoso se operó en su semblante enjuto, y me repitió su orden acompañándola de un juramento que me hizo brincar. Tan luego como estuve de nuevo adentro resumió él su primitiva actitud, mitad halagüeña, mitad burlona, dióme una palmadilla sobre el hombro y me dijo:

—Vamos, chico, tú eres un buen muchacho, yo no he querido más que asustarte de broma. Yo tengo un hijo de tu edad, añadió, que se te parece como un motón á otro, y te aseguro que ya es él el orgullo de mi arte. Pero la gran cosa para los muchachos es la disciplina, chico... mucha disciplina. Mira, si alguna vez hubieras tú navegado con Bill, á buen seguro que te hubieras quedado allí esperando que te hablaran segunda vez; yo te digo que no. Nunca Bill ha obrado de otro modo, ni ninguno de los que han navegado con él. Ahora bien, no me engaño, allí viene el camarada Bill con su anteojo bajo el brazo, bendito sea su viejo arte que me permite reconocerlo. Sea en hora buena: tú y yo, muchacho, vámonos allá detrás, á la sala, y nos esconderemos tras de la puerta para dar á Bill una pequeña sorpresa; y bendito sea de nuevo su arte una y mil veces!

Al decir esto mi hombre retrocedió conmigo á la sala y me colocó detrás de él, en el rincón, de tal manera que á ambos nos ocultaba la puerta abierta. Yo estaba positivamente inquieto y alarmado, como es fácil figurárselo, y añadía no poco á mis temores el observar que aquel nuevo personaje tampoco las tenía todas consigo. Yo le veía alistar el puño de su cuchilla y aflojar la hoja en la vaina, sin que, durante todo el tiempo que estuvimos en espera, hubiera cesado de tragar gordo, ó como si hubiera tenido, según la expresión familiar, un nudo en la garganta.

Por último entró el Capitán, empujó la puerta tras de sí, sin ver á izquierda ni á derecha, y marchó directamente, á través del cuarto, hacia donde le esperaba su almuerzo.

Entonces mi hombre pronunció, con una voz que me pareció se esforzaba en hacer hueca y campanuda, esta sola palabra:

—¡Bill!

El Capitán giró rápidamente sobre sus talones y se encaró á nosotros. Todo lo que había de moreno en su rostro había desaparecido en aquel momento y hasta su misma nariz ofrecía un tinte de una lividez azulada. Tenía toda la apariencia de un hombre que vé un espectro, ó al diablo mismo, ó algo peor, si es que lo hay y, créaseme bajo mi palabra, sentí compasión por él, al verle, en un solo instante, ponerse tan viejo y tan enfermo.

—Ven acá, Bill, tú me conoces bien. Tú no has olvidado á un viejo camarada, Bill, estoy seguro de ello; continuó diciendo el recién-venido.

El Capitán exclamó entonces en una especie de boqueada penosa:

—¡Black Dog![**1**]

—¿Pues quién había de ser sino él? replicó el otro, comenzando á sentirse un poco más tranquilo. Black Dog, sí, que, lo mismo que antes viene aquí, á la Posada del "Almirante Benbow" para saludar á su viejo camarada Billy. ¡Ah, Bill, Bill, cuántas cosas hemos visto juntos, nosotros dos, desde la época en que perdí estos dos "garfios"! añadió, levantando un poco su mano mutilada.

—Bien, dijo el Capitán, ya veo que me has cogido... aquí me tienes... vamos... ¿qué quieres?... habla... dí... ¿de qué se trata?

—Veo bien que eres el mismo, replicó Black Dog; tienes razón Bill, tienes razón. Voy á tomar un vaso de rom que me traerá este buen chiquillo á quien tanto me he aficionado desde luego; en seguida nos sentaremos, si tú quieres y hablaremos lisa y llanamente como buenos camaradas que somos.

Cuando yo volví con el rom ya los dos se habían sentado en cada una de las cabeceras de la mesa en que el Capitán iba á almorzar. Black Dog habíase quedado más cerca de la puerta y se le veía sentado de lado, de modo que pudiese tener un ojo atento á su camarada antiguo, y otro, según me pareció, á su retirada libre.

Despidióme luego ordenándome que dejase la puerta abierta de par en par, y añadió:

—Nada de espiar por las cerraduras, muchacho, ¿entiendes?

Yo no tuve más que hacer sino dejarlos solos y retirarme á la cantina del establecimiento.

Durante muy largo tiempo, por más que puse mis cinco sentidos en tratar de oir algo de lo que pasaba, nada llegó á mis oídos sino fué un rumor vago y confuso de conversación; pero al cabo las voces comenzaron á hacerse más y más perceptibles; y ya me fué posible el escuchar distintamente alguna que otra palabra, la mayor parte de ellas, juramentos é insolencias proferidos por el Capitán.

—¡Nó, nó, nó nó! le oí proferir, nó! y concluyamos de una vez!" Y después añadió: si hay que ahorcar, ahorcarlos á todos: y basta!

Luego, de una manera repentina, todo se volvió una tremenda explosión de juramentos y otros ruidos temerosos. La silla y la mesa rodaron en masa, siguióse un chischás de aceros que se chocaban y luego un grito de dolor: en ese mismo instante pude ver á Black Dog en plena fuga y al Capitán persiguiéndole encarnizadamente: ambos con sus cuchillas desenvainadas y el primero de ellos, manando sangre abundantemente de su hombro izquierdo. Precisamente al llegar á la puerta, el Capitán descargó sobre el fugitivo una última y tremenda cuchillada con la cual sin duda alguna lo habría abierto hasta la espina, si no hubiera tropezado su arma con la enseña de nuestra posada que fué la que recibió el golpe, cuya señal es fácil ver, todavía hoy, en el marco de nuestro "Almirante Benbow" hacia la parte de abajo.

Aquel mandoble fué el último de la riña. Una vez afuera ya, y sobre el camino público, Black Dog, á despecho de su herida, pareció decir, con una prisa maravillosa, "pies, para qué os quiero" y en medio minuto le vimos desaparecer tras de la cima de la loma cercana. El Capitán, por su parte, permaneció clavado cerca de la enseña del establecimiento como un hombre extraviado. Poco después pasó su mano varias veces sobre sus ojos, como para cerciorarse de que no soñaba, y en seguida volvió á penetrar en la casa.

—Jim, me dijo, ¡trae rom! y al hablarme se bamboleaba un poco y con una mano se apoyaba contra la pared.

—¿Está Vd. herido? le pregunté.

—¡Rom! me repitió,—necesito irme de aquí... rom! rom!

Corrí á buscárselo; pero con la excitación que los sucesos ocurridos me habían ocasionado, rompí un vaso, obstruí la llave, y cuando todavía estaba yo procurando despacharme lo mejor posible, escuché el golpe ruidoso y pesado de una persona que se desplomaba en la sala. Acudí corriendo y me encontré con el cuerpo del Capitán tendido de largo á largo sobre el suelo. En el mismo instante, mi madre, á quien habían alarmado las voces y rumores de la pelea, descendía corriendo la escalera para venir en mi ayuda. Entre ambos levantamos la cabeza al Capitán, que respiraba fuerte y penosamente, pero cuyos ojos estaban cerrados y en cuya cara aparecía un color horrible.

—¡Cielos, cielos santos! grito mi madre, ¡qué desgracia sobre nuestra casa, y con tu pobre padre enfermo!

Entre tanto á mí no se me ocurría la más insignificante idea sobre lo que pudiera hacerse para socorrer al Capitán, pareciéndome seguro que había sido herido de muerte en su encarnizado combate con aquel extraño. Traje el rom para asegurarme de ello y traté de hacerlo pasar á su garganta; pero tenía los dientes terriblemente apretados los unos contra los otros y sus quijadas estaban tan duras como si hubieran sido de acero. Fué para nosotros, entonces, un grandísimo alivio el ver abrirse la puerta y aparecer en ella al Doctor Livesey que venía á hacer á mi padre su visita cuotidiana.

—¡Oh, Doctor! exclamamos mi madre y yo á la vez. ¿qué haremos? ¿en dónde estará herido?

—¿Herido? dijo el Doctor; ¡qué va á estarlo! ni más ni menos que ustedes ó yo. Este hombre acaba de tener un ataque como yo se lo había pronosticado. Ahora bien, Mrs.

Hawkins, corra Vd. arriba y, si es posible, no diga Vd. á nuestro enfermo ni una palabra de lo que pasa. Por mi parte, mi deber es tratar de hacer cuanto pueda por salvar la vida tres veces inútil de este hombre. Anda pues, tú, Jim, y trae luego una palangana.

Cuando volví, trayendo lo que se me pidió, el Doctor había ya descubierto el nervudo brazo del Capitán, desembarazándolo de sus mangas. Todo él aparecía pintado con esas figuras indelebles que se dibujan en el cuerpo los marineros y los presidiarios. "Buena suerte" decía una de sus inscripciones; y en otras, "Vientos prósperos," "Caprichos de Billy Bones" se podía leer en caracteres claros y cuidadosamente ejecutados sobre el antebrazo. Un poco más arriba, cerca del hombro, se veía un esbozo de patíbulo y pendiente de él un hombre ahorcado, todo ello, según á mí me pareció, ejecutado con bastante destreza y propiedad.

—¡Profético! dijo el Doctor, tocando este último dibujo con su dedo. Y ahora, Maese Billy Bones, si tal es su nombre, vamos á ver de qué color es su sangre. Jim, añadió, ¿tendrás tú miedo de la sangre?

—No, señor, le contesté.

—Está bien, replicó él; entonces ténme la palangana.

Tomó acto continuo su lanceta y con gran habilidad picó una vena.

Una gran cantidad de sangre salió antes de que el Capitán abriera los ojos y echase en torno suyo una mirada vaga y anublada. Reconoció luego al Doctor á quien miró con un ceño imposible de equivocar; en seguida me miró á mí y mi presencia pareció aliviarlo un tanto. Pero de repente su color cambió de nuevo; trató de enderezarse por sí solo y exclamó:

—¿Dónde está Black Dog?

—Aquí no hay ningún Black Dog, díjole el Doctor, como no sea el que tiene Vd. dibujado sobre su espalda. Ha seguido Vd. bebiendo rom, y como yo se lo había anticipado ha venido un ataque. Muy contra mi voluntad me he visto obligado, por deber, á socorrerle, pudiendo decir que casi lo he sacado á Vd. de la sepultura. Y ahora Maese Bones...

—Ese no es mi nombre, interrumpió él.

—No importa, replicó el Doctor, es el nombre de cierto filibustero á quien yo conozco y le llamo á Vd. por él en gracia de la brevedad. Lo único que tengo, pues, que añadir es esto: un vaso de rom no le haría á Vd. ningún daño; pero si Vd. toma uno, tomará otro, y otro después, y apostaría mi peluca á que, si no se contiene pronto y á tiempo, se morirá muy en breve... ¿entiende Vd. esto...? se morirá y se irá al mismísimo infierno, que es su propio lugar, como lo reza la Biblia. Ahora, vamos, haga un esfuerzo. Yo le ayudaré, por esta vez, á llevarlo á su cama.

Entre los dos, y no sin mucho trabajo, nos dimos trazas de llevarlo arriba, á su cuarto y acostarlo sobre su lecho, en el cual dejó caer pesadamente la cabeza sobre la almohada como si se sintiera desmayar.

—Ahora, recuérdelo bien, dijo el Doctor, para descargo de mi conciencia debo repetirle que, para Vd. rom y muerte son dos palabras que significan lo mismo.

Dicho esto se alejó de allí para ir á ver á mi padre, tomándome del brazo para que me fuese con él.

—Eso no es nada, dijo en cuanto hubo cerrado tras de sí la puerta. Le he sacado sangre suficiente para poderlo mantener bien por bastante tiempo. Debe quedarse por una semana en cama: eso es lo menos malo para él y para Vds.; pero un nuevo ataque le traerá la muerte inevitablemente.

CAPÍTULO III

EL DISCO NEGRO

Á eso de medio día lleguéme al cuarto del Capitán llevándole algunos refrigerantes y medicinas. Lo encontré acostado casi en la misma posición en que lo habíamos dejado, nada más que un poco más hacia arriba y me pareció al mismo tiempo débil y excitado.

—Jim, me dijo, tú eres aquí el único que vale algo y ya sabes muy bien que yo siempre he sido bueno para contigo. Jamás he dejado de darte cada mes cuidadosamente tu moneda de cuatro peniques. Ahora, pues, chiquillo,... mira... yo me siento muy abatido, y abandonado de todo el mundo... por lo mismo, Jim... vamos... ¿vas á traerme ahora mismo un vasillo de rom, no es verdad?

—El Doctor... comencé yo.

Pero él me interrumpió en una voz débil aunque animada:

—Los médicos son todos unos lampazos,[1] dijo, y en cuanto á este de acá, vaya,... ¿qué sabe él de hombres de mar? Yo he estado en lugares tan calientes como un caldero de bréa, con mi tripulación diezmada por la fiebre amarilla, y la condenada tierra bailando como si fuese un mar con sus terremotos—¿qué sabe el Doctor de tierras como esa?—pues en ellas he vivido sólo con el rom,—puedes creerlo bien. Él ha sido para mí, bebida y alimento, cuerpo y sombra, sí señor, y si ahora no me han de dar mi rom, ya no seré más que un pobre casco viejo abandonado en una playa de sotavento... mi sangre caerá sobre tí, Jim, y sobre aquel lampazo del Doctor.

Y luego continuó con lo mismo, por algún tiempo acompañándolo con maldiciones; hasta que después, cambiando de táctica, prosiguió en tono plañidero:

—Mira, Jim, cómo se agitan mis dedos; no puedo ya ni sosegarlos, ni sosegarme... es que en todo este bendito día no he probado ni una gota aún, ¡ni una sola gota! Ese Doctor está loco, puedes creérmelo. Si no se me da ahora mismo un poco de rom, siento que me dará la rabia... ya creo sentir en este momento algunos de sus horrores, algunas de sus visiones... allí estoy viendo al viejo Flint, en ese rincón... allí... detrás de tí, tan claro como su imagen viva... ¡oh! si me cojen estas visiones, soy hombre que ha vivido una vida bastante ruda y resucitaré á Caín! Tu mismo Doctor dijo que un vaso no me haría ningún daño. Te daré una guinea de oro por uno sólo, Jim.

Yo ví que el Capitán se ponía más y más excitado y esto me alarmó por mi padre que estaba más grave aquel día y necesitaba mucha quietud; además, tranquilizado por las palabras mismas del Doctor que se me recordaban, aunque un poco ofendido por aquel ofrecimiento de soborno le dije:

—Yo no necesito su dinero sino el que le debe Vd. á mi padre. Voy á traerle un vaso, pero no pida más porque sería inútil.

Cuando se lo hube traído lo asió con verdadera ansiedad y lo bebió de un sorbo.

—¡Ay, ay, ay! dijo como sintiendo un grande alivio, esto ya es algo mejor, sin duda alguna.

Y ahora bien, chico, ¿ha dicho ese Doctor cuanto tiempo tengo que estar acostado en este viejo camarote?

—Una semana, por lo menos, le respondí.

—¡Mil carronadas! gritó él, ¡una semana! Esto es imposible. En ese tiempo podrían ellos enviarme su disco negro. En este mismo momento ya los vagabundos esos enderezan su proa y tratan de habérselas conmigo; vagabundos que no sabrían conservar lo que cogieron y que quieren arañar lo que pertenece á otro. ¡Vayan noramala! ¿es esa una conducta digna de marinos? quiero saberlo. Pero soy un bendito. Yo jamás he derrochado un buen dinero mío, ni lo he perdido tampoco. Yo sabré pegárselas una vez más. No les tengo miedo; les soltaré otro rizo y ya los haré virar de bordo, chico, ¡ya lo verás!

En tanto que hablaba así se había ido levantado de la cama, aunque con gran dificultad, agarrándose—es la palabra—agarrándose á mi hombro con una presión tan fuerte que casi me hizo llorar y moviendo sus piernas como si fuesen un peso muerto. Sus palabras que, como se ve, estaban rebosando un pensamiento activo y lleno de vida contrastaban tristemente con la debilidad de la voz en que eran pronunciadas. Cuando se hubo sentado en el borde de la cama se detuvo un poco y luego murmuró:

—Ese Doctor me ha hundido... los oídos me zumban... acuéstame otra vez.

Antes de que hubiera hecho gran cosa para complacerlo, él había caído ya de espaldas, en su posición anterior, en la cual permaneció silencioso por algún rato.

—Jim, me dijo al cabo, ¿viste hoy á ese marinero?

—¿Á Black Dog? le pregunté.

—¡Ah! ¡Black Dog! exclamó él. Black Dog es un perverso, pero hay alguien peor que lo obliga á serlo. Ahora bien, si no me es posible marcharme de aquí, de ninguna manera, y si me envían el disco negro, acuérdate que lo que ellos buscan es mi viejo cofre de á bordo... Montas en un caballo.. ¿lo harás, no es cierto?... montas en un caballo y vas á ver... pues, sí... no tiene remedio... á ese eterno Doctor del diablo, y le dirás que se dé prisa á reunir á todas sus gentes... magistrados y cosas por el estilo... y que haga rumbo con ellos y los traiga aquí á bordo del "Almirante Benbow"... lo mismo que á todo lo que haya quedado de la vieja tripulación de Flint, hombres y grumetes. Yo fuí primer piloto, sí, primer piloto del viejo Capitán Flint, y soy el único que conoce el sitio verdadero. Él me lo descubrió en Savannah, cuando estaba, como yo he estado hoy, próximo á la muerte. Pero tú no los denunciarás á menos que logren hacerme llegar su disco negro, ó en caso de que vuelvas á ver á ese Black Dog otra vez, ó á un marinero con una pierna sola... á este sobre todos, Jim!

—Pero ¿qué significa eso del disco negro, Capitán? le pregunté.

—Esto no es más que una advertencia, chico, me contestó. Yo te lo explicaré si ellos logran lo que quieren. Entretanto, Jim, ten siempre tu ojo alerta y por mi honor te juro que tú serás mi socio á partes iguales.

Divagó todavía un poco más, y su voz era á cada instante más y más débil. Le dí, en seguida, su medicina, que él apuró como un niño, sin hacer la más ligera observación y añadió luego:

—Si alguna vez un marino ha querido drogas, ese soy yo ahora.

Después de decir esto cayó en un sueño profundo, muy parecido al desfallecimiento, y en ese estado lo dejé.

¿Qué es lo que yo debía haber hecho entonces para que todo hubiera salido bien? No sé. Probablemente debí haber contado todo al Doctor, porque el hecho es que yo me encontraba en una angustia mortal temiendo que, cuando menos, se arrepintiera el Capitán de sus confidencias y quisiera dar buena cuenta de mí. Pero lo que sucedió fué que mi pobre padre murió casi repentinamente aquella noche, lo que me obligó á hacer cualquiera otra cosa á un lado. Nuestra pesadumbre natural, las visitas de los vecinos, los arreglos del funeral y todo el quehacer de la posada que había que desempeñar en el interín, me tuvieron tan ocupado que apenas si tuve tiempo para acordarme entonces del Capitán, mucho menos para pensar en tenerle miedo.

Á la mañana siguiente, á lo que creo, bajó por sí solo á la sala, tomó sus alimentos, como de costumbre, sólo que comió poco y, según me temo, consumió todavía mayor cantidad de rom que de ordinario, porque él se despachó por su propia mano en la cantina, enfurruñado y soplando por la nariz, por lo cual ninguno se atrevía á contrariarlo. La noche víspera del entierro, el Capitán estaba tan borracho como siempre y era, en verdad, una cosa para sublevar contra él, en aquella casa sumida en el luto y la desolación, oirle cantar su eterna y horrible cantinela marina. Pero abatidos y tristes como estábamos, no dejaba de preocuparnos la idea del peligro de muerte en que aquel hombre estaba, tanto más cuanto que el Doctor fué violentamente llamado á muchas millas de distancia de nuestra casa para asistir á un nuevo enfermo, y ya no volvió á estar, como quien dice, al alcance de nuestra mano, después de la muerte de mi padre. He dicho que el Capitán estaba débil, y la verdad es que no sólo lo estaba, sino que parecía decaer más y más visiblemente en vez de recuperar su salud. Yo le veía subir y bajar la escalera con agitación; ya iba de la sala á la cantina, ya de la cantina á la sala; ya se medio asomaba á la puerta exterior de la casa como para aspirar las brisas salobres de la mar, sosteniéndose en las paredes, como para no caer, y respirando fuerte y aprisa como un hombre que encumbra la pendiente abrupta de una montaña. No volvió á conversar conmigo de una manera especial, y yo creo buenamente que había olvidado sus confidencias, pero su carácter se había vuelto más movible y dada su debilidad de cuerpo, mucho más violento que nunca. Tenía ahora un síntoma bien alarmante cuando estaba ebrio, y era el ponerse junto á sí, sobre la mesa, su enorme alfange ó cuchilla, desenvainada. Pero con todo esto, se preocupaba menos de los concurrentes y parecía absorto enteramente en sus propios pensamientos, sin hablar casi para nada, pero divagando un poco. Una vez, por ejemplo, con grandísima sorpresa nuestra comenzó á dejar oir un canto diferente y nuevo para nosotros: era una especie de sonatilla amorosa, de gente del campo, que él debió haber aprendido en su primera juventud, antes de que se dedicara á la carrera de marino.

Así pasaron las cosas hasta el día siguiente del entierro de mi padre. Ese día, como á las tres de una tarde nebulosa, helada y desagradable estaba yo parado hacía unos momentos á la puerta del establecimiento, lleno de tristes y desconsoladoras ideas acerca de mi pobre padre, cuando percibí á alguien que se acercaba por el camino lentamente. Era un hombre completamente ciego, porque tentaleaba delante de sí con un palo y llevaba puesta sobre sus ojos y nariz una gran venda verde. Aparecía jorobado como bajo el peso de años ó enfermedad terrible y vestía una vieja y andrajosa capa marina con capuchón, que le daba un aspecto positivamente deforme y horroroso. Yo nunca he visto en mi vida una figura más horripilante y espantable que aquella. Detúvose un instante cerca de la posada y levantando la voz en un tono de canturria extraña y gangosa lanzó al viento esta relación:

—¿Querrá alguna alma caritativa, informar á un pobrecito ciego que ha perdido el don preciosísimo de su vista en la defensa voluntaria de su patria Inglaterra—así bendiga Dios al Rey Jorge—en dónde ó en qué parte de este país se encuentra ahora?

—Está Vd. en la posada del "Almirante Benbow," caleta del Black Hill, buen hombre, le dije yo.

—Oigo una voz, una voz de joven, me replicó él. ¿Quisiera Vd. darme su mano y guiarme adentro, mi bueno y amable niño?

Tendíle mi mano y en un instante aquella horrible criatura sin vista, que tan dulce hablaba, se apoderó de ella como con una garra. Asustéme tanto que pugné por desasirme, pero el ciego me atrajo poderosamente junto a sí con sola una contracción de su brazo.

—Ahora, muchacho, díjome, llévame á donde está el Capitán.

—Señor, le contesté, bajo mi palabra le aseguro que no me atrevo.

—¡Oh! replicó él con una risita burlona, llévame en el acto ó te destrozo el brazo.

Y así como lo dijo, me dió un apretón tan horrible que me obligó á lanzar un grito.

—Señor, añadí entonces, si no me atrevo, es sólo por Vd. El Capitán ya no es el mismo que era antes. Ahora tiene siempre junto á sí una cuchilla desenvainada. Otro caballero...

—¡Vamos, vamos, en marcha! me interrumpió el ciego, con una voz tan áspera, tan fría, tan ingrata y tan espantable como no he vuelto á oir jamás otra en mi vida. Ella me atemorizó más todavía que el dolor que antes sentí, así es que sin vacilar le obedecí, llevándolo directamente adentro, hacia la sala, en donde nuestro viejo y enfermo filibustero permanecía sentado, entregado á su vicio de tomar rom. El ciego se mantenía apretado á mí, sujetándome como con una tenaza férrea, en su mano formidable, y dejando cargar sobre mí, más peso de su cuerpo, del que yo podía razonablemente soportar.

—Llévame derecho á donde él está, me repitió, y cuando ya esté yo á su vista, grítale: "Bill, aquí esta uno de sus amigos." Si no lo haces así yo te repetiré este juego; y diciendo esto volvió á retorcerme el brazo de una manera tan brutal y dolorosa que creí que iba á desmayarme. Con una y otra cosa fué tal el terror que me cogió por el mendigo ciego que me olvidé de todo mi antiguo miedo al Capitán y, tan luego como abrí la puerta de la sala exclamé como se me había ordenado:

—¡Bill, aquí está uno de sus amigos!

El pobre Capitán levantó los ojos y le bastó la primera ojeada para que su cabeza quedara instantáneamente libre de los humos del rom que había alojado en ella y se pusiera de todo punto natural y despejada. La expresión de su rostro no era tanto ya de terror como de mortal y angustiosa agonía. Hizo un movimiento para ponerse en pie, pero no creo que le quedara ya fuerza suficiente en el cuerpo para realizarlo.

—Veamos, Bill, díjole el mendigo, no hay para que incomodarse; quédate allí sentado en donde estás. Aunque yo no puedo ver, puedo oir, sin embargo, hasta el movimiento de un dedo. No hablemos mucho; vamos al asunto; negocio es negocio. Levanta tu mano izquierda... muchacho, toma su mano izquierda por la muñeca y acércala á mi mano derecha...

Ambos obedecimos como fascinados, al pie de la letra, y noté entonces que el ciego hacía pasar á la del Capitán algo que él traía en la mano misma con que empuñaba su bastón. El Capitán apretó y cerró aquello en la suya nerviosa y rápidamente.

—¡Ya está hecho! dijo entonces el ciego y al pronunciar estas palabras se desasió de mí bruscamente y con increíble exactitud y destreza, salió, de por sí, fuera de la sala y se lanzó al camino real, sin que yo hubiera podido todavía moverme del sitio en que me dejó, como petrificado, cuando ya se había perdido á lo lejos el tip-tap de su caña tentaleando, á distancia, sobre la vía por donde marchaba.

Pasóse algún tiempo antes de que el Capitán y yo volviéramos á nuestros sentidos, pero al cabo, y casi en el mismo momento, solté su puño, que todavía tenía cogido; lanzó él una mirada ansiosa á lo que tenía en la palma de la mano y en seguida exclamó poniéndose violentamente en pie:

—¡Á las diez!... ¡todavía es tiempo!

Al decir esto y ponerse en pie, vaciló como un hombre ebrio, llevóse ambas manos á la garganta, se quedó oscilando por un momento, y luego, con un rumor siniestro y peculiar, se desplomó cuan largo era, dando su rostro en el suelo.

Yo me precipité hacia él, llamando á gritos á mi madre. Pero todo apresuramiento era vano. El Capitán había caído ya muerto, acometido por un ataque de apoplegía fulminante.

¡Cosa extraña y curiosa! Yo, que ciertamente no había tenido jamás cariño por aquel hombre, por más que en sus últimos días me inspirase una gran compasión, tan luego como lo ví muerto, rompí en un verdadero mar de lágrimas. Aquella era la segunda muerte que yo veía y el dolor de la primera estaba todavía demasiado reciente en mi corazón.

CAPÍTULO IV

EL COFRE DEL MUERTO

Sin perder un instante, por supuesto, hice entonces lo que quizás debí haber hecho mucho tiempo antes, que fué contar á mi madre todo lo que sabía, y desde luego ví que nos encontrábamos en una posición sobre manera difícil. Parte del dincro dc aquel hombre—si alguno tenía—se nos debía á nosotros evidentemente; pero no era muy presumible que los extraños y siniestros camaradas del Capitán, sobre todo, aquellos dos que ya me eran conocidos, consintieran en deshacerse de parte del botín que pensaban repartirse, por pagar las deudas del hombre muerto. La orden que el Capitán me había dado, como se recordará, de que saltase al punto sobre un caballo y corriese en busca del Doctor Livesey hubiera dejado á mi madre sola y sin protección, por lo cual no había que pensar en ello. La verdad es que nos parecía imposible á ambos el permanecer mucho tiempo en la casa: los rumores más comunes é insignificantes como el carbón cayendo en las hornillas del fogón de la cocina, el tic-tac del reloj de pared y otros por el estilo, nos llenaban, en aquellas circunstancias, de terror supersticioso. Las inmediaciones de la casa nos parecían llenar el aire con el ruido apagado de pisadas cautelosas que se acercaban, así es que, entre aquel cadáver del pobre Capitán, yaciendo sobre el piso de la sala, y el recuerdo de aquel detestable y horroroso pordiosero ciego, rondando quizás muy cerca y tal vez pronto á volver, hubo momentos en que, como dice un adagio vulgar, no me llegaba la camisa al cuerpo. Había, pues, que tomar una resolución pronta, cualquiera que fuese, y al fin nos ocurrió irnos juntos y pedir socorro en la aldea cercana. Todo fué decir y hacer. Aun cuando estábamos con la cabeza toda trastornada, no vacilamos en correr, sin tardanza, enmedio de la tarde que declinaba y de la espesa y helada niebla que todo lo envolvía.

La aldea, aunque no se veía desde nuestra posada, no estaba, sin embargo, sino á una distancia de pocos centenares de yardas, al otro lado de la caleta vecina, y—lo que era para mí un grandísimo consuelo—en dirección opuesta de la que el mendigo ciego había hecho su aparición, y probablemente de la que también había seguido en su retirada. No tardamos mucho tiempo en el camino, por más que algunas veces nos deteníamos repegándonos el uno al otro para prestar oído. Pero no percibimos ruido alguno anormal; nada que no fuese el vago y suave rumor de la marea y los últimos graznidos y aleteos postreros de los habitantes de la selva.

Acababa de oscurecer cuando llegamos á la aldea, y jamás olvidaré lo mucho que me animó el ver en puertas y ventanas el brillo amarillento de las luces; aunque ¡ay! como muy pronto iba á verlo, aquel era el único auxilio que podíamos esperar por aquel lado. Porque no hubo un alma—por más vergonzoso que esto sea para los hombres aquellos—no hubo un alma que consintiera en acompañarnos de vuelta á la posada. Mientras más detallábamos nuestras cuitas, más veíamos que hombres, mujeres y niños se aferraban en quedarse al abrigo de sus propios hogares. El nombre del Capitán Flint, por más que para mí fuese completamente extraño, era bastante conocido para algunos de aquellos campesinos y bastaba él solo para llevar á sus corazones un gran peso de terror. Algunos de aquellos hombres que habían estado trabajando en el campo, en las cercanías del "Almirante Benbow," recordaban, además, haber visto varios extraños en el camino y tomándolos por contrabandistas, los habían obligado á alejarse; otro aseguraba, por lo menos, haber visto una especie de botc de vela cuadrada, en la parte de la costa que llamamos Caleta del Gato. Por lo visto, cualquiera que fuese un simple camarada del Capitán era bastante para producir un terror mortal á aquellas gentes. Y aun cuando después de muchas vueltas y revueltas encontramos á algunos dispuestos á montar é ir á prevenir al Doctor Livesey de lo que pasaba, para lo cual tenían que ir en otra dirección, lo cierto es que ninguno quiso venir á ayudarnos á defender la posada.

Se dice comunmente que el miedo es contagioso; pero por otro lado, la elocuencia es una gran alentadora, así es que, cuando cada uno hubo dicho su opinión, mi madre les dijo un pequeño discurso.

—Yo declaro, dijo entre otras cosas, que jamás consentiré en perder un dinero que pertenece á mi huérfano hijo, y si ninguno de Vds. se atreve á ayudarme, Jim y yo nos atrevemos á todo. Ahora mismo nos volvemos por donde hemos venido y pocas gracias doy á Vds. camastrones, desentrañados, corazones de pollo. Nosotros solos abriremos esa maleta, aunque deba costarme la vida mi atrevimiento. Gracias mil á Vd., Sra. Crossley, por este saquillo que me ha prestado en el cual traeré mi "muy mío" y muy legítimo dinero.

Es claro que yo dije que iría con mi madre, y claro es también que todas aquellas gentes protestaron contra nuestra temeridad; pero con todo y eso, no hubo un hombre solo que se resolviera á acompañarnos. Todo lo más que hicieron fué darme una pistola cargada por si acaso nos atacaban y prometernos que tendrían listos caballos ensillados para el caso de que fuésemos perseguidos en nuestra vuelta, y entre tanto un muchacho corría ya en busca del Doctor para pedir auxilio armado.

Mi corazón latía violentamente cuando mi madre y yo volvíamos, solos de nuevo, en medio de aquella noche helada, para afrontar tan temible y peligrosa aventura. La luna llena comenzaba á levantar su disco rojizo sobre las vagas siluetas de las nieblas del horizonte, lo cual nos impelía á acelerar el paso, porque era evidente que antes de mucho rato, y antes de que volviésemos de nuevo, todo estaría ya inundado con una claridad como de día, y nuestra partida quedaría expuesta, por lo mismo, á los ojos investigadores de nuestros vigilantes enemigos. Deslizámonos cautelosamente á lo largo de los setos y vallados, sin hacer el menor ruido y no vimos ni oímos nada que fuese parte á aumentar nuestras zozobras, hasta que, al fin, con gran consuelo nuestro, la puerta de la posada se cerró tras de nosotros, que estábamos, al cabo, en ella.

Corrí instintivamente el cerrojo tan luego como entramos, y nos quedamos, por un momento, enmedio de la oscuridad, jadeando y palpitantes, solos, sin más compañía que el cadáver del Capitán. Mi madre enseguida fué al mostrador y tomó una bugía, y cogidos ambos de las manos nos introdujimos á la sala. El muerto estaba allí, tal como lo habíamos dejado, con sus ojos abiertos y un brazo echado hacia fuera.

—Baja el trasparente, Jim, murmuró mi madre; podría suceder que viniesen á espiarnos desde afuera. Y ahora—añadió cuando su orden estaba ejecutada—tenemos que buscar la llave de eso, y ya veremos quien es el que lo coje. Y al decir esto exhaló algo como un suspiro ó un sollozo.

Púseme de rodillas inmediatamente. En el suelo, muy cerca de la mano del difunto me encontré en el acto un disco pequeño de papel, ennegrecido de un lado. No pude dudar de que esto fuese el disco negro á que él se había referido y levantándolo, encontré escrito, al otro lado, en letra muy buena y muy clara, esta intimación demasiado lacónica. "Se le da á Vd. de plazo hasta las diez, de esta noche."

—Se le da hasta las diez, madre, dije, y no bien acababa de pronunciar estas palabras cuando nuestro viejo reloj crujió para dar una hora, y comenzó á sonar pausadamente sus campanadas, haciéndonos extremecer con un movimiento involuntario...

—¡Una... dos... tres... cuatro... cinco... seis! Las seis! son las seis apenas... tenemos tiempo, Jim, dijo mi madre. Ahora, veamos; esa llave!

Busqué en cada una de sus bolsas: algunas pequeñas monedas, un dedal, un poco de hilo, agujas gruesas, un pedazo de tabaco de pipa, su navaja de mango corvo, una brújula de bolsillo, y una cajita con eslabón y yesca fué todo lo que en ellas encontré y ya comenzaba, por lo mismo, á desesperar.

—Tal vez la lleve colgada al cuello, sugirió mi madre.

Sobreponiéndome á una gran repugnancia me resolví á abrirle la camisa y allí, desde luego, suspensa de un sucio cordoncillo embreado que me dí prisa á cortar con su propia navaja, estaba la llave que tanto buscábamos. Con esta primera victoria nos sentimos llenos de valor y de esperanza y nos apresuramos á subir á la habitación del difunto, en la que había dormido por tan largo tiempo y en la cual su cofre de á bordo había permanecido desde el día de su llegada.

Era aquella una maleta marina, común y corriente, como la de otro navegante cualquiera, solo que por fuera llevaba esta inicial B hecha con un hierro candente, y las esquinas aparecían un poco rotas y estropeadas como por un uso largo y nada cuidadoso.

—Dame esa llave, dijo mi madre; y aun cuando la chapa estaba muy dura y en poco uso, ella la había ya abierto y levantado la tapa de la maleta, en un abrir y cerrar de ojos.

Un fuerte olor á tabaco y á bréa salió inmediatamente del interior, pero nada pudimos ver en el compartimiento de arriba, con excepción de un traje de muy buena tela cuidadosamente cepillado y doblado que, según dijo mi madre, jamás debió haber sido usado. Bajo de él comenzaba la miscelánea: un cuadrante, una cajilla de hoja de lata, varios palillos de tabaco, dos pares de muy buenas y hermosas pistolas, un pedacillo de barra de plata, un antiguo reloj español y algunas otras baratijas de muy poco valor, en su mayor parte de estructura extranjera, un par de brújulas montadas en latón y cinco ó seis extrañas y curiosas conchas de los mares de las Indias Occidentales. Con frecuencia me he maravillado después pensando para qué había venido trayendo y guardando aquellos mariscos, en el discurso de su azarosa, culpable y agitada vida.

Entre tanto, nada que valiese la pena habíamos encontrado, excepto la barrilla y las baratijas de plata, que por cierto no era lo que nosotros buscábamos. Debajo había un viejo capote de á bordo, blanqueado con las sales marinas, que mi madre levantó con impaciencia y que descubrió á nuestra vista las últimas cosas del contenido de la maleta. Eran estas, un paquete ó liazo de papeles, envueltos cuidadosamente en tela impermeable, y una talega de cáñamo, que nos bastó menear para que su sonido nos dijese que contenía oro.

—Yo les probaré á esos pícaros, prorrumpió mi madre, que soy una mujer honrada. Tomaré de aquí lo que se nos debe y ni un solo penique más. Ten el saquillo de la Sra.

Crossley; y diciendo esto comenzó á contar escrupulosamente el monto de lo adeudado, pasando las monedas de la talega del Capitán al saquillo que yo sostenía abierto con mis manos.

Fué aquella una operación larga y difícil porque las monedas eran de todos los países y de todos los cuños imaginables. Doblones y luises de oro, guineas y piezas de á ocho, y no sé cuantas otras más, todas mezcladas unas con otras y en montón. Las guineas, además, eran las menos abundantes, y ellas eran las únicas con que mi madre sabía contar.

Estaríamos como á la mitad de nuestra tarea, cuando súbitamente tuve que poner mi mano sobre su brazo, para imponerle silencio, porque acababa de oir enmedio de la atmósfera fría y callada, un rumor que hizo que el corazón me latiera de nuevo hasta querer salírseme por la boca: era el formidable tap-tap del bastón del ciego mendigo golpeando sobre la superficie helada del camino. Lo oí que se acercaba más y más, en tanto que nosotros procurábamos contener hasta la respiración. Por fin golpeó con firmeza en la puerta de la posada y luego oímos distintamente que hacía jugar la perilla de fuera de la cerradura, y el cerrojo crujía con los esfuerzos que aquel miserable hacía para entrar. Hubo, enseguida, un silencio largo y angustioso tanto afuera como adentro de la casa. Por fin el tap-tap del bastón comenzó de nuevo y, con alegría indescriptible de nuestra parte, acabó por irse extinguiendo á lo lejos lentamente hasta que, por último, cesó de oirse por completo.

—Madre, le dije yo, tómelo Vd. todo de una vez y vámonos. Parecíame que la puerta con el cerrojo echado debió de excitar las sospechas de aquel hombre y que probablemente nos echaría encima á todo su nido de gavilanes. Por lo demás, nadie que no se haya visto en presencia de aquel terrible ciego puede explicarse cuánto me felicité de haber tenido antes la ocurrencia instintiva de correr el cerrojo cuando entramos.

Empero mi madre, azorada como estaba, no quiso consentir en tomar ni un céntimo más de lo que se nos debía; pero también se obstinó en no contentarse con menos.

—Todavía no han dado las siete, dijo; falta mucho aún: yo sé lo que me corresponde y lo quiero á todo trance.

Todavía estaba discutiendo conmigo cuando un ligero silbido llegó hasta nosotros, lanzado, á buena distancia, sobre la loma. Aquello era bastante y más que bastante para nosotros dos.

—Me llevaré lo que he contado, dijo mi madre poniéndose violentamente en pie.

—Y yo tomo esto para redondear la cuenta, agregué apoderándome del lío de papeles, envueltos en tela impermeable.

Un instante después, ambos bajábamos á toda prisa la escalera, dejando la vela junto al baúl vacío, y no tardamos sino pocos segundos en abrir la puerta exterior y ponernos en plena retirada. Un minuto más de dilación y hubiera sido ya demasiado tarde. La niebla se estaba desbaratando rápidamente y ya la luna brillaba con toda su claridad en la parte elevada del terreno, á uno y otro lado nuestro, y apenas se quedaba ya un ténue velo á la orilla de la hondonada y á las puertas de la taberna para favorecer con su gasa, todavía no rota, los primeros pasos de nuestra fuga. Mucho antes de que hubiéramos podido llegar á la mitad del camino que lleva á la aldea, muy poco más allá del pie de la loma, debíamos penetrar forzosamente en el espacio claro y descubierto, alumbrado por la luna. Y aun esto no era todo: el rumor de pasos numerosos que se acercaban en tropel llegó hasta nuestros oídos, y al mirar en dirección de ellos, pudimos notar á causa de las oscilaciones de una lucecilla y de su rápida aproximación, que uno de los que se acercaban traía consigo una linterna.

—Hijo mío, díjome mi madre de repente, toma el dinero y escápate corriendo. Yo siento que voy á desmayarme.

Esto sí que era el fin de todo para nosotros, al menos así lo pensé yo. ¡Cuánto no execré en aquel momento, la cobardía de los vecinos; cuánto no desaprobé á mi pobre madre por su honradez y su avaricia, lo mismo que por su pasado atrevimiento y su extrema debilidad en aquella hora! Nos encontrábamos, por nuestra gran fortuna en aquel instante sobre el pequeño puente; yo la sostuve lo mejor que pude, vacilante como estaba, hasta la extremidad de la ribera, en donde exhaló un suspiro y se dejó caer sobre mi hombro. No podré decir ahora cómo encontré en mí fuerzas bastantes para hacer lo que hice en aquellas críticas circunstancias, y aun me temo que lo que ejecuté lo llevé á cabo con alguna brusquedad; el hecho es que me dí trazas para hacerla bajar conmigo el paredón de la hondanada y casi arrastréla de manera de colocarnos un tanto cuanto bajo el arco del mismo puente. Nada más pude hacer después de esto, porque el puentecillo era demasiado bajo para permitirnos otra cosa que el acurrucarme á mí debajo de él, dejando á mi madre casi enteramente afuera; pero quedando ambos á tan corta distancia de la posada que podíamos oir claramente lo que se hablara en ella.

CAPÍTULO V

DEL FIN QUE TUVO EL MENDIGO CIEGO

Mi curiosidad, empero, pudo más que mis temores: comprendí que el permanecer allí donde estaba no me traía más utilidad que la de pasarme agazapado, Dios sabe cuanto tiempo, por lo cual trepé como pude, una vez más al paredón del barranco y ocultando mi cabeza entre un sotillo de retamas pude colocarme en posición de dominar desde allí toda la parte del camino que pasa frente á nuestra puerta. Apenas había logrado acomodarme cuando los enemigos comenzaron á llegar en número de siete ú ocho, á toda carrera, golpeando con sus pies el sendero descompasadamente y trayendo al frente de ellos al hombre de la linterna, á pocos pasos á vanguardia. Tres hombres corrían juntos, cogidos de las manos, y yo comprendí luego, aun á través de la niebla, que el que formaba el centro del trío, no era otro que mi formidable mendigo ciego. Un momento después su voz me probó que no me había equivocado.

—¡Abajo la puerta! gritó.

—Bien, bien, señor! contestaron dos ó tres de los asaltantes los cuales se precipitaron en tropel sobre la puerta de la posada, seguidos por el hombre de la linterna; pero muy luego los ví detenerse y cambiar algunas palabras en voz baja, como sorprendidos de haber encontrado abierta la misma entrada que se proponían forzar. Pero su sorpresa fué muy pasajera: el ciego volvió á lanzar sus órdenes oyéndose su voz más fuerte y más levantada, como si se sintiera encendido por un grande anhelo y una violenta rabia al mismo tiempo.

—¡Adentro, adentro, adentro! les gritaba, no sin proferir maldiciones y juramentos por lo que á él le parecía tardanza.

Cuatro ó cinco de ellos se apresuraron á obedecer, permaneciendo dos en el sendero, al lado de aquel mendigo formidable. Hubo otra pausa no muy larga y tras ella resonó una exclamación de sorpresa, seguida por una voz que clamó desde adentro:

—¡Bill ha muerto!

Pero el ciego lanzóles un tremendo y nuevo juramento por su poca diligencia, añadiendo:

—Regístrelo alguno de Vds., tramposos, vagabundos, y ¡los demás arriba y á bajarse la maleta!

Hasta mi escondite llegaba el ruido de las pisadas de aquellos hombres en los peldaños de madera de nuestra escalera, por tanto, es seguro que la casa entera debía retemblar con ellas. En el momento se siguieron nuevas exclamaciones de sorpresa: la ventana del cuarto del Capitán fué abierta de par en par con un empujón violento acompañado de ruido de vidrios que se rompían. Un hombre apareció en ella, iluminado por la luz plena de la luna y se dirijió al mendigo ciego que se encontraba, como he dicho, en el camino y precisamente debajo de la ventana recién abierta.

—Pew, le gritó, nos han ganado por la mano. Alguien ha registrado ya la maleta, de arriba á abajo.

—¿Está eso allí? preguntó.

—El dinero, sí, contestó el de arriba.

—¡Carguen mil diablos contigo y el dinero! lo que yo pregunto es si está allí el manuscrito de Flint, ¡bergante!

—Por lo que hace á aquí, no hay nada replicó el otro.

—Bueno, bajen Vds., y vean si está sobre el cadáver de Bill.

En ese momento, otro de los de la partida, probablemente el que se había quedado en la sala registrando el cuerpo del Capitán, apareció en la puerta de la posada diciendo:

—Bill ha sido ya registrado antes: nada han dejado sobre él.

—Han sido las gentes de la posada, ha sido ese muchacho. De buena gana le hubiera sacado yo los ojos, rugió el ciego Pew. No ha mucho que estaban aquí todavía: tenían el cerrojo puesto cuando yo quise entrar. ¡Á registrar, muchachos, á registrar y á encontrarlos!

—Lo único que nos han dejado aquí es su vela, dijo el de la ventana.

—¡Pues á la obra, á la obra! ¡á registrar y á dar con ellos! dijo de nuevo Pew, golpeando airadamente con su palo sobre el suelo.

Siguióse entonces una gran batahola, un vaivén indecible adentro de la casa; ruidos de pisadas toscas resonaban de un lado y otro; rumor de muebles arrojados al suelo; puertas abiertas á puntapiés, hasta que las rocas repitieron con sus ecos aquel ruido infernal. Vióse entonces á todos aquellos hombres salir al camino, uno tras de otro, declarando que nada les quedaba que registrar y que, de fijo, no estábamos ocultos dentro de la casa. En aquel instante el mismo silbido que tanto nos había alarmado á mi madre y á mí, cuando operábamos sobre el dinero del difunto Capitán, volvió á oirse clara y distintamente enmedio de la noche, pero en esta ocasión, dos veces repetido. Yo había creído que ese sonido era algo como la trompeta del ciego, ordenando con ella á su tripulación el lanzarse al abordaje, pero entonces comprendí que no era sino una señal soltada sigilosamente del lado de la loma en dirección de la aldea y, según el efecto que ella produjo en nuestros filibusteros, era un aviso preventivo de algún peligro cercano.

—Dirk ha silbado, dijo uno... y dos veces! ¡tenemos que ponernos en franquía!

—¡Ponte en franquía al infierno, mandria! gritóle Pew. Dirk se ha manifestado desde un principio cobarde y tonto, y Vds., no deben hacerle caso. Esas gentes deben estar por aquí, muy cerca, tenemos la mano sobre ellas, con seguridad. Revolver todo, registrarlo todo... ¿á qué hemos venido, si nó, perros de Satanás? ¡Oh! ¡por vida del diablo!... ¡si tuviera yo mis ojos...!

Estas exclamaciones parecieron producir algún efecto, pues dos de los de la banda comenzaron á registrar aquí y acullá, entre las duelas y trastos que había por allí afuera, pero con muy poca resolución, según me pareció y siempre teniendo un ojo listo para escapar al peligro que temían, mientras que los restantes estaban aún indecisos y vacilantes en el camino.

—¡Ah, imbéciles! clamaba el ciego; tienen Vds. las manos puestas sobre millares de millares ¡y se están allí como idiotas, con los brazos cruzados! Todos Vds. pueden hacerse en un momento tan ricos como reyes con solo encontrar eso que muy bien saben que está por aquí, á su alcance, ¡y ninguno quiere hacer su obligación! ¡Mandrias! ¡mandrias! ninguno de Vds. se atrevió á presentarse á Bill, y tuve que resolverme á hacerlo yo... ¡un ciego! ¡Pues bien yo no quiero perder la suerte que me toca, por culpa de Vds.! ¡Qué! ¿voy á seguir siendo toda la vida un pordiosero que se arrastra, chicaneando y trampeando por un miserable vaso de rom, cuando debo y puedo rodar en coches magníficos? ¡Si esas gentes se volvieran ojo de hormiga, todavía deberían Vds. encontrarlas!

—Cierra tu escotilla, Pew, gruñó uno de ellos, ya hemos pescado los doblones.

—Es seguro que ellos habrán escondido bien el maldito lío, saltó otro. Pero no perdamos tiempo; toma tú los Jorges,[**1**] Pew, y no estés allí chillando.

Chillando era la palabra verdadera, y al oirla la muy mal contenida cólera del ciego hizo explosión, excitada ya por las objeciones precedentes, de tal suerte y tan furiosamente, que su excitación se sobrepuso á todo; así fué que, empuñando su grueso bastón, arremetió con él á sus secuaces, golpeando con rabia á derecha é izquierda, á pesar de su ceguera, y dejándose oir sus tremendos golpes sobre más de alguno de los más próximos á él.

Estos, á su vez, respondieron vomitando las más horribles injurias y amenazas sobre el perverso ciego, y se lanzaron sobre él á pretender apoderarse del garrote, retorciéndoselo en su poderoso puño.

Esta riña fué para nosotros la salvación, pues todavía estaban empeñados en ella aquellos hombres, cuando un nuevo ruido se dejó oir hacia la cumbre de la loma, por el lado de la aldea, y era el galope tendido de varios caballos. Casi en el mismo instante un pistoletazo partió del lado del vallado, percibiéndose simultáneamente la luz y el trueno del disparo. Aquello era, evidentemente, la última señal de peligro, porque los filibusteros se pusieron en fuga, en el instante, en una precipitada carrera de "sálvese quien pueda." Todos corrieron en dirección diferente: el uno rumbo al mar; otro hacia la caleta; otro oblícuamente por la loma y así de los demás, de tal manera que en menos tiempo del que lo cuento, no quedaban ya ni trazas de ellos, excepto el ciego Pew. En cuanto á éste, lo habían abandonado, no sabré decir si por el pánico que de ellos se apoderó, ó en venganza de sus injurias y garrotazos. El hecho es que él estaba allí, detrás de todos, tentaleando sobre el camino con su bastón, loca y desesperadamente, y llamando á gritos á sus camaradas fugitivos. Finalmente tomó la peor dirección para él, rumbo á la aldea, y pasó á muy pocos pasos de mi escondite clamando frenéticamente:

—Juanillo, Black Dog, Dirk, y otros nombres más.... Vds. no dejarán aquí á su viejo Pew, compañeros... ¡no dejarán á su pobre Pew!

En aquel instante el ruido de los caballos llegó á la cumbre y cuatro ó cinco ginetes aparecieron sobre la loma, alumbrados claramente por la luna y se precipitaron á galope tendido hacia abajo, por el declive.

Entonces Pew comprendió su error; trató de volverse prorrumpiendo en una maldición y se dirijió hacia la zanja en la cual rodó. Pero en un segundo ya se había puesto en pie de nueva cuenta é intentó un nuevo escape; pero descarriado ya como estaba, no hizo más que ir á colocarse precisamente bajo el más próximo de los caballos que se acercaban. El ginete trató de salvarlo; pero fué en vano. El mendigo cayó, sin remedio, atropellado por el bruto que lo echó por tierra y estampó sobre él, despedazándolo, sus cuatro herrados y poderosos cascos. Pew dejó oir un solo grito horrible y angustioso que se perdió en el silencio trágico de la noche. Cayó sobre un costado, se volteó luego débilmente con el rostro á tierra y no volvió á moverse nunca.

Yo me enderecé entonces y saludé cortésmente á los ginetes que ya se disponían á retroceder, horrorizados por el accidente ocurrido. Pronto me dí cuenta de quienes eran ellos. Uno, que venía aún detrás de todos, era el muchacho que había ido de la aldea en busca del Doctor Livesey; los demás eran aduaneros ó guardas fiscales que aquél había encontrado en su camino y con los cuales se había entendido para regresar sin pérdida de tiempo. La noticia de aquella extraña barca de vela cuadrada surta en la Caleta del Gato, había llegado hasta el Inspector Dance que, á consecuencia de ella, había resuelto hacer una excursión aquella noche en dirección de nuestras playas, circunstancia, sin la cual, es seguro que mi madre y yo habríamos perdido la vida.

En cuanto á Pew, estaba muerto y muy bien muerto. Por lo que hace á mi madre, á quien condujimos á la aldea, algunas lociones de agua fría y algunas sales que le hicimos aspirar le volvieron por completo el conocimiento y aunque no quedó enteramente exhausta de ánimo por sus terrores, sinembargo aún continuaba deplorando el resto del dinero que no quiso tomar. En el interín, el Inspector apresuró su marcha, tanto cuanto pudo, en dirección de la Caleta del Gato; pero sus guardas tenían que desmontar y que ir marchando á tientas por las escabrosidades de la cañada, llevando del diestro á los caballos, algunas veces conteniéndolos y constantemente con el temor de una emboscada, por lo mismo no fué cosa de sorprenderse el que, cuando llegaron al lugar en que sabían que la barca estaba fondeada, ésta se hubiera hecho ya á la mar, si bien estaba aún á cortísima distancia de la playa. Todavía la voz del Inspector pudo llegar hasta los fugitivos, uno de los cuales le gritó que se quitase de la luz de la luna porque podría ir á saludarle un poco de plomo. No acababa de apagarse el eco de esta intimación cuando silbó una bala de mosquete casi rozando el brazo de Dance y acto continuo la embarcación dobló la punta de la caleta y desapareció. El Inspector se quedó allí, según su propia expresión "como pez fuera del agua" y todo lo más que pudo hacer fué enviar un hombre á Brístol para prevenir el arribo posible de la falúa aquella, lo cual era lo mismo que nada, en su opinión.

—Han salido salvos, añadió, y la cosa ha concluido allí. Solamente me alegro mucho de que hayamos trillado al paso á Maese Pew, que de no ser así ya hubiera recibido, á estas horas, noticias mías.

Volvíme entonces con él á la posada del "Almirante Benbow" y no podría nadie imaginarse qué cuadro de trastorno y destrozo encontré en nuestra casa. El reloj, con su gran caja de madera, había sido arrojado al suelo por aquellos bárbaros en su desesperada cacería emprendida para buscarnos á mi madre y á mí, y aun cuando es cierto que nada se habían llevado á excepción del talego de dinero del Capitán y algunas monedas de plata de nuestra gaveta, pude hacerme cargo, desde la primera ojeada que dí, de que estábamos arruinados. El Inspector Dance no podía hacer nada en aquel caos.

—Bueno, Jim, díjome; tú afirmas que ellos han cogido el dinero, ¿no es así? entonces ¿qué fortuna era la que buscaban aquí? ¿más dinero tal vez?

—No señor, no creo que fuese dinero, le contesté, lo cierto es que yo creo tener aquí, en la bolsa de pecho de mi jubón lo que ellos buscaban y quisiera, de buen grado, depositarlo desde luego en un lugar seguro.

—¿Para ponerlo á salvo, muchacho? me parece muy bueno, dijo. Yo me lo llevaré si tú quieres.

—Yo pensaba, tal vez, que el Doctor Livesey... comencé yo.

—¡Excelente! ¡magnífico! me interrumpió él en muy plausible tono; tu idea es immejorable; él es todo un caballero y todo un magistrado. Y ahora que pienso en ello, yo también debo ir allá y dar cuenta, ya sea á él, ya al Caballero Trelawney, de la muerte de ese Maese Pew, que ya no tiene remedio. Y no es que yo la deplore, nó; sino que las gentes poco benévolas podrían querer acriminar por ella á un oficial del fisco de Su Majestad, si acriminación cupiere en este caso. Ahora, pues, Hawkins, si tú quieres, puedo llevarte conmigo.

Le dí cordialmente las gracias por su ofrecimiento y nos fuimos á pie otra vez á la aldea en donde estaban los caballos. Mientras fuí á avisar á mi madre lo que iba yo á hacer ya las cabalgaduras estaban ensilladas.

—Dogger, dijo el Sr. Dance, tú llevas allí un buen caballo, ponte á este chiquillo en ancas.

No bien hube yo montado y asídome al cinturón de Dogger, el Inspector dió la señal de partida y toda la caravana se puso en movimiento saliendo al camino, á un trote bastante vivo, y cruzando el puente que nos sirvió de escondite, rumbo á la casa del Doctor Livesey.

CAPÍTULO VI

LOS PAPELES DEL CAPITÁN

Caminamos bastante de prisa hasta que por fin nos detuvimos á la puerta del Doctor Livesey. La casa estaba enteramente oscura en el exterior.

El Inspector Dance me dijo que me apeara y llamase á la puerta y Dogger me dió uno de sus estribos para que bajara por él. La puerta se abrió casi inmediatemente y apareció la criada.

—¿Está en casa el Doctor? le pregunté.

—Nó, me contestó, estuvo aquí en la tarde, pero volvió á salir rumbo á la Universidad en donde iba á comer y á pasar la velada con el Caballero Trelawney.

—Entonces, vamos allá, muchachos, dijo el Inspector.

Por esta vez, como la distancia que había que recorrer era muy corta, ya no volví á montar, sino que marché teniéndome á la correa del estribo de Dogger hasta el pabellón del conserje, y de allí arriba por la larga y desnuda avenida, alumbrada á aquella hora por el resplandor de la luna, y á cuyo término se veía, de uno y otro lado, en medio de viejos jardines, la blanca silueta del grupo de edificios que forman la Universidad. Aquí el Inspector Dance desmontó, y llevándome consigo, obtuvo el permiso de pasar al interior del establecimiento para un pequeño asunto.

El criado nos condujo á un pasillo esterado á cuyo extremo nos mostró la gran biblioteca, toda forrada de inmensos estantes, coronados de bustos de sabios de todas las edades. Allí encontramos al Caballero Trelawney y al Doctor Livesey, charlando animadamente, puro en mano, á los lados de un fuego alegre y brillante.

Hasta aquella noche no había yo tenido ocasión de ver de cerca al Caballero Trelawney. Era un hombre alto, de más de seis pies de estatura y de anchura proporcionada, con un rostro agreste, áspero y encarnado que sus largos viajes habían puesto así, como forrado por una máscara. Sus pupilas eran muy negras y se movían con gran vivacidad, lo cual le daba la apariencia de poseer un temperamento, no diré malo, pero sí violento y altivo.

—Pase Vd., Sr. Dance, dijo entonces, en un tono benévolo y amable.

—Buenas noches, Dance, dijo á su vez el Doctor con una inclinación de cabeza. Y buenas noches, tú también, amigo Jim, ¿qué buenos vientos traen á Vds. por acá?

El Inspector quedóse de pie, derecho y tieso como un veterano, y contó lo acaecido como un estudiante que recita su lección. Era de verse cómo aquellos dos caballeros se acercaban insensiblemente, y qué miradas se dirijían el uno al otro, embargándoles la sorpresa de tal modo que hasta se olvidaron por completo de fumar sus puros. Cuando se les refirió cómo mi madre había vuelto sola conmigo á la posada, el Doctor se dió una buena palmada en el muslo y el Caballero Trelawney exclamó:

"Tanto el Caballero como yo estábamos ya observando ..."

—¡Bravo, bravo! y en su entusiasmo arrojó su excelente puro á la chimenea. Mucho antes de que lo hiciera se había ya puesto de pie, y medía á pasos agitados la habitación, en tanto que el Doctor, como si esto le ayudara á oir mejor, se había arrancado la empolvada peluca y se nos exhibía allí, haciendo una figura extrañísima, con su propio pelo negro, cortado á peine, como se dice en términos de barbería.

Al fin el Inspector Dance concluyó su narración.

—Sr. Dance, dijo el Caballero, es Vd. un hombre de muy noble corazón. En cuanto al hecho de haber atropellado á aquel perverso lo considero, señor mío, como un acto meritorio, tal como el pisar sobre una alimaña venenosa. Y por lo que hace á este buen mozalbete Hawkins, él ha sido "triunfos" en este juego. Vamos, chicuelo, ¿quieres hacer el favor de tirar el cordón de esa campanilla? Es preciso que obsequiemos al Sr. Inspector con un buen vaso de cerveza.

—Por lo visto, Jim, ¿tú crées tener en tu poder lo que esos malvados buscaban? interrogó el Doctor.

—Aquí lo tiene Vd., dije alargándole el paquete envuelto en tela impermeable.

El Doctor lo tomó y le dió vueltas y más vueltas, como si sus dedos danzaran con la impaciencia nerviosa de abrir aquello; pero en vez de hacerlo así, depositó el paquete tranquilamente en su bolsillo.

—Caballero Trelawney, dijo, así que el Sr. Dance haya tomado su cerveza, tiene, por fuerza, que salir de nuevo al servicio de Su Magestad; pero en cuanto á Jim, me propongo hacerlo que se quede esta noche á dormir en mi casa, así es que con su permiso, propondría yo que le mandáramos dar una buena tajada de pastel frío para que cene.

—Como Vd. quiera, Livesey, dijo el Caballero, Hawkins se ha hecho acreedor á algo mucho mejor que un pastel frío.

Dicho esto, me trajeron y colocaron en una mesita lateral un grande y apetitoso pastel de pichón, con el cual me despaché concienzudamente y muy á mi sabor, porque la verdad es que tenía yo tanta hambre como un halcón. En el interín, el Sr. Dance recibía nuevos cumplidos, tomaba su cerveza y concluía, al fin, por despedirse.

—Y ahora Caballero, dijo el Doctor...

—Y ahora, Livesey, exclamó el Caballero en el mismo tono.

Cada cosa á su tiempo, como lo reza un adagio, dijo el Doctor riendo; ¿Vd. ha oído hablar de ese Flint, á lo que creo?

—¡Oído hablar de él! exclamó el Caballero, oído hablar de él! Pues si ha sido el más sanguinario filibustero que jamás ha cruzado el océano. Barba-roja era un niño de pecho junto á él. Los españoles le tenían un miedo tan horrible que, debo decirlo con franqueza, me sentía yo orgulloso de que Flint fuese un inglés. Yo he visto, con mis propios ojos, las gavias de su navío, á la altura de la Trinidad, y el gallinazo hijo de borrachín con quien yo me había embarcado, hizo proa atrás, refugiándose á toda prisa en Puerto-España.

—Está bien, dijo el Doctor, también yo he oído hablar de él en Inglaterra; pero la cuestión es esta, ¿tenía dinero?

—¡Dinero! exclamó el Caballero Trelawney, ¡ha oído

Vd. cosa! ¿pues qué es lo que esos villanos buscaban sino dinero? ¿qué les importa á ellos nada que no sea dinero? ¿y por qué otra cosa arriesgarían sus viles pellejos que no fuese por dinero?

—Eso lo veremos pronto, replicó el Doctor; pero Vd. está tan extraordinariamente excitado y declamador que no acierto á sacar en limpio nada de lo que deseo. Lo que yo quiero saber es esto: suponiendo que tengo yo en mi bolsa, aquí, la llave para descubrir el punto en que Flint ha sepultado su tesoro, ¿el tal tesoro será algo que valga la pena?

—¡Que valga la pena! ¡Por San Jorge! Valdrá nada menos que esto: si tenemos esa clave que Vd. sospecha, yo fletaré un buque en Brístol y llevaré conmigo á Vd. y á Hawkins, y crea que desenterraré el tal tesoro aunque deba buscar un año entero.

—Muy bien; ahora pues, si Jim consiente, abriremos este paquete, dijo el Doctor poniéndolo sobre la mesa.

El lío estaba cosido, así fué que el Doctor tuvo que sacar de su estuche unas tijeras y cortar las hebras que lo aseguraban. Dos cosas aparecieron: un cuaderno y un papel sellado.

—Primero examinaremos el cuaderno, sugirió el Doctor.

—Tanto el Caballero como yo estábamos ya observando por encima de su hombro cuando él lo abrió, pues por lo que hace á mí ya el mismo Doctor me había antes invitado á que me acercase sin ceremonias, dejando la mesa donde había cenado, para participar en el placer de la curiosa investigación. En la primera página no había más que algunos rasgos de manuscrito, como los que un hombre, con una pluma en la mano, puede hacer por vía de práctica ó de entretenimiento. Una de las frases escritas era la misma que el Capitán llevaba en los dibujos indelebles de su brazo "Caprichos de Billy Bones." Luego se leía esto: "Maese W. Bones, piloto," "No más rom," y "Cerca de Punta de Palma lo hubo" y algunos otros motes y palabras sueltas, en su mayor parte ininteligibles. No pude prescindir de que se excitara mi curiosidad pensando quién sería el que lo hubo y qué fué lo que hubo. Lo mismo podía tratarse de una buena estocada en la espalda que de otra cosa cualquiera.

—No sacaremos de aquí gran cosa en limpio, dijo el Doctor volviendo la hoja.

Las diez ó doce páginas siguientes estaban llenas con una curiosa serie de entradas. En la extremidad de cada una de las líneas se veía una fecha, y en la otra una suma de dinero, como en los libros de cuentas comunes y corrientes; pero en vez de palabras explicativas, sólo se encontraba un número variable de cruces entre una y otra. En la fecha marcada **12** de Junio de **1745**, por ejemplo, se veía claramente que la cantidad de setenta libras esterlinas se debía á alguno, y no se veían sino seis cruces para explicar la causa ú origen de la deuda. En algunos lugares, para mayor seguridad, se añadía el nombre de algún lugar como "Á la altura de Caracas," ó bien una mera cita geográfica de latitud y longitud como, **53° 17´ 20"** y **19° 2´ 40"**.

Aquel memorándum duraba muy cerca del espacio de veinte años, aumentando, como era natural, el guarismo total, á proporción que el tiempo avanzaba, hasta que al último se veía un gran total sumado, después de cuatro ó cinco adiciones equívocas rectificadas, y por todo apéndice estas tres palabras "Hucha de Bones."

—No le hallo á esto pies ni cabeza, dijo el Doctor.

—Pues la cosa es clara como la luz del medio día, exclamó el Caballero: este es el libro de cuentas del malvado sabueso. Esas cruces ocupan allí el lugar de los nombres de buques y aldeas que él echó á pique ó entró á saqueo. Las sumas no son más que la parte que en cada hazaña de esas tocó á nuestro escorpión, y en donde tenía algún error ya ve Vd. que cuidaba de añadir algo que aclarara como "Á la altura de Caracas" ya puede Vd. colegir por esta inscripción que algún desdichado buque fué tomado al abordaje á la altura de las costas mencionadas. ¡Dios haya recibido en su seno á las pobres almas que tripulaban esa barca, tiempo hace ya!

—Es verdad dijo el Doctor. Vea Vd. de lo que sirve ser uno viajero; es verdad. Y el monto aumenta á medida que él asciende en categoría.

Muy poco más había en el libro, excepto determinaciones geográficas de algunos lugares anotados en las hojas en blanco hacia el fin del cuaderno, y una tabla para la reducción de monedas francesas, inglesas y españolas á un valor común.

—¡Hombre arreglado! exclamó el Doctor; no era á él á quien podían hacérsele trampas, de seguro.

—Ahora, prosiguió el Caballero, veamos esto otro.

El papel cuyo exámen seguía, estaba sellado en diversos puntos, habiéndose usado un dedal por vía de sello, tal vez el mismo que había yo encontrado en la bolsa del Capitán. El Doctor abrió los sellos con gran cuidado y apareció entonces el mapa de una isla, con su latitud, longitud, sondas, nombres de montañas, bahías, caletas, abras, y todos los pormenores necesarios para poder llevar un buque á anclar á salvo en sus costas. Parecía como de unas nueve millas de largo y cinco de ancho, teniendo la figura de una especie de dragón en pie, y presentaba dos magníficos fondeaderos, perfectamente cerrados y una eminencia en la parte central marcada con el nombre de "El Vigía." Veíanse algunas adiciones hechas en fecha más reciente, pero lo que más saltaba á la vista eran tres cruces marcadas con tinta roja, dos en la parte norte de la isla y una al sudoeste, y además, escrito con la misma tinta encarnada en caracteres muy claros y elegantes, bien distintos de la tosca escritura del Capitán, estas tres significativas palabras "Aquí el tesoro."

Por detrás, la misma mano había trazado estas explicaciones complementarias.

—"Un grande árbol, en la vertiente de 'El Vigía,' en dirección al N.-N.N.E.

"Islote del Esqueleto E.S.E. cuarta al E.

"Diez pies.

"La gran barra de plata está en el hoyo del lado Norte; puede encontrársela siguiendo el declive del montecillo al Este, diez brazas al Sur del peñasco negro frente á él.

"Las armas se encontrarán fácilmente en la loma de arena que está en la punta Norte del fondeadero septentrional, en dirección Este, cuarta al Norte.—J. F."

Esto era todo; pero conciso como era, y para mí incomprensible, llenó de júbilo al Caballero y al Doctor Livesey.

—Livesey, dijo el Sr. de Trelawney, va Vd. á abandonar en el acto su desdichada y penosa profesión. Mañana salgo para Brístol. En tres semanas... ¡nó! en dos semanas... en diez días, le aseguro á Vd. que tendremos el mejor buque, si señor, y la más escojida tripulación que puede suministrar la Inglaterra. Hawkins vendrá con nosotros como paje de á bordo. ¡Vamos! yo sé que tú harás un famoso paje de á bordo, chico... Vd., Livesey, será el médico del buque; yo me gradúo Almirante desde luego. Nos llevaremos á Redruth, Joyce y Hunter. Tendremos vientos favorables, viaje rápido, y sin la menor dificultad hallaremos el sitio indicado y en él, dinero en cantidad bastante para comer, para arrastrar carrozas y para gastar como príncipes por el resto de nuestra vida.

—Trelawney, dijo el Doctor, prometo acompañarle en la expedición, y puedo responder de su éxito; Jim también vendrá, por supuesto, y será una honra para la empresa. Pero hay un hombre, uno solo á quien yo temo.

—¿Y quién es él? exclamó el Caballero: nombre Vd. á ese pícaro sin dilación.

—¡Vd! replicó el Doctor. Vd. que no tiene la fuerza necesaria para refrenar su lengua. Nosotros no somos los únicos en conocer la existencia de este documento. Esos individuos que han atacado la posada esta noche—arrojados y valientes marrulleros sin duda alguna—lo mismo que los que se habían quedado guardando la extraña barca de que nos habló Dance, todos esos, y me atreveré á afirmar que otros todavía, por angas ó por mangas, se créen con la resolución inquebrantable de apoderarse de la hucha. Ninguno de nosotros, debe, pues, salir solo en lo de adelante hasta estar á bordo. Jim y yo andaremos juntos en el interín. Vd. llevará consigo á Joyce y á Hunter cuando salga para Brístol y del primero al último de los que aquí estamos nos debemos comprometer á no chistar palabra de lo que hemos descubierto.

—Livesey, dijo el Caballero; Vd. siempre tiene razón: por mi parte prometo estarme mudo como una tumba.

PARTE II

EL COCINERO DE "LA ESPAÑOLA"

CAPÍTULO VII

SALGO PARA BRÍSTOL

Pasó mucho más tiempo del que el Caballero Trelawney se imaginó al principio, antes de que estuviésemos listos para hacernos á la mar, y ninguno de nuestros planes primitivos pudo llevarse á ejecución, ni aun el de que el Doctor Livesey me tuviese siempre consigo. El Doctor tuvo que marchar á Londres para buscar un médico que se hiciera cargo de su clientela; el Caballero se fué á Brístol en donde puso, con todo su ardor, manos á la obra en los preparativos de la expedición, y en cuanto á mí me quedé instalado en la Universidad, á cargo de Redruth el montero ó guarda-caza, casi en calidad de prisionero, pero lleno de ensueños marítimos y de las más atractivas anticipaciones imaginarias de islas extrañas y aventuras novelescas. Me deleitaba reproduciéndome en un mapa, durante horas enteras, todos los detalles que recordaba. Y sin moverme de junto al fuego en el salón del amo de la casa, me acercaba con la fantasía á la ansiada isla, en todas las direcciones posibles; exploraba cada acre de terreno de su superficie, subía veinte veces á la cumbre de aquel elevado monte que llamaban "El Vigía" y desde su cima gozaba de los más deliciosos y variados panoramas. Algunas veces veía yo aquella isla densamente cubierta de caníbales con los cuales teníamos que batirnos; otras veces llena de bravos y salvajes animales que nos perseguían; pero la verdad es que todas las lucubraciones de mi fantasía distaron mucho de parecerse á nuestras extrañas y trágicas aventuras en aquella tierra.

Así fueron discurriendo semanas y semanas hasta que un hermoso día llegó una carta dirijida al Doctor Livesey, con esta adición "En caso de ausencia del Doctor, abran esta carta Tom Redruth ó el joven Hawkins." En acatamiento de esta orden encontramos, pues, ó más bien dicho encontré yo, puesto que el guarda-monte era un hombre bastante atrasado en achaques de escritura, y lectura que no fuese en letras de molde, encontré, digo, las importantes noticias siguientes:

"Hotel del Ancla, Brístol, Marzo **1** de **17**—.

"Querido Livesey:

Londres, envío esta por duplicado á ambos lugares.

"Nuestro buque está ya comprado y arreglado con todo lo necesario. Ahora mismo está surto y listo para levar en el primer momento que se le necesite. Vd. no ha visto en su vida una goleta más esbelta ni más gallarda y velera. Un joven cualquiera podría maniobrarla con la mayor facilidad: tiene doscientas toneladas de arquéo y su nombre es La Española.

"La he comprado con la intervención de mi viejo amigo Blandy que ha probado en esta ocasión ser un sorprendente conocedor de la materia. Este incomparable amigo literalmente se ha consagrado en cuerpo y alma á mis intereses y—puedo decirlo—lo mismo han hecho en Brístol todos, en cuanto que han visto la clase de puerto á que nos dirijimos: es decir á Puerto tesoro...."

—Redruth, díjele interrumpiendo la lectura de la carta, el Doctor Livesey no se pondrá muy contento con esto. Veo que, al fin y al cabo, el Caballero ha dejado que se deslice su lengua.

—Bueno ¿quién tiene más derecho de hacerlo? murmuró el guarda-caza. Apuesto una botella de rom á que el Caballero puede muy bien hablar sin esperar el permiso del Dr. Livesey.

Después de esto creí prudente dar de mano á todo comentario y continué leyendo:

"Blandy en persona dió con La Española, y con una habilidad que le admiro, la compró por una verdadera bicoca. Hay aquí en Brístol ciertos hombres monstruosamente hostiles al pobre Blandy. Parece que andan por esas calles de Dios pregonando que mi honrado y excelente amigo no ha hecho más que una grosera especulación; que La Española era propiedad suya y que todo lo que hizo fué vendérmela á un precio absurdamente alto. Todas esas no son más que calumnias evidentes, y lo cierto es que ninguno de sus autores se atreve á negar las excelentes cualidades de nuestra goleta.

"Empero él, dije, no contaba ni con una sola vuelta-de-cabo. Los trabajadores, ó por mejor llamarlos, los aparejadores han andado verdaderamente á paso de tortuga. Pero esto no era sino obra de pocos días. Lo que me preocupaba era la tripulación.

"Yo quería una veintena redonda de hombres—en caso de ser del país, filibusteros; ó bien de los aborrecidos franceses—pero parece que lo hacía el diantre mismo, el caso es que yo no daba ni con la mitad de lo requerido, hasta que un verdadero golpe de fortuna me trajo al hombre que yo necesitaba.

"Un día estaba yo parado en el muelle cuando, por mera casualidad, entré en conversación con él. Me encontré con que es un viejo marino que tiene una especie de taberna en Brístol conocida de todos los marineros; que ha perdido su salud en tierra y que recibiría con mucho agrado una plaza de cocinero á bordo, para volver al mar de nueva cuenta. Díjome que aquella mañana andaba por allí con objeto de aspirar un poco las brisas salobres del océano.

"Conmovióme profundamente—como Vd. mismo se hubiera conmovido—y aunque no por mera conmiseración, le contraté sobre la marcha, para cocinero de nuestra goleta. John Silver es su nombre y tiene una pierna menos, lo cual es á mis ojos una recomendación, puesto que la ha perdido en defensa de su patria, bajo las órdenes del inmortal Hawke. No goza de pensión alguna, Livesey... dígame Vd. ¡en qué tiempos tan abominables vivimos!

"Ahora bien, amigo mío; al principio creí no haber encontrado otra cosa que un simple cocinero; pero fué, en realidad, toda una tripulación lo que yo descubrí. Entre Silver y yo hemos conseguido, en una semana, la más cumplida y característica tripulación que pudiera apetecerse; no de aspecto grato ni sonriente á la verdad, sino sujetos, á juzgar por sus caras, del más esforzado é indomable espíritu. Me atrevo á declarar que podríamos muy bien derrotar á una fragata de guerra.

"Silver ha llevado su escrupulosidad hasta licenciar á unos dos de los hombres que yo tenía ya ajustados. Sin gran trabajo me demostró en un momento oportuno que los aludidos no eran más que unos lampazos de agua dulce que para nada nos servirían, y que antes bien nos estorbarían en un caso de apuro.

"Me siento con la más excelente salud y en admirable disposición de ánimo: cómo como un toro, duermo como un tronco y sin embargo no me daré punto de tregua ni de reposo hasta que no oiga y vea á mis viejos lobos marinos maniobrar en torno del cabrestante. ¡Á la mar! ¡pronto á la mar! ¡Á sacar ese tesoro! La locura de las glorias marítimas se ha apoderado de mi cabeza. Así, pues, Livesey, véngase volando: si en algo me estima Vd. no pierda ni un minuto.

"Deje Vd. al jovencillo Hawkins que vaya, sin tardanza, á visitar á su madre, al cargo de mi viejo Redruth, y que ambos se vengan luego, á toda prisa, para Brístol.

Juan Trelawney.

"Postscriptum.—Se me olvidaba decirle que Blandy, á quien dejo con el encargo de enviar una embarcación en busca nuestra si no hemos regresado para fines de Agosto, ha encontrado un sujeto admirable para Capitán de nuestra goleta, un hombre muy serio y muy estirado—lo cual deploro, de paso—pero en todos los demás conceptos un verdadero tesoro. Silver, por su lado, nos ha traído un hombre muy competente para piloto: su nombre es Arrow. Tengo un contramaestre que silba para la maniobra que es una gloria, así es que las cosas van á marchar, á bordo de La Española, como si hubiéramos fletado un verdadero buque de guerra.

"Se me pasaba añadir que Silver es un hombre de sustancia: me consta personalmente que tiene su cuenta en el banco y que sus gastos nunca han excedido á sus depósitos. Deja á cargo de su establecimiento á su esposa y como ésta es una mulata, podemos decirnos aquí, entre solteros como ambos somos, que me parece que no sólo es la salud sino la mujer lo que hace que Silver quiera salir otra vez á correr los mares.

J. T.

"P. P. S.—Hawkins puede quedarse una noche con su madre.

J. T.

Cualquiera se figurará, sin esfuerzo, la emoción que esa carta me produjo. Estaba medio fuera de mí de júbilo. Pero si hubo alguna vez hombre despechado sobre la tierra ese era ciertamente el pobre viejo Tom Redruth que no hacía ni podía hacer más que gruñir y lamentarse. Cualquiera de los guarda-montes subordinados suyos, se habría cambiado por él con el mayor placer, pero no eran esos los deseos del Caballero, y tales deseos eran como leyes entre aquellas buenas gentes. Nadie que no fuese el viejo Redruth se habría tomado la libertad de murmurar siquiera como á él le era permitido hacerlo.

Á la mañana siguiente él y yo nos pusimos en marcha, á pie, hacia la posada del "Almirante Benbow," en la cual encontré á mi madre muy bien de cuerpo y de alma. El Capitán aquel, que por tan largo tiempo había sido para nosotros causa de tanto disgusto, había ido ya al lugar en que los perversos cesan de molestar. El Caballero había hecho reparar todos los estragos á sus expensas, y tanto los salones de la parte pública de la casa como la enseña de la posada, habían sido pintados de nuevo, habiéndose añadido algunos muebles de que antes carecíamos, entre ellos, principalmente, una muy cómoda silla de brazos para mi madre tras del mostrador. Al mismo tiempo le había buscado un muchachuelo, como de mi edad, en calidad de aprendiz, con el cual mi madre no necesitaba de más servidumbre durante mi ausencia.

Al ver á este rapaz fué cuando comprendí por completo mi verdadera situación. Hasta aquel momento me había fijado tan sólo en las aventuras que me esperaban, pero no en el hogar que dejaba tras de mí. Así fué que, allí, en la presencia de aquel palurdo extraño, que iba á quedarse en mi lugar, al lado de mi madre, tuve irremediablemente mi primer ataque de lágrimas. Me sospecho que aquel día hice rabiar más de lo conveniente á aquel pobre chico que, siendo nuevo en el oficio, me ofreció mil oportunidades que yo aproveché para corregirle lo que hacía y para humillarlo cuanto pude.

Pasó la noche, y al día siguiente, después de la comida, Redruth y yo salimos, de nuevo á pie, por el camino real. Dije adiós muy conmovido á mi madre, á la caleta en que había vivido desde que nací, á aquel viejo y querido "Almirante Benbow" que, sin embargo, me parecía menos querido desde el instante en que ya lo había tocado la mano profana del pintor. Una de las últimas cosas en que pensé fué en el Capitán que tan frecuentemente salía á vagar á lo largo de la playa con su sombrero volándole sobre la espalda, con su gran cuchilla colgada bajo la blusa y su enorme anteojo de larga vista bajo el brazo. Un instante después, ya habíamos volteado tras el ángulo de las rocas, y mi hogar y sus contornos habían desaparecido.

La tartana del correo nos recogió, al oscurecer, en el Royal George hacia el brezal. Se me incrustó en el coche aquel entre un viejo gordo y mi amigo Redruth, y á pesar del desapacible movimiento y del aire frío de la noche, debo haber cabeceado bonitamente desde un principio, y en seguida entregándome á un sueño de lirón, lo mismo de subida que de bajada, y estación tras de estación, porque cuando concluí por despertar, lo hice gracias á una insinuación poco amable que sentí por el costado. Abrí entonces los ojos y me encontré con que nos acabábamos de detener frente á un grande edificio en la calle de una ciudad y que era ya perfectamente de día, desde hacía mucho tiempo.

—¿En dónde estamos?, pregunté.

—En Brístol, dijo Tom, bájate ya.

El Sr. Trelawney había sentado sus reales en una posada cerca de los muelles, para vigilar por sí mismo los trabajos en la goleta. Para ella teníamos que enderezar nuestro rumbo inmediatamente y, con gran contentamiento mío, nuestro camino iba á lo largo de todos los muelles y, por consiguiente, al lado de una verdadera multitud de barcos de todos tamaños, de todas nacionalidades y de todos los aparejos imaginables.

En uno, los marineros cantaban alegremente mientras trabajaban: en otro se veían hombres suspensos allá muy arriba, sobre mi cabeza, asidos solamente de cuerdas que no parecían más gruesas que las hebras de una telaraña. Aunque toda mi vida la había yo pasado en la playa, me parecía que hasta entonces era cuando conocía el mar verdaderamente. El olor penetrante del alquitrán y la sal eran para mí una novedad. Veía las más extrañas y maravillosas cabezas que jamás han cruzado sobre el océano. Veía, además, muchos viejos marinos con arracadas en las orejas y con sus patillas rizadas en bucles; y los más ostentando sus embreadas coletas sobre la espalda, y marchando todos ellos con ese paso cimbrador propio de los marineros. Puede creérseme que si hubiera visto otros tantos reyes ó arzobispos juntos no me hubiera deleitado más de lo que lo estaba en aquellos momentos.

¡Y yo... yo mismo iba también á hacerme á la mar; iba á penetrar á una goleta con su contramaestre mandando la maniobra con su silbato, con sus marinos de trenza, cantando al compás de las ondas; y todos navegando en pos de una isla desconocida, en busca de tesoros enterrados!

Todavía iba yo gozando con este ensueño delicioso cuando de repente nos detuvimos frente á una gran posada y nos encontramos con el caballero Trelawney, ya muy vestido y aderezado como un oficial de á bordo, con un traje de grueso paño azul, saliendo, á la sazón, á la puerta de la posada, con una expresión sonriente en todo su semblante, y con una perfecta imitación del andar contoneado de un marinero.

—¡Vamos! ya están aquí Vds., dijo. El Doctor ha llegado anoche de Londres. ¡Bravísimo! ¡La compañía de nuestro buque está completa!

—¡Oh! señor, exclamé yo, ¿y cuándo zarpamos?

—¿Zarpar?, me contestó, ¡mañana sin falta!

CAPÍTULO VIII.

LA TABERNA DE "EL VIGÍA."

En cuanto que hube almorzado, el Caballero me dió una carta dirigida á John Silver, á su taberna de "El Vigía" y me dijo que me sería muy fácil encontrarla, siguiendo la línea de los muelles y estando alerta para cuando viese una pequeña taberna con un anteojo marino de larga vista, por enseña. Lancéme afuera sin dilación todo alborozado con esta nueva oportunidad que se me presentaba de observar más atentamente y más de cerca todos aquellos buques y marineros, y tomé mi derrotero, en consecuencia, por enmedio de una verdadera masa de gentes, carromatos y bultos de mercancías, por ser aquella la hora de mayor quehacer y tráfico en los muelles, hasta que dí, al fin, con la taberna en cuestión.

Era ella, á la verdad, un sitio de solaz bastante aceptable. La enseña estaba recién pintada; las ventanas tenían flamantes cortinas rojas y los pisos aparecían cuidadosamente enarenados. El establecimiento hacía esquina, teniendo una puerta para cada calle, abierta de par en par, lo que hacía que el salón bajo tuviese bastante aire y luz, á despecho de las nubes de humo de tabaco que salían de las bocas de los parroquianos. Eran estos, en su mayor parte, de la marinería del puerto y hablaban en voz tan alta que, al llegar, no pude menos que detenerme á la puerta, vacilante y casi atemorizado de entrar.

Estaba yo en espera del patrón, cuando un hombre salió de un cuarto de al lado del salón, y á la primera ojeada tuve la seguridad de que aquel no era otro que John Silver. Su pierna izquierda había sido amputada desde la cadera, y bajo el brazo izquierdo se apoyaba en una muleta que manejaba con la más increíble destreza, saltando sobre ella con la agilidad de un pájaro. Era muy alto y fuerte, con una cara tan grande como un jamón, rasurada y pálida, pero inteligente y risueña. No cabía duda en que estaba, á la sazón, del mejor humor del mundo, silbando alegremente mientras pasaba por entre las mesas, y soltando, á cada paso, una broma graciosa ó dando una palmadilla familiar sobre el hombro á cada uno de sus parroquianos favoritos.

Ahora bien, si he de decir la verdad, confesaré que, desde la primera mención que el Caballero hacía en su carta, de John Silver, comencé á temer interiormente que este no fuese otro que el "marinero de una sola pierna" por cuya temida aparición vigilé tanto tiempo en el "Almirante Benbow." Pero me bastó la primera ojeada que eché sobre él para desvanecer mis temores. Yo había visto bien al Capitán, y á Black Dog, y al ciego Pew y creí que ya con eso me bastaba para saber lo que era ó debía ser un filibustero, es decir una criatura, según yo, bien distinta de aquel aseado, sonriente y bien humorado amo de casa.

Todo mi valor me vino inmediatamente; pasé el vestíbulo y me dirijí sin rodeos al hombre aquel, en el lugar mismo en que estaba en aquel momento, recargado en su muleta y conversando con un parroquiano.

—¿El Sr. Silver?, pregunté tendiéndole la carta.

—Yo soy, chiquillo; ese es mi nombre á lo que parece. ¿Y tú quién eres? Y luego como viese la escritura del Caballero en el sobre de la carta, me pareció como que contenía mal un sobresalto involuntario.

—¡Oh!, díjome en voz muy alta y ofreciéndome su mano, ahora comprendo, tú eres el pajecillo de cámara de la goleta, ¿no es verdad? Mucho gusto tengo de verte.

Y diciendo esto tomó la mía en su larga y poderosa mano.

Precisamente en aquel momento uno de los parroquianos que estaban en el lado más retirado, se levantó repentinamente y se precipitó fuera de la puerta que tenía muy cerca de sí, lo cual le permitió ganar la calle en un instante. Pero su precipitación me hizo fijarme en él y le reconocí á la primera ojeada. Era aquel mismo hombre de cara enjuta, á quien faltaban dos dedos en una mano y que fué una vez al "Almirante Benbow."

—¡Oh! grité yo, ¡deténganlo! ¡ese es Black Dog!

—No me importa mucho quien pueda ser, exclamó Silver, pero no ha pagado su cuenta. ¡Harry, corre y atrápalo!

Uno de los otros que estaban cerca de la puerta se puso en pie de un salto y se precipitó afuera en persecución del fugitivo.

—¡Oh! yo le haré que pague su consumo, así fuera el mismo Almirante Hawke en cuerpo y alma.

En seguida añadió soltándome la mano:

—¿Quién dices tú que es ese?... Black... ¿qué?

—Black Dog, señor, le contesté. ¿No le ha contado á Vd. el Sr. Trelawney lo de los filibusteros? Pues este era uno de ellos.

—¡Es posible!, exclamó Silver. ¡Y semejante hombre en mi casa! Mira tú, Ben, corre y ayuda á Harry á perseguir á ese. ¿Con que él era uno de esos pillastres, eh? Hola, tú, Morgan, vén aquí, ¿estabas tú bebiendo con ese hombre?

El interpelado que era un viejo bastante cano y con cara color de caoba, se acercó con un continente bastante marino, contoneándose á babor y á estribor.

—Veamos, dijo John Silver, con bastante rigidez, ¿no has visto tú antes de ahora á ese Black... Black Dog? ¡Dí pronto!

—Yo no, señor, contestó Morgan con una reverencia.

—¿Tú no sabías cómo se llamaba, eh?

—No señor.

—¡Rayos y truenos! Tom Morgan; dále gracias á Dios por ello, exclamó el irritado tabernero, porque si yo averiguo que te andas mezclando con canallas de esa ralea, te prometo, por quien soy, que no vuelves á poner un pie en mi casa, entiéndelo bien. ¿Y que te estaba platicando?

—La verdad no lo sé, no puse cuidado.

—¡Es creíble! y luego dirán Vds. que tienen la cabeza sobre los hombros! ¿no es éste un bendito que nada ve? ¿Con que no lo sabes? ¿con que no pusiste cuidado? tal vez ni supiste con quién estabas hablando, ¿no es verdad? ni qué es lo que decía, eh? Vamos, haz por acordarte, ¿qué es lo que charlaba, ¿viajes? ¿capitanes? ¿buques?... vamos, ¿qué era?

—Yo creo que estábamos hablando de estirar la quilla.

—Con que de estirarla, ¿eh? ¡Grande asunto por cierto! Es muy posible, sí...! ¡Anda, vuélvete á tu lugar, haragán!

Mientras Morgan se volvía á su asiento, Silver murmuró casi á mi oído, en un tono muy confidencial, que me pareció en extremo halagador para mí:

—Ese pobre Tom Morgan es todo un hombre honrado; solamente tiene la desdicha de ser estúpido.

Y luego levantando la voz de nuevo, prosiguió.

—Con que veamos,... ¿Black Dog?... pues no, no conozco ese nombre, no por cierto. Sin embargo, tengo cierta idea... sí, yo creo haber visto ya antes á ese agua-dulce por aquí. Entiendo que solía venir antes en compañía de un mendigo ciego.

—Por supuesto, le dije yo con seguridad; puede Vd. creerlo. Yo conocí también á ese ciego. Se llamaba Pew.

—¡Es verdad! exclamó Silver, en extremo excitado ya, ¡Pew! ese era su nombre, á no caber duda. ¡Ah! parecía un tiburón completo, de veras que sí! Así, si ahora cogemos á este Black Dog, ya tendremos noticias que enviar á nuestro buen Patrón el Caballero Trelawney. Ben es un buen galgo; creo que pocos marineros tendrán piernas más ligeras que él. ¡Rayos y truenos! yo creo que debería acogotarlo y traérnoslo aquí bien agarrotado. ¿Con que estaba hablando de estirar la quilla, eh? ¡No le daré yo mal tirón de quilla al belitre si me lo traen!

Todo el tiempo que gastó en disparar esa andanaba de amenazas, no cesó de recorrer el salón de un lado al otro, brincando agitadamente sobre su muleta, golpeando con la mano sobre las mesas y manifestando una excitación tal que hubiera bastado para convencer al juez más ducho y para hacer caer en el garlito al más avisado. Mis sospechas se habían de nuevo despertado con gran fuerza al encontrarme con el Black Dog en la taberna misma de "El Vigía," por lo cual me propuse tener la mirada atenta sobre el cocinero de La Española y espiar sus menores movimientos. Pero aquel hombre era demasiado vivo, y demasiado zorro, y sobradamente astuto para mí; y así es que pronto me distraje con la vuelta de los dos sabuesos soltados en persecución de Black Dog, los cuales llegaban sin aliento confesando que habían perdido el rastro de su presa en una apretura de gentes y que se habían visto regañados como si fueran ladrones. En aquellos momentos habría yo puesto mi cabeza fiando la inocencia de John Silver.

—Mira tú no más, ahora, Hawkins, dijo este, aquí tienes, un compromiso para un hombre como yo. ¿Qué va á pensar de mí el Caballero Trelawney? ¡Tener yo, aquí, en mi misma casa, á ese hijo de un demonio, bebiendo mi propio rom! No más, ven y díme si no es diablura; y aquí mismo, á mis propios ojos le dejamos todos que tome las de Villadiego!

¡Rayos y truenos! Yo creo, muchachito, que tú me harás justicia con el Capitán. Tú eres un chicuelo todavía, pero vivo como un zancudo. Yo te lo conocí en cuanto que te puse el ojo encima. La cosa es esta: ¿qué puedo yo hacer con esta vieja muleta que es mi apoyo? Cuando yo comenzaba apenas mi carrera de marinero, ya habría sabido yo traerme á ese agua dulce por delante, mano sobre mano, y doblegarlo en una lucha, cuerpo á cuerpo. Sí, entonces lo habría hecho, pero ahora, ¡rayos y truenos...!

En aquel punto cesó de hablar repentinamente, se quedó con la quijada inmóvil y suspensa como si se hubiera acordado de algo.

—¡La cuenta!, prorrumpió al fin; ¡tres pases de rom! ¡mil carronadas! ¡pues no había yo olvidado ya la cuenta!

Y dejándose caer en un banco, al decir esto, prorrumpió en una risotada tan sostenida que las lágrimas concluyeron por rodar sobre su rostro. No pude impedirme el imitarle, así fué que reímos juntos, una carcajada tras de otra hasta que la taberna resonó con los ecos de nuestras risotadas.

—¡Vamos! ¡pues bonita foca soy yo!, dijo al fin, enjugándose las mejillas; tú y yo haremos buenas migas, Hawkins, pues á permitírmelo el diablo cree tú que yo no sería más que pajecillo de á bordo, como tú. Pero ahora, ¡que le vamos á hacer! ya no es tiempo para pensar patrañas. El deber es lo primero, camarada, así es que voy á ponerme en seguida mi viejo sombrero montado y marchar sin pérdida de tiempo contigo á ver al Caballero Trelawney y á contarle lo que aquí ha pasado. Porque, acuérdate de lo que te digo, Hawkins, esto es serio, tan serio que ni tú ni yo saldremos de ello con lo que pomposamente llamaré crédito. Ni tú tampoco, dije... ¡vaya con el tonto! Los dos estamos ahora tontos de capirote. Pero ¡voto á San Jorge, aquel sí que supo hacerla con mi cuenta!

Y diciendo esto, comenzó á reir de nuevo con todas sus ganas y con tal fuerza comunicativa que, por más que yo no encontraba ni sentido, ni maldita sea la gracia á lo que acababa de decir, me ví arrastrado de nuevo á acompañarle en su estrepitosa carcajada.

En nuestra pequeña excursión á lo largo de los muelles se manifestó conmigo el más servicial é interesante compañero, explicándome cerca de cada uno de los principales buques junto á los cuales pasábamos todo lo relativo á su aparejo, capacidad, nación, obras que en ellos se ejecutaban, si el uno estaba á la carga y el otro á la descarga, si el de más allá estaba listo para zarpar y á cada paso entreverando divertidas anécdotas, de navíos y navegantes, ó repitiéndome las frases del tecnicismo de á bordo hasta que yo las aprendía perfectamente. Entonces comencé á creer que aquel hombre era positivamente uno de los mejores marinos posibles.

Cuando llegamos á la posada el Caballero y el Doctor Livesey estaban sentados juntos concluyendo alegremente de apurar una botella de cerveza con su brindis correspondiente, antes de que se pusieran en marcha para ir á hacer á La Española una visita de inspección.

John Silver les refirió lo que acababa de suceder, del pe al pa, con una verba llena de animación y conservando la más perfecta verdad en su relato.

—Eso fué lo que sucedió, ¿no es verdad Hawkins? se interrumpía de vez en cuando, á cuya interpelación, por supuesto, tenía yo que contestar afirmativamente.

Los dos caballeros deploraron mucho que Black Dog se hubiese escapado, pero todos tuvimos que convenir en que nada podía hacerse, por lo cual, después de haber recibido cordiales cumplimientos, John Silver tomó su muleta de nuevo y se marchó á su taberna.

—Todo el mundo á bordo, esta tarde á las cuatro, le gritó el Caballero, cuando ya él iba alejándose.

—¡Bravo, bravo, bravo! clamó el cocinero con entusiasmo y siguiendo su camino.

—Oigame Vd., Sr. Trelawney, dijo el Doctor, por regla general yo no tengo una gran fe en los descubrimientos de Vd., mas por lo que hace á este John Silver debo confesarle que me satisface por completo.

—Un hombre como él es "triunfo" en mano, declaró el Caballero.

—Y ahora, añadió el Doctor, opino que Jim debe venir con nosotros á bordo, ¿no le parece á Vd.?

—Estoy de acuerdo, replicó el Sr. Trelawney. Toma tu sombrero, Hawkins, y vamos á ver ese famoso buque.

CAPÍTULO IX

PÓLVORA Y ARMAS

La Española estaba á una distancia considerable y nosotros hicimos nuestro camino entre las elaboradas y elegantes proas de unos buques y las popas de otros, cuyo cordaje y vergas, unas veces se liaban y yacían bajo nuestros pies, otras se balanceaban galanamente sobre nuestras cabezas. Por último llegamos á nuestro barco en el cual nos recibió, en cuanto saltamos á bordo, el piloto, Sr. Arrow, un viejo marino de faz morena con arracadas en sus orejas y que, por desdicha, tenía los ojos torcidos. El Caballero y él parecían congeniar bastante y llevarse en muy buenos términos, pero no tardé en observar que no acontecía lo mismo tratándose de las relaciones del mismo Sr. de Trelawney con el Capitán de La Española.

Este último era un hombre de aspecto severo que parecía disgustado con todo, á bordo de nuestra goleta, y pronto iba á decirnos por qué, pues no bien habíamos entrado al salón principal, cuando un marinero vino tras de nosotros y dijo:

—Caballero: el Capitán Smollet desea hablar con Vd.

—Siempre estoy á las órdenes del Capitán, contestó el Caballero. Hágale Vd. pasar adelante.

El Capitán que estaba muy cerca de su mensajero entró en el acto y cerró la puerta tras de sí.

—Ahora bien, Capitán Smollet, ¿qué es lo que Vd. tiene que decirnos? Supongo que todo aquí marcha y está arreglado como entre buenos navegantes y verdadera gente de mar.

—Vea Vd., señor, contestó el Capitán, creo que hablar sin rodeos es siempre lo más práctico, aun á riesgo de parecer que se ofende. Hé aquí mi opinión: no me gusta este viaje, no me gusta la tripulación y no me gusta mi segundo á bordo: esto es hablar claro y en plata.

—Tal vez, señor mío, ¿tampoco le gusta á Vd. el buque?, añadió el Caballero, bastante molesto, á lo que me pareció.

—En cuanto á eso nada puedo decir, puesto que no lo he visto moverse aún. Á la simple vista me parece un velero muy hermoso: más no puedo decir.

—Es también muy posible que le disguste á Vd. el Patrón, recalcó el Caballero.

En este punto el Doctor Livesey creyó oportuno intervenir diciendo:

—Un momento, señores, un momento, si Vds. gustan. Esas preguntas no conducen á nada más que á creer una mala voluntad perjudicial. Yo creo que el Capitán, ó ha dicho demasiado ó ha dicho muy poco, y me creo en el deber de requerirle para que nos explique sus palabras. Ha dicho Vd. para comenzar, que no le gusta este viaje. Veamos... ¿por qué?

—Se me ha contratado, señor, por el sistema de lo que llamamos nosotros "pliego cerrado." Se me ha requerido simplemente para gobernar un navío, llevándolo al punto y rumbo que me designase el contratante. Hasta allí todo estaba bueno. Pero ahora me encuentro con que todos y cada uno de los hombres de la tripulación, saben mucho más que yo acerca de nuestro viaje. Yo no puedo calificar esto de recto ni de natural; ¿tengo razón?

—Sí, sí la tiene Vd., dijo el Doctor.

—En seguida he sabido, por mis propios marinos, que vamos en busca de un tesoro—no olvide Vd. que son ellos los que me lo hacen saber. Ahora bien, eso de tesoro es cosa que tiene sus peligros. Á mí no me gustan viajes de tesoros por ningún motivo, más cuando son secretos, y sobre todo—perdóneme el Sr. Trelawney—cuando el tal secreto ha sido confiado al loro.

—¿Al loro de Silver?, preguntó el Caballero.

—He hablado en sentido figurado. Quiero decir que ha sido divulgado. Yo tengo la creencia de que ninguno de Vds., caballeros, sabe bien en lo que se ha metido. Les diré, pues, mí opinión lisa y llana: este es asunto de vida ó muerte y un albur positivamente delicado.

—Así lo veo yo, dijo el Doctor, y me parece que es tan claro como cierto. Estamos á las contingencias, aunque no nos encontramos tan en tinieblas como Vd. lo supone. Pero añadió Vd. también que no le gusta la tripulación, ¿cree Vd. que los nuestros no son verdaderos marinos?

—No me agradan, señor, insistió el Capitán Smollet. Me parece que se me debió haber dejado elegir mis hombres, yendo á una expedición como la que vamos.

—Quizás tenga Vd. razón, replicó el Doctor. Tal vez hubiera sido mejor que mi amigo hubiera hecho su elección de acuerdo con Vd. Pero puede creer que la falta, si la hubo, fué enteramente involuntaria. Por último, dijo Vd. que tampoco le gusta su segundo el Sr. Arrow.

—Así es, señor. Yo creo que es un buen marino, pero se roza demasiado familiarmente con la tripulación para ser un buen oficial. Un piloto debe siempre darse á respetar, y no permitirse brindar, como éste, en compañía íntima, con los marineros.

—¿Quiere Vd. decir que el hombre bebe?, exclamó el Caballero.

—No señor; solamente que mantiene una intimidad sobrado inconveniente con los hombres de la tripulación.

—Está bien, pues, Capitán, dijo el Doctor; pero si hemos de zanjar dificultades, díganos Vd. lo que desea.

—Bien, señores; ¿están Vds. determinados á llevar á cabo esta expedición?

—Contra viento y marea, respondió el Caballero.

—Muy bien, dijo el Capitán. Pero supuesto que ya han tenido Vds. la paciencia de oirme cosas que no me era dable probar, escuchen algunas palabras más. Se está colocando la pólvora y las armas en las bodegas de proa: ¿por qué no ponerlas en un lugar muy á propósito que hay aquí, precisamente debajo del salón? Primer punto. Ahora, segundo: Vds. traen cuatro personas de su propia servidumbre que, según he oído, van á tener sus dormitorios á proa, con los demás hombres ¿por qué no darles los camarotes que hay aquí al lado de la cámara de popa?

—¿Hay algo más?, preguntó el Sr. Trelawney.

—Sí, hay todavía otra exigencia, continuó el Capitán. Por desgracia ya se ha charlado y divulgado mucho sobre la expedición.

—Sí, demasiado, apoyó el Doctor.

—Diré á Vds. lo que yo mismo he oído, siguió el Capitán: dicen que Vds. poseen un mapa de cierta isla en el cual hay cruces rojas que marcan el lugar exacto en que esas riquezas están enterradas; añaden que la isla está... (y aquí nombró la longitud y latitud de ella con toda exactitud).

—Jamás he dicho yo tal cosa, exclamó el Caballero.

—El hecho es que los hombres lo saben, replicó el Capitán.

—Livesey, tal vez alguna indiscreción de Vd.; ó tal vez tú, Hawkins, exclamó el Sr. Trelawney.

—No hace mucho al caso el averiguar quién haya sido el indiscreto, replicó el Doctor.

Por mi parte, me fué fácil notar que ni él ni el Capitán daban mucho peso á las afirmaciones y protestas del Sr. Trelawney, sin que yo mismo dejara de pensar como ellos, pues me constaba que el Caballero era un charlador incorregible. Sin embargo, en esta ocasión, decía la pura verdad, según creo, y era un hecho que ninguno había revelado la posición geográfica de la isla.

—En hora buena, caballeros, continuó el Capitán; yo no sé en manos de quién está ese mapa, pero pongo por condición estricta que se le mantenga de todo punto secreto y oculto aun de mí mismo y de mi segundo el Sr. Arrow, ó de no ser así, renuncio mi puesto en este mismo instante.

—Entiendo, dijo el Doctor; lo que Vd. quiere es que el objeto real se mantenga tan velado como sea posible y que, entre tanto, convirtamos la popa en una especie de fortificación, guardada por nuestros propios hombres y provista con toda la pólvora y armas de que podamos disponer á bordo. En otras palabras, teme Vd. una rebelión.

—Caballero, dijo gravemente el Capitán Smollet, protestando que no es mi intención el lastimar á Vd., permítame negarle el derecho de poner en mis labios palabras que yo no he pronunciado. No existe capitán alguno que pudiera juzgarse autorizado para hacerse á la mar, si tuviese las pruebas necesarias para decir lo que Vd. me ha supuesto. Por lo que hace al Piloto, lo creo de todo punto honrado; algunos de nuestros tripulantes lo son también sin duda, y quizás lo sean todos, por lo que se ve. Pero Vds. se servirán tener en cuenta que sobre mí pesa la doble responsabilidad de la seguridad de la embarcación y de la vida de cada hombre que nuestra goleta lleva á bordo. Me ha parecido que las cosas no iban por un camino muy derecho y he juzgado prudente el pedir á Vds. que se tomaran ciertas precauciones: eso es cuanto tengo que decir.

—Capitán Smollet, comenzó á decir el Doctor con cierta sonrisa en los labios, ¿ha oído Vd. hablar alguna vez de cierta fábula de la montaña y el ratón? Le pido á Vd. mil perdones, pero la verdad es que me ha traído Vd. á la memoria la tal fábula. Cuando Vd. penetró aquí, apuesto mi peluca á que Vd. pensaba más de lo que confiesa.

—Doctor, es Vd. muy listo, respondió el Capitán; cuando entré aquí pensé que se me iba á separar del buque. No me imaginé que el Sr. de Trelawney hubiese oído una sola palabra de cuanto he dicho.

—Y no iba Vd. muy descaminado, exclamó el Caballero. Á no ser por la oportuna mediación de Livesey yo le hubiera enviado á Vd. al diantre. Pero por ahora ya le he escuchado y se hará todo lo que Vd. quiere; mas eso no me impide el creer que está Vd. equivocado en este asunto.

—En cuanto á eso crea Vd. lo que guste, dijo el Capitán. Vd. verá en todo caso, que cumplo con mi deber.

Dicho esto saludó y salió sin decir más.

—Trelawney, dijo el Doctor, contra todo lo que yo me figuraba, veo que Vd. se ha dado trazas de traer á bordo dos hombres honrados: el Capitán Smollet y John Silver.

—Silver, si Vd. lo quiere, gritó el Caballero. En cuanto á este intolerable trampantojo, declaro que su conducta no me parece digna ni de hombre, ni de marino, ni mucho menos de inglés.

—Está bien, dijo el Doctor, ya lo veremos.

Cuando subimos sobre cubierta ya los hombres habían comenzado á cambiar de lugar las armas y la pólvora, canturriando mientras trabajaban, en tanto que el Capitán y el Piloto inspeccionaban el traslado.

El nuevo orden de cosas era de todo mi gusto. Todo el arreglo primitivo del buque había sido cambiado. Se habían hecho seis lechos-literas en el castillo de popa, tras de lo que constituía la parte posterior del salón principal, siendo accesible esta sección de camarotes, para la galera y castillo de proa, únicamente por un estrecho pasadizo á babor. Se había dispuesto, al principio, que el Capitán, el Piloto, Hunter, Joyce, el Doctor y el Caballero ocupasen esos seis camarotes. Ahora se convino en que Redruth y yo tomásemos dos de ellos y que el Sr. Arrow y el Capitán durmiesen sobre cubierta en lo que se llama en náutica la carroza, la cual había sido ensanchada de un lado y otro hasta ponerla en estado de casi poder llamarle la toldilla. Era ésta bien baja, ciertamente, pero no tanto que no permitiese colgar con comodidad un par de hamacas, y aun creo que el Piloto pareció muy contento con el arreglo, aunque él, quizás, no estaba muy seguro de la tripulación. Empero esto no pasa de simple conjetura, pues como se verá muy pronto, no tuvimos por largo tiempo el beneficio de sus opiniones.

Estábamos todos trabajando rudamente en el cambio de la pólvora y armas y en el arreglo de las literas y camarotes cuando los últimos dos tripulantes y John Silver con ellos llegaron en un botecito costanero.

El cocinero saltó á bordo con la ligereza de un mono y no bien hubo visto lo que estábamos haciendo, exclamó:

—Hola muchachos, ¿de qué se trata?

—Cambiando las municiones y las armas, ya lo ve Vd., respondió un marinero.

-¿Por qué, con mil diablos?, prorrumpió Silver. ¡Si nos entretenemos en eso vamos á perder la marea de la mañana!

—Yo lo he mandado, dijo el Capitán secamente. Vd., amigo, bájese á su cocina que las gentes deben sentir ganas de cenar antes de mucho.

—Corriendo, corriendo, contestó el cocinero y tocándose, por vía de reverencia, la melena; y desapareció en el acto en dirección de su galera.

—Ese es un buen hombre, Capitán, dijo el Doctor.

—Es muy posible, Caballero, replicó el Capitán, en paz con ese, en paz con todos. Dió prisa, en seguida, á los que estaban cambiando la pólvora, y de repente, fijándose en mí, que estaba muy entretenido examinando el eslabón de vuelta que traíamos en medio del navío, me gritó con aspereza:

—¡Hola tú, grumete, largo de ahí! Márchate á la cocina y busca algo que hacer.

Y aunque me dí prisa á obedecer su mandato, le oí todavía decir, en voz bien alta, al Doctor:

—Yo no traigo favoritos en mi navío.

Puedo asegurar á Vds. que en aquellos momentos superabundaba yo en las opiniones y sentimientos del Sr. Trelawney respecto del Capitán, á quien aborrecía con todas mis fuerzas.

CAPÍTULO X

EL VIAJE

Toda aquella noche la pasamos en gran movimiento alistándolo todo, poniendo cada cosa en su lugar y viendo llegar, uno tras de otro, botes llenos de amigos del Caballero, como el Sr. Blandy y otros por el estilo que iban á desearle un buen viaje y feliz regreso. Nunca en nuestro "Almirante Benbow" tuve una noche semejante, ni siquiera la mitad del quehacer que tuve en ésta, y puede creérseme que estaba ya rendido de cansancio cuando un poco antes del alba, el contramaestre hizo sonar su silbato y la tripulación toda comenzó á maniobrar al cabrestante. Pero aunque hubiera sido doble de la que era mi fatiga no me hubiera separado de sobre cubierta. Todo aquello era nuevo é interesante para mí, las concisas órdenes, la penetrante nota del silbato y los marineros moviéndose hacia sus lugares al ténue resplandor de las linternas del navío.

—Y ahora, Barbacoa, suéltanos una estrofa, gritó una voz.

—La conocida, añadió otra.

—Vaya por la vieja conocida, camaradas, dijo Silver que estaba allí de pie, con su muleta bajo el brazo; y al punto prorrumpió en aquella horrible cantinela que me era tan conocida:

"Son quince los que quieren el cofre de aquel muerto."

Á lo cual la tripulación entera contestaba en coro:

Son quince ¡yo—ho—hó! son quince ¡viva el rom!"

Y á la tercera repetición del coro, empujó las barras del cabrestante al frente de ellos con gran brío.

Mas aun en aquel momento de excitación, ese canto lúgubre me trasladaba con la imaginación en un segundo, á mi vieja posada del "Almirante Benbow" en la cual oía de nuevo la voz de aquel Capitán sobresaliendo sobre el coro entero. Pero muy pronto el ancla estaba ya fuera y se la dejaba colgar, escurriendo junto á la proa. Pronto se izaron también las velas que comenzaron á hincharse suavemente con la brisa, y las costas y los buques empezaron á desfilar ante mis ojos de uno y otro lado, de tal manera que, antes de que hubiera ido á buscar en el sueño una hora de descanso, ya La Española había zarpado gentilmente, empezando su viaje hacía la Isla del Tesoro.

No es mi ánimo referir todos y cada uno de los detalles de ese viaje: básteme decir que fué en extremo próspero; que nuestra goleta dió pruebas de ser una buena y ligera embarcación; que los tripulantes eran, todos, marineros experimentados, y que el Capitán entendía muy bien lo que traía entre manos. Pero antes de que llegá semos cerca de las costas de la Isla del Tesoro, acontecieron dos ó tres cosas que es indispensable referir para la inteligencia de esta narración.

Arrow, el Piloto, pronto se volvió mucho peor de lo que el Capitán había temido: no tenía la menor autoridad sobre los marineros, los cuales hacían con él lo que mejor les acomodaba. Pero no era esto lo peor, sino que uno ó dos días después de nuestra partida comenzó á presentarse sobre cubierta con los ojos inyectados, los pómulos enrojecidos, la lengua torpe y todas las señales más evidentes de la embriaguez. Una vez y otra se le tuvo que mandar á la cala, castigado. Algunas veces se caía rompiéndose la cara; otras se echaba el día entero en su tarimón al lado de la toldilla. Como una reacción, que duraba uno ó dos días, se le miraba sobrio y listo atender á su trabajo, por lo menos pasablemente.

Pero entre tanto nosotros no podíamos averiguar en dónde tomaba lo que bebía; este era el secreto misterioso de nuestro buque. Nuestra vigilancia redoblada y multiplicada nada pudo; fué inútil cuanto hicimos para descubrirlo. Solíamos preguntárselo abiertamente y entonces, una de dos; ó nos reía á las barbas si estaba borracho, ó nos negaba tercamente que se embriagase si acontecía que estuviera en su juicio, protestando que no probaba nada que no fuese agua.

No solamente era inútil en su calidad de oficial del buque, y pésimo como fuente de malas influencias entre los hombres de la tripulación, sino que se veía muy claramente que, al paso que iba, muy pronto acabaría por matarse contra todo derecho. Así es que nadie se sorprendió ni se apenó mucho tampoco cuando en una noche muy oscura en que la mar parecía menos sosegada que de costumbre el hombre aquel desapareció sin que hubiéramos vuelto á verle más.

—¡Hombre al agua!, dijo el Capitán. En hora buena, señores, esto nos ahorra la molestia de tener que mandarle poner grillos.

La cosa es que, desaparecido él, nos encontrábamos enteramente sin piloto y era preciso, en consecuencia, ascender á uno de los tripulantes. Job Anderson, el contramaestre, era el más apto de los de á bordo, así fué que, aunque conservando su título primitivo, pasó á desempeñar el cargo de piloto. El Sr. Trelawney que había estudiado la marina y viajado mucho, como se recordará, tenía conocimientos que le hacían muy útil en aquellas circunstancias, y realmente los puso en práctica ejerciendo la vigilancia propia del piloto en los días en que el tiempo era propicio. En cuanto al timonel Israel Hands, era un viejo y experimentado marino, cuidadoso y astuto, de quien podía uno fiarse en todo y para todo.

Era este el gran confidente de Silver, cuyo nombre me lleva á hablar de nuestro cocinero Barbacoa, como la tripulación lo llamaba.

Á bordo de la embarcación cargaba este su muleta suspendiéndola al cuello por medio de un acollador, á fin de tener ambas manos libres y expeditas lo más que podía. Era digno de llamar la atención el verle acuñar el pie de su muleta contra la abertura de alguna tablazón y apoyándose en ella, despachar bonitamente su cocina, como podría hacerlo algún hombre sano y completo en tierra. Pero todavía era más extraño verle en los días de tiempo más malo atravesar la cubierta. Veíasele trasladarse de un lugar á otro, ya usando su muleta, ya arrastrándola tras sí por medio del acollador, tan rápida y expeditamente como pudiera hacerlo un hombre que tuviera el uso de sus dos piernas. Y sin embargo, algunos de los marineros, aquellos que ya habían hecho otras travesías con él, decían que daba lástima el verle tan abatido.

—Este Barbacoa no es un hombre común; me decía una vez el timonel. Allá en sus mocedades tuvo sus estudios y, cuando se ofrece, puede hablar como un libro. Y valiente, ¡eso sí! Un león es nada comparado con Barbacoa. Yo le he visto despachar á cuatro enemigos, de una sola vez, haciéndoles morder el polvo, y sin tener él una sola arma en la mano.

Toda la tripulación le respetaba y aun puedo decir que le obedecía. Poseía un modo muy peculiar de insinuarse al hablar á cada uno, y siempre hallaba ocasión de hacer á todos un pequeño servicio. Respecto á mí, Silver era siempre extraordinariamente amable y siempre se mostraba contento de verme aparecer en su galera, que tenía siempre limpia y brillante como un espejo: las cacerolas colgaban bruñidas y lustrosas y su loro estaba en su reluciente jaula, en un rincón.

—Ven acá, Hawkins, ven acá, solía decirme. Ven á echar un párrafo con tu amigo John. Nadie más bien venido que tú, hijo mío. Siéntate y ven á oir lo que pasa. Aquí tienes al Capitán Flint—así le llamo yo á mi loro en memoria del célebre filibustero—aquí tienes al Capitán Flint, prediciéndonos el buen éxito de nuestro viaje. ¿No es verdad Capitán?

Y el perico, como si le dieran cuerda se soltaba gritando:

—¡Piezas de á ocho! ¡piezas de á ocho! ¡piezas de á ocho! ¡piezas de á ocho!, y esto con una rapidez tal, que había que maravillarse de cómo no se le acababa el aliento; y no cesaba hasta que Silver no sacudía su pañuelo sobre la jaula del animal.

—Ahora bien, Hawkins, allí donde lo ves, ese pájaro debe tener ya lo menos doscientos años. Casi todos ellos son poco menos que eternos y yo creo, respecto de este, que solamente el diablo habrá visto más atrocidades y horrores que él. Figúrate que éste fué del Capitán England, del célebre y gran pirata England. Ha estado en Madagascar y en Malabar; en Surinam, en Providencia y en Porto Bello. Este asistió á la exploración y repesca de los buques cargados de plata echados á pique, y allí fué donde aprendió su refrán de "Piezas de á ocho" lo cual no es muy de maravillar, porque, figúrate Hawkins, que se sacaron de ellas más de trescientas y cincuenta mil. Concurrió también al abordaje del Virrey de las Indias, cerca de Goa, y al verle ahora, se creería que entonces estaba recién nacido. Pero ya has olido la pólvora, ¿no es verdad Capitán?

—¡Prepárate para el zafarrancho!, gritó el animal.

—¡Ah! este animalito es un joya, añadía el cocinero, alargándole trozos de azúcar que sacaba de sus faltriqueras. Entonces el pájaro se pegaba á los barrotes de su jaula y comenzaba á jurar y á maldecir redondo, de una manera tan llena de maldad, que parecía increíble. Entonces John se veía obligado á añadir:

—El que entre la brea anda, que pegarse tiene. Aquí tienes, si no, á este inocente animalito mío, jurando como un desesperado y no por eso lo debemos acusar. Puedes creer que lo mismo juraría, vamos al decir, delante de monjas capuchinas y frailes descalzos.

Y John entonces se tocaba su melena de aquel modo solemne y peculiar que él tenía y que me confirmaba á mí en la creencia de que aquel era el mejor de los hombres.

En el entretanto, el Caballero y el Capitán continuaban todavía sus relaciones en términos muy poco amistosos. El Caballero no hacía gran misterio de sus sentimientos, sino que menospreciaba claramente al Capitán. Este, por su parte, jamás hablaba sino cuando le dirigían la palabra, y aun en esos casos, corto y seco y brusco, y ni una palabra inútil. Reconocía, cuando se le llevaba á un rincón, que había estado injusto y equivocado acerca de su tripulación; que algunos de sus hombres eran tan vigorosos y aptos como él pudiera desearlos y que todos se habían conducido hasta allí perfectamente bien.

Por lo que respecta á la goleta, estaba el hombre enamorado de ella, y solía decir:

Siempre está lista para enfilar el viento, con más docilidad y ligereza que si fuera una buena esposa complaciendo á su marido. No obstante—añadía—todavía no estamos de vuelta en casa, y repito que no me gusta esta expedición.

—Á estas últimas palabras, el Caballero volvía la espalda y se ponía á recorrer la cubierta, dando aquel hombre al diablo como de costumbre.

—Una chanzoneta más de ese hombre, y un día de estos estallo, solía decir.

Tuvimos un poco de mal tiempo, lo cual sirvió para probarnos las buenas cualidades de La Española. Todos y cada uno de los hombres de á bordo parecían contentos, y la verdad es, que hubieran pecado de sobra de exigencia si hubiera sido de otra manera, pues tengo para mí que jamás tripulación alguna estuvo más mimada y consentida desde que el Patriarca Noé navegó en su bíblica arca. Con el menor pretexto doblábase el rom cuotidiano, y el pudding de harina en días extraordinarios, por ejemplo, si el Caballero sabía que era el cumpleaños de alguno de los marineros, y nunca faltaba un barril de buenas manzanas, abierto y colocado en el combés, para que se despachara por su mano todo aquel á quien le viniera el antojo de comerlas.

—Nunca he visto cosa buena salir de tratamientos parecidos, hasta ahora, decía el Capitán al Dr. Livesey. Al que cuervos cría, éstos le sacan los ojos: esta es simplemente mi opinión.

Sin embargo, cosa buena resultó del barril de manzanas como se verá muy pronto, que á no haber sido por él, nada nos habría prevenido á tiempo y habríamos todos perecido á manos de la traición y de la infamia.

Hé aquí lo que sucedió: habíamos hasta entonces navegado á favor de los vientos alisios para ponernos en dirección de la isla que buscábamos. No me es permitido ser más explícito. Y á la sazón bajábamos ya en sentido opuesto manteniendo una asidua y cuidadosa vigilancia de día y de noche. Aquél era ya el último día, según el más largo cómputo presupuesto para el viaje, y de un momento á otro aquella noche, ó á más tardar la mañana siguiente antes de medio día deberíamos llegar á la vista de la Isla del Tesoro. Nuestra proa enfilaba al Sur-Suroeste y llevábamos una firme brisa de baos, con una mar muy quieta. La Española se deslizaba con seguridad, sumergiendo en las ondas de cuando en cuando su bauprés, y produciendo con él algo como pequeñas explosiones de espuma; todo seguía su curso natural desde las gavias hasta la quilla, y todos parecían llenos del más esforzado ánimo, supuesto que ya casi tocábamos con la mano, por decirlo así, el fin de la primera parte de nuestra aventura.

En tales condiciones y ya mucho después de puesto el sol, cuando mi trabajo del día estaba concluido y ya me iba en derechura á mi camarote para dormir, ocurrióseme el deseo de comer una manzana. Subí sobre cubierta. La vigilancia estaba toda á proa, como es natural, en espera de descubrir la isla. El timonel observaba la orza de la vela y se divertía silbando alegremente. Este era el ruido único que se escuchaba, á excepción del rumor del mar que hendía la proa y que murmuraba suavemente sobre los costados de la goleta.

Me lancé gentilmente hasta el fondo del gran barril de las manzanas en busca de alguna, y me encontré con que apenas si habían quedado en sus profundidades una ó dos. Cruceme de piernas tranquilamente en aquel fondo oscuro, sin más intención que la de concluir con mi manzana; pero ya fuese el monótono rumor del mar, ya el suave balanceo de la goleta en aquel momento, el hecho es, ó que dormité por unos instantes ó que estuve á punto de hacerlo, cuando un hombre pesado se sentó repentinamente junto á mi escondite. El barril se estremeció cuando aquel hombre recargó su espalda y ya iba yo á saltar afuera cuando el recién venido comenzó á hablar. Era la voz de Silver y no había yo oído una docena de palabras todavía, cuando ya no hubiera osado mostrarme ni por todo el oro del mundo. Quedéme, pues, allí, trémulo y atento, en el último extremo de la angustia y de la curiosidad, porque aquellas pocas palabras bastaron para darme á entender que las vidas de todos los hombres honrados que iban á bordo dependían de mí solamente.

CAPÍTULO XI

LO QUE OÍ DESDE EL BARRIL

—¡No! ¡yo no!, decía Silver. Flint era el Capitán: yo no era más que contramaestre, con mi pierna de palo. En el mismo abordaje perdimos, yo mi pierna y el viejo Pew la vista. Me acuerdo que fué un cirujano recibido, con su título con muchos latines, que no había más que pedir, el que me aserró esta pierna; pero todas sus retóricas y sus serruchos no lo libraron de que lo ahorcáramos como á un perro y lo dejáramos secándose al sol en el castillo del Corso. ¡Esos eran los hombres de Flint, esos, sí señor! Eso también fué el resultado de cambiar nombre á sus navíos, Royal Fortune y otros. Pero yo digo que el nombre con que han bautizado á un navío es el que debe quedársele. Así sucedió con La Casandra que nos trajo sanos y salvos á nuestra casa después que England se apoderó del Virrey de Indias, y lo mismo con el viejo Walrus que era el antiguo buque de Flint y que yo ví rojo de sangre de popa á proa, algunas veces, y otras repleto de oro hasta zozobrar con su peso.

—¡Ah!, exclamó otra voz, que luego conocí por la del más joven de los de la tripulación, y que expresaba la admiración más completa; ¡ah! ¡Flint sí que era la flor de toda esa banda!

—Davis también era todo un hombre cabal, no lo dudes, dijo Silver; yo nunca navegué con él, sin embargo. Mi historia es esta: primero con England, luego con Flint y ahora por mi cuenta... ¡vamos al decir! Yo pude ahorrar novecientas libras durante mi servicio con England y dos mil con Flint. Ya ves tú que eso no es poco para un simple marinero. Y todo eso bien guardadito en el banco, muy guardado, no te quepa duda, ¿Y qué se ha hecho hoy de los hombres de England? ¡No sé! ¿Y de los de Flint? En cuanto á esos, la mayor parte están aquí, á bordo, con nosotros. Al viejo Pew que había perdido la vista le tocaron mil doscientas libras que—vergüenza da decirlo—gastó completamente en un año, como puede hacerlo un Lord del Parlamento. ¿En dónde está ahora? Muerto, bien muerto y bajo escotillas. Pero, dos años antes de morir... ¿qué hizo? ¡mil tempestades! ladrar de hambre como un perro; pedir limosna, mendigar, robar, degollar gentes y con todo eso morirse de hambre y de miseria... ¡voto al demonio!

—Voy creyendo que no sirve, pues, de mucho la carrera, observó el joven catecúmeno de Silver.

—No le sirve de mucho á los manirrotos y locos; por supuesto que no, replicó Silver. Pero en cuanto á tí, mira; tú eres un chicuelo todavía, pero vivo como un zancudo. Yo te lo conocí en cuanto te puse el ojo encima, y ya ves que te hablo como á un hombre hecho.

Se comprenderá sin esfuerzo lo que sentí al oir á este viejo y abominable bribón dirigiendo á otro las mismísimas palabras aduladoras que había usado para conmigo. Créaseme que si hubiera podido, con todo mi corazón lo habría anonadado á través de mi barril. Pero él prosiguió, entre tanto, muy ajeno de que alguien le estaba escuchando:

—Mira tú lo que sucede con los caballeros de la fortuna. Se pasan una vida dura y están siempre arriesgando el pescuezo, pero comen y beben como canónigos y abades, y cuando han llevado á cabo una buena expedición, ¡cá! entonces... entonces los ves ponerse en las faltriqueras miles de libras, en vez de puñaditos de miserables peniques. Ahora, los más de ellos lo botan en orgías y francachelas, también eso es cierto, y luego los ves volviendo al mar, en camisa, como quien dice. Pero á fe que yo no he ido por semejante vereda. ¡No, que no! Yo he puesto todo muy bien asegurado, un poquito aquí, otro poco acullá, y en ninguna parte mucho para no excitar sospechas inútiles y peligrosas. Ya tengo cincuenta años, fíjate bien, y una vez de vuelta de esta expedición me establezco como un perezoso rentista. Ya es tiempo de ello, me parece que replicas. ¡Ah, sí! pero puedo asegurarte que entre tanto he vivido con desahogo. Jamás me he privado de nada que me haya pedido el cuerpo; sueños largos, comidas apetitosas, y todo esto, día por día, excepto cuando viajo por el agua salada, ¿Y cómo comencé? Pues ni más ni menos que como tú ahora, de puro y simple marinero.

—Bueno, replicó el joven; pero lo que es ahora, todo ese otro dinero es como si ya no existiera, ¿no es verdad? Porque á buen seguro que después de esta expedición ¡vaya Vd. á dar la cara en Brístol!

—¡Bah! contestó Silver irónicamente. ¿Pues en dónde te figuras tú que ese dinero estaba?

—Pues... en Brístol, es claro, en los bancos y á rédito; contestó su interlocutor.

—Es verdad, allí estaba cuando levamos anclas; pero á la hora que es, mi mujer... ya tú me entiendes... mi mujer lo tiene ya bien realizado, y todo en su poder. La taberna del "Vigía" está ya vendida, ó arrendada, ó regalada ó qué sé yo. Pero en cuanto á la muchacha, yo te aseguro que ya ella ha salido de Brístol para reunírseme. Yo te diría de muy buena gana en dónde va á esperarme, pero esto haría que nacieran celos entre tus compañeros por mi preferencia, y no quiero celos aquí.

—¿Y tiene Vd. plena confianza en su... mujer, como Vd. la llama?, preguntó el catecúmeno.

—Los caballeros de la fortuna, replicó el cocinero, generalmente somos poco confiados entre nosotros mismos, y á fe que—puedes creerlo—no nos falta razón para ello. Pero yo tengo unos modos míos muy particulares; de veras que sí. Cuando un camarada es capaz de tenderme una celada... quiero decir, uno que me conoce, ya puede estar seguro de que no le será posible vivir en el mismo mundo que el viejo John. Había algunos que le tenían miedo á Pew; otros que se aterrorizaban de Flint, pero yo te digo que el mismo Flint no las tenía todas consigo tratándose de mí, con ser quien era. Sí que me tenía miedo, y eso que estaba orgulloso de mí, vamos al decir. Nunca ha habido sobre los mares una tripulación más escabrosa que la de Flint, al extremo de que el diablo mismo hubiera temido ir con ella á bordo. Pues, sin embargo, ya tú me ves, no soy ningún finchado ni ningún fanfarrón, y sé hacer la compañía con todos mis camaradas con tanta llaneza como si no fuera quien soy. Pero cuando era yo contramaestre... ¡ah, diablo! entonces sí que no podía decirse de ninguno de nuestra camada de viejos filibusteros que fuese un corderito. ¡Ah! yo sé lo que te digo: puedes estar seguro de tí mismo en este navío del viejo John.

—Está bien, replicó el mancebo; ahora le diré á Vd. que cuando vine aquí no me gustaba el proyecto, ni tanto así; pero ahora que ya hemos tenido esta explicación, John, ya sabe Vd. que cuentan conmigo, suceda lo que suceda.

—Mucho que me alegro, porque tu eres un mocito de provecho, contestó Silver sacudiendo la mano de su converso de la manera más cordial. Puedes creer que no he visto en mi vida una apariencia mejor que la tuya para ser uno de los caballeros de fortuna.

Al llegar aquí yo ya había comenzado á comprender que por caballeros de la fortuna entendían aquellos hombres ni más ni menos que piratas comunes y corrientes y que aquella pequeña escena que yo había oído, era nada más que el último acto en la corrupción de uno de los hombres honrados que iban á bordo, tal vez ya el último de ellos. No obstante, pronto debía recibir algún consuelo sobre este particular como se verá luego. Silver, en aquel momento dejó oir un ligero silbido y un tercer personaje apareció muy pronto y vino á reunirse á aquel conciliábulo.

—Dick es hombre de pelo en pecho, dijo Silver al recién venido.

—¡Oh! eso ya me lo sabía yo, replicó una voz que reconocí al punto por la del timonel Israel Hands. Este Dick no tiene un pelo de tonto. Pero vamos allá, prosiguió; lo que yo quiero saber es esto, Barbacoa; ¿tanto tiempo nos vamos todavía á quedar afuera en esta especie de maldito bote vivandero? Yo digo que ya tengo bastante de Capitán Smollet, con mil diablos; ya bastante me ha aburrido, y ya quiero poder instalarme en su cámara; ya quiero sus pickles, ya quiero sus vinos, ya quiero todo eso.

—Israel, le replicó Silver, tú has tenido ahora y siempre cabeza de chorlito. Pero creo que te podrá entrar la razón, ¿no es esto? Abre, pues, las orejas, que bien grandes las tienes para oirme lo que te voy á decir ahora mismo: seguirás durmiendo á proa, y seguirás pasándola penosamente y seguirás hablando con suavidad, y seguirás bebiendo con la mayor mesura hasta que yo dé la voz, y entre tanto te conformarás con lo que te digo.

—Está bien, yo no digo que no, gruñó el timonel. Lo único que yo digo es esto: ¿cuándo? ¡Eso es todo!

—¿Cuándo? ¡mil tempestades!, exclamó Silver. Con que cuándo, ¿eh? Pues mira, puesto que lo quieres, voy á decirte cuando. Hasta el último momento que me sea posible: ¡entonces! aquí traemos á un excelente marino, á este Capitán Smollet, que viene dirigiendo en provecho nuestro el bendito buque. Aquí traemos igualmente á ese Caballero y á ese Doctor con su mapa y demás cosas que nos interesan y que ni yo ni Vds. sabemos en dónde diablos las guardan. Enhorabuena; entonces tenemos que aguardar que este Caballero y este Doctor encuentren la hucha y nos ayuden hasta á ponerla á bordo del buque, con cien mil diantres. Entonces veremos. Si yo estuviera bien seguro de Vds., hijos del demonio, dejaría al Capitán Smollet que nos condujera de vuelta hasta medio camino, antes de dar el golpe definitivo.

—¿Acaso no somos marinos todos los que estamos aquí á bordo? Yo creo que sí, dijo el muchacho Dick.

—Quieres decir que entendemos la maniobra, ¿no es verdad?, prorrumpió Silver. Nosotros podemos seguir una dirección dada, ¿pero quién puede darnos esta? He ahí en lo que se dividen todas las opiniones de Vds. desde el primero hasta el último. En cuanto á mí, si yo pudiera obrar conforme á mi solo deseo, dejaría al Capitán Smollet que nos llevara hasta última hora en nuestro regreso, para no exponernos á cálculos erróneos y á andar luego á ración de agua por esos mares del diablo. Pero yo se muy bien qué casta de bichos son Vds. y... no hay remedio, acabaré con ellos en la isla, tan luego como nos hayan ayudado á poner la hucha á bordo, lo cual es una lástima. ¡Que reviente yo en hora mala si no es cosa que enfullina y disgusta el navegar con zopencos como Vds.!

—Eso sí que es hablar por hablar, exclamó Israel. ¿Quién te da motivo para enojarte, John?

—¡Hablar por hablar!, replicó exaltado Silver. ¿Pues cuántos navíos de alto bordo te figuras tú que he visto al abordaje, y cuantos vigorosos muchachos secándose al sol en la Plaza de los Ajusticiados y todo esto solamente por esta maldita prisa? ¿Me oyes bien? Pues mira; yo he visto una que otra cosa en el mar, puedes creerlo, y te digo que si Vds. se limitaran á poner sus velas siguiendo el viento que sopla, llegarían, sin duda, un día al punto de arrastrar carrozas, ¡por supuesto! ¡Ah! ¡pero no será así! Los conozco muy bien á Vds. Comenzarán por andar de taberna en taberna, ahitos de rom, y mañana ú otro día ya irán por sus pasos contados á hacerse ahorcar.

—Todos sabíamos bien que tú has sido siempre una especie de abad, John. Pero hay otros que han podido maniobrar y gobernar tan bien como tú, dijo Israel. Y sin embargo, á ellos les gustaba un poco el jaleo y la diversión. Ellos no eran tan entonados ni tan severos, después de todo, sino que entraban á la bromita, tomando su parte como camaradas alegres y de buen humor.

—Es verdad, dice Silver, es muy verdad. Sólo que ¿en donde están esos á la hora presente? Pew era de ese jaez y ha muerto de limosnero. Flint era también así y murió de rom en Savannah. ¡Oh! muy alegres y muy divertidos que eran, sí señor; pero lo repito, ¿en dónde están ahora?

—Todo eso está muy bien, interrumpió Dick, pero lo que yo pregunto es esto: cuando demos el golpe y tengamos á nuestros hombres pie con mano, ¿qué vamos á hacer con ellos?

—Eso se llama hablar en plata, dijo Silver con un tono de gran admiración. Este muchacho me gusta. ¡Al negocio y sólo al negocio! Está bien; pero Vds. ¿qué opinan? ¿Los dejamos en tierra en esa isla desierta como Robinsones? Eso sería lo que hubiera hecho England. ¿Ó los degollamos sencillamente como á cerdos? Este hubiera sido el procedimiento de Flint ó de Billy Bones.

—Billy era el hombre para estas cosas, dijo Israel. "Los muertos no muerden," solía decir. El muy taimado ya sabe á qué atenerse sobre ese punto, puesto que ya él mismo está debajo de tierra, pero si alguna vez mano alguna fué dura é implacable, esa era sin duda la de Billy.

—Tienes razón, observó Silver, dura, pero pronta. Ahora bien, entendámonos. Yo soy un hombre complaciente, casi un caballero, como Vds. dicen; pero amigos míos, por hoy la cosa es seria. El deber es el deber, y este antes que todo. He aquí cual es mi parecer: matarlos. Cuando yo me haya convertido en un Lord, y ande tirado en carrozas, no quiero que ninguno de estos tinterillos de primera cámara, se me pueda aparecer un día, cuando menos lo espere, como el diablo á la hora del rezo. Pero lo único que digo es esto: aguardemos, y cuando el tiempo oportuno llegue démonos gusto degollando á uno tras otro.

—¡John, exclamó el timonel, eres todo un hombre!

—Ya dirás eso cuando me veas á la obra, Israel, dijo Silver. Para entonces no reclamo más que una cosa, y es que no me quiten á Trelawney. Quiero darme el placer de cortar con mis propias manos esa cabeza de res.

Y como cortando la conversación repentinamente, añadió:

—Oye, Dick, salta y dame una manzana de aquí del barril, para remojarme un poco el gaznate.

Se comprenderá el espantoso terror que sentí al escuchar esto. Hubiera yo saltado y echado á correr, si hubiera tenido la fuerza suficiente para ello, pero no tuve ni piernas ni ánimo y permanecí inmóvil. Oí que Dick comenzaba á levantarse, pero en el instante mismo alguien lo contuvo y se oyó la voz de Hands, decir:

—¡Oh! ¡deja eso! no vas á chupar semejante pantoque, John. Echemos una ronda de lo fino.

—Tienes razón, Dick, dijo Silver. En el barril del rom tengo puesta una sonda, con su llave respectiva. Llénate una vasija y súbela en seguida.

Terrificado como estaba, no pude impedirme el pensar que así quedaba explicado el misterio de la fuente en que el piloto Arrow bebía las aguas que acabaron por matarle.

Dick se fué por un rato no muy largo, pero durante su ausencia Israel habló al oído del cocinero en voz muy baja pero animada. Yo pude apenas recoger dos ó tres frases, pero en ellas supe, sin embargo, algo interesante, pues además de otras palabras que tendían á confirmarlo, esto llegó muy distintamente á mis oídos:

—Ninguno otro de ellos quiere ya entrar en el negocio.

Claro era, por lo tanto, que todavía nos quedaban hombres leales á bordo.

Cuando Dick volvió, cada uno de los del terno aquel tomó sucesivamente la vasija del rom y le hizo los honores concienzudamente, bebiendo, el uno "¡al buen éxito!" otro "¡por el viejo Flint!" y cerrando Silver la ronda con estas palabras:

¡A nuestra salud! y orza al estribor
¡Presas y fortuna! ¡dinero y amor!

En aquel punto cierta claridad cayó sobre mí, adentro del barril; alcé la vista y me encontré con que la luna acababa de aparecer en el cielo, plateaba la gavia de mesana y comunicaba un tinte blanquecino á la palma del trinquete. Casi en el mismo instante la voz del vigía se alzó gritando:

—¡Tierra! ¡tierra!

CAPÍTULO XII

CONSEJO DE GUERRA

Pasos precipitados sonaron por donde quiera al grito de ¡tierra! apresurándose todos á subir sobre cubierta, tanto mis amigos de la cámara de popa como las gentes de la tripulación. Yo salté rápidamente afuera de mi barril; me deslicé cubriéndome con la vela de trinquete, dí la vuelta hacia el alcázar de popa y volví sobre cubierta por el camino de todos los demás, á tiempo de reunírmeles en el acto de acudir á proa.

Todo el mundo estaba ya congregado allí. Una cinta de niebla se había alzado casi al mismo tiempo que aparecía la luna. Allá á lo lejos, hacia el sudoeste, divisábamos dos montañas no muy altas, como á unas dos millas de distancia y por encima de una de ellas aparecía una tercera eminencia, notablemente más alta que las otras, y cuya cumbre se miraba todavía envuelta entre las gasas de la niebla. Las tres parecían de figura aguzada y cónica.

Esto fué, á lo menos, lo que yo creí ver, puesto que aún no me recobraba de mis terrores de hacía dos ó tres minutos. En seguida oí la voz del Capitán Smollet dando órdenes. La Española fué puesta unos dos puntos más cerca de la dirección del viento y comenzó á enderezar el rumbo de tal manera que enfilaría precisamente la costa oriental de la isla.

—Y ahora muchachos, dijo el Capitán, cuando la maniobra estuvo ejecutada, ¿alguno de Vds. ha visto esa tierra antes de ahora?

—Yo, dijo Silver. Siendo cocinero de un buque mercante anclamos en ella para proveernos de agua.

—El fondeadero está al Sur, tras un islote, ¿no es esto?, preguntó el Capitán.

—Sí señor, el islote del Esqueleto que le llaman. Este lugar ha sido alguna vez abrigadero de piratas, y un hombre que llevábamos á bordo sabía los nombres de todos aquellos sitios. Aquel cerro al Norte le llaman El Trinquete. Hay tres cerros colocados en línea hacia el Sur y que les llaman, con nombres marinos, El Trinquete, El Mayor y El Mesana. Pero el principal es el más grande, que tiene el pico sumido en la nube. Lo llamaban también el Cerro del Vigía, á causa de la vigilancia que desde su cima mantenían esos hombres, mientras sus embarcaciones permanecían al ancla limpiando sus fondos, con perdón de Vd., porque aquí es donde ellos llevaban á cabo esa operación.

—Aquí tengo un mapa, dijo el Capitán Smollet; vea Vd. si este es el lugar que Vd. dice.

En los ojos de Silver pasó algo como un relámpago de alegría feroz al tomar la carta que le alargaba el Capitán. Pero en el instante mismo en que sus ojos cayeron sobre el papel, le conocí que su esperanza de un segundo sufría una terrible decepción. Aquel no era el mapa encontrado en la maleta de Billy Bones, sino una copia cuidadosa en todos sus detalles, nombres, alturas y sondajes, con la sola excepción de las cruces rojas y de las notas manuscritas. Sin embargo, por aguda que haya sido la contrariedad de Silver, tuvo la presencia de ánimo necesaria para dominarse y aparecer sereno.

—Sí señor, contestó, este es el lugar según entiendo, y muy bien trazado ciertamente.

¿Quién habrá sido el autor de esta carta? Los piratas eran demasiado ignorantes, á lo que creo, para poder dibujar esto. ¡Ah! ¡vamos! aquí está marcado "Ancladero del Capitán Kidd"; precisamente este es el nombre que le dió mi Patrón. Allí existe una fuerte corriente á lo largo de la costa Sud y luego sube en dirección Norte, á lo largo de la costa occidental. Tenía Vd. razón, prosiguió, en ceñir el viento y poner la proa hacia la isla, por lo menos si su intención era que entrásemos luego y carenar allí, porque la verdad es que en todas estas aguas no hay lugar más á propósito que ese.

—Gracias, mi amigo, dijo el Capitán Smollet. Más tarde creo que pediré á Vd. algunos otros informes para ayudarnos en algo. Puede Vd. retirarse.

No pude menos que sorprenderme al ver la sangre fría con que Silver confesaba su conocimiento de la isla. Por mi parte, yo continuaba medio aterrorizado todavía y me sentí más aun cuando ví á aquel hombre acercarse á mí, más y más. Por supuesto que ni remotamente se figuraba que hubiese yo escuchado su conciliábulo desde el fondo de un barril de manzanas, y sin embargo, en aquel punto había yo cogido tal horror de su crueldad, doblez y poderío, que muy mal contuve un estremecimiento nervioso cuando su mano tomó mi brazo mientras él me decía:

—¡Ah, muchachuelo! Aquí tienes un precioso lugar para un chico como tú, en esta isla. Aquí puedes bañarte, trepar á los árboles, cazar cabras monteses, todo lo que quieras. Tú mismo podrás ir como las cabras subiéndote á los más altos peñascos y montañas. ¡Ah! créeme que me rejuvenece todo esto y casi casi me iba ya olvidando de mi pierna de palo. Linda cosa es ser uno joven y tener uno sus veinte dedos cabales, puedes estar seguro. Cuando quieras ir á hacer un paseíto de exploración, nada más avísale á tu viejo amigo John y él cuidará de darte tu cestilla de víveres muy bien arreglada, para que la lleves contigo.

Dicho esto me dió una palmada sobre el hombro de la manera más amistosa, se alejó cojeando y se perdió en el interior de las galeras.

El Capitán Smollet, el Caballero y el Doctor Livesey se quedaron conversando junto al alcázar de proa. Á pesar de mi impaciente ansiedad por contarles lo que la casualidad me había hecho oir, no me atreví á interrumpirlos abiertamente. Entre tanto y cuando más absorto estaba yo en mis pensamientos para encontrar alguna excusa probable, el Doctor Livesey me llamó. Habíasele olvidado su pipa abajo en la cámara, y, como era un verdadero esclavo del tabaco, me iba á indicar que bajara á traérsela, sin duda. Pero en cuanto que estuve bastante cerca de él para que me oyese él solo, le dije rápidamente:

—Doctor, permítame Vd. que le hable. Llévese consigo al Capitán y al Caballero inmediatamente abajo á la cámara, y con cualquier pretexto manden Vds. por mí. Tengo nuevas terribles.

El Doctor pareció desconcertarse por un instante, pero en el acto fué otra vez dueño de sí mismo.

—Gracias, Jim, dijo en voz bien alta; eso es todo lo que quería saber. Fingía, con esto, haberme hecho alguna pregunta á la que yo hubiese respondido.

En seguida giró sobre sí mismo y se volvió á reunir al grupo de que formaba parte.

Hablaron los tres por algunos momentos y aun cuando ninguno de ellos dió muestras de sobresalto ni levantó la voz, me pareció evidente que el Doctor Livesey les acababa de comunicar mi súplica, porque lo primero que llegó á mis oídos fué que el Capitán daba órdenes á Job Anderson y el silbato sonó luego llamando sobre cubierta á toda la tripulación.

—Muchachos, dijo el Capitán en cuanto que todos estuvieron reunidos; tengo dos palabras que decir á Vds. Esa tierra que acabamos de ver es el lugar de nuestro destino. El Patrón de este buque, hombre muy liberal y generoso, según todos lo sabemos por experiencia, acaba de hacerme dos preguntas que yo he podido contestar diciéndole que cada marinero de esta goleta ha cumplido con su deber, desde el tope hasta la cala, de tal manera que nada mejor pudiera pedirse. Por tal motivo él, el Doctor y yo, vamos á la cámara á beber á la salud y buena suerte de todos ustedes, mientras que á Vds. se les servirá un buen grog para que brinden, á su vez, por nosotros. Yo les daré á Vds. mi opinión sobre esto: yo lo encuentro magnífico. Si Vds. son de mi parecer, les propondré, pues, que envíen un buen aplauso al caballero que así se porta.

El aplauso se dejó oir, esto era claro; pero estalló tan compacto y tan cordial, que confieso que me fué difícil convencerme de que aquellos mismos que lo daban estaban arreglando tramas infernales contra nuestras vidas.

—¡Un aplauso más por el Capitán Smollet!, gritó Silver cuando el último hubo cesado.

Lo mismo que el anterior, este segundo aplauso parecía enteramente sincero y voluntario.

Apenas pasado esto los tres caballeros bajaron á la cámara y no pasó mucho rato sin que enviasen un recado diciendo que se necesitaba á Jim Hawkins en el salón.

Encontrélos á todos tres en torno de la mesa, con una botella de vino español y algunas uvas delante de ellos; el Doctor fumando fuerte y con la peluca puesta sobre sus rodillas, lo cual me constaba que era un signo de agitación en él. La ventanilla de popa estaba abierta porque la noche era bastante cálida, y podía verse perfectamente desde dentro el resplandor de la luna cintilando sobre la estela de nuestro buque.

—Ahora bien, Hawkins, díjome el Caballero, parece que tienes algo que decirme: habla ya.

Hícelo como se me mandaba y, sin alargarme demasiado, conté todos los detalles de la conversación de Silver. Ninguno trató de hacer la más pequeña interrupción hasta que todo lo hube dicho; ni ninguno tampoco hizo movimiento de ninguna especie, sino que todos tres mantuvieron sus ojos clavados en mi semblante desde el principio hasta el fin de mi narración.

—Siéntate, Jim, díjome el Doctor.

Hiciéronme lugar entonces á la mesa, junto á ellos, sirviéronme un vaso de vino y me pusieron en las manos un gran racimo de uvas; y todos tres, con un saludo cordial, bebieran á mi salud, felicitándome por mi valor y por mi buena suerte.

—Ahora, Capitán, dijo el Caballero, es ya tiempo de proclamar que Vd. estaba en lo justo y yo estaba equivocado. Me declaro sencillamente un borrico y espero las órdenes de Vd.

—Nadie más borrico que yo, replicó el Capitán. Yo no he visto jamás tripulación alguna tramando una rebelión que no deje escapar perceptiblemente algunos signos de su descontento, de manera que todo hombre que no es ciego puede ver el peligro y tomar las medidas necesarias para evitarlo. Pero confieso que esta tripulación derrota toda mi experiencia.

—Capitán, dijo el Doctor, con su permiso diré que esta es obra de Silver y que este es un hombre muy notable.

—Me parece que muy notable aparecería colocado en un peñol de las vergas, replicó el Capitán. Pero esto no es más que charla que no conduce á nada. He fijado mi atención en tres ó cuatro puntos y con permiso del Sr. de Trelawney voy á exponerlos.

—Caballero, dijo el Sr. Trelawney en un tono solemne, Vd. es el Capitán y á Vd. es á quien toca hablar.

—Primer punto, comenzó el Capitán Smollet: tenemos que seguir adelante porque es ya imposible retroceder. Si esto último se intentara la rebelión estallaría inmediatamente. Segundo punto: tenemos á nuestra disposición tiempo hasta que se encuentre ese tesoro. Tercer punto: todavía nos quedan hombres leales á bordo. Ahora bien, señores, es una cosa que no tiene remedio el que tarde ó temprano debamos entrar en hostilidades. Hay que tomar, pues, á la calva ocasión cuando nos presente sus cabellos, es decir, propongo que seamos nosotros los que rompamos el fuego, el día más á propósito y cuando ellos menos lo esperen. Me parece, Sr. de Trelawney que podremos fiar en los criados de su casa, ¿no es verdad?

—Tanto como en mí mismo, declaró el Caballero.

—Tres, dijo el Capitán, y con nosotros cuatro, somos ya siete, incluyendo á Hawkins. ¿Y cuántos serán los hombres leales?

—Muy probablemente, replicó el Doctor, han de ser los contratados personalmente por Trelawney antes de que se hubiera echado en brazos de Silver.

—No por cierto, replicó el Caballero. Hands es uno de esos hombres.

—Yo hubiera creído que podríamos tener fe ciega en este último, dijo el Capitán.

—¡Y pensar que todos ellos son ingleses!, prorrumpió el Caballero, ¡Señores, crean Vds. qué ganas me vienen de hacer volar este buque!

-Pues bien, señores, agregó el Capitán, lo mejor que yo puedo decir ahora es bien poco. Debemos tenernos por advertidos y mantener la más expecta vigilancia. Esto es desagradable para un hombre, yo lo sé. Preferiría, por lo mismo, que desde luego se rompieran las hostilidades, pero no tendremos ayuda suficiente para que no sepamos cuales son nuestros hombres. Estémonos quietos y esperemos la oportunidad; ese es mi parecer.

—Este Jim, dijo el Doctor, puede sernos más útil que todo lo demás que hagamos. El enemigo no tiene ninguna mala voluntad respecto de él y yo sé que él es un chico muy observador.

—Hawkins, añadió el Caballero, en tí pongo una fe ciega y completa.

Al oir esto no dejaba de comenzar á sentirme punto menos que desesperado porque me sentía sin apoyo enteramente. Y sin embargo, por un extraño encadenamiento de circunstancias, no fué sino por mi conducto por el que todos nos salvamos. En el entretanto, por más vueltas que se le diera al asunto, el hecho es que de veintiséis hombres á bordo, no había sino siete con los que se pudiera contar, y todavía de esos siete uno no era más que un niño; de suerte que, en realidad, los hombres hechos y derechos que teníamos de nuestro lado eran seis, para diez y nueve de nuestros enemigos.

PARTE III

MI AVENTURA DE TIERRA

CAPÍTULO XIII

CÓMO EMPEZÓ LA AVENTURA

Cuando subí sobre cubierta á la mañana siguiente, el aspecto de la isla había cambiado en gran manera. Aun cuando la brisa de la víspera había cesado ya, el camino hecho durante la noche era muy considerable y á la sazón nos encontrábamos detenidos como á una media milla al Sudeste de la costa baja oriental. Bosques de un color pardo cubrían una gran parte de la superficie de aquella tierra. Sin embargo, ese tinte se interrumpía aquí y acullá por las listas amarillentas de la arena, en los terrenos más bajos y por algunos árboles más elevados, de la familia de los pinos, que se alzaban sobre las copas de los otros, algunos de ellos aislados y dispersos, otros reunidos; pero el aspecto y el colorido general de la isla era triste y uniforme. Los cerros se alzaban libremente por encima de la vegetación, en espirales de desnudas rocas. Todos eran de extraña configuración y el del "Vigía" que sobrepasaba en trescientos ó cuatrocientos pies á la eminencia próxima á él en elevación, era probablemente el de aspecto más raro, alzándose casi derecho, por todos lados y apareciendo después cortado repentinamente en la cima, como si fuese un pedestal listo para recibir una estatua.

La Española vaciaba á torrentes sus imbornales en la agitada superficie de un mar de leva. Los botalones chocaban con los motones, el timón golpeaba de un lado y otro y todo el navío rechinaba y parece que gemía y temblaba como una gran fábrica en operación. Yo me veía obligado á asirme á los brandales de los masteleros con todas mis fuerzas y sentía que el mundo entero daba vueltas vertiginosamente en torno de mi cabeza, porque aun cuando yo era ya un marino bastante bueno, cuando el buque iba en marcha, aquella movible inmovilidad (permítaseme la frase), aquel meneo desesperante sin salir de un punto y aquel verme rodado de aquí para allá como una botella suelta, fueron cosas que jamás afronté sin sentirme desfallecido, sobre todo en la mañana y cuando el estómago estaba completamente vacío.

Quizás fué por esto; tal vez fué por el aspecto de la isla con sus cenicientos y melancólicos bosques, con sus salvajes espirales de rocas y con su marejada que podíamos ver y oir quebrándose tronante y espumosa en la escarpada costa; el hecho es que, aunque el sol brillaba claro y ardiente y los pájaros costaneros pescaban y gritaban alegremente en torno nuestro, y aun cuando era de creerse que después de tantos días de no ver más que agua y cielo todos deberían sentirse contentos de saltar á tierra, mi valor y mi sangre toda, como dice el adagio, se habían bajado á los talones, y desde el primer instante en que mis ojos la veían, aquella esperada Isla del Tesoro me inspiraba el más profundo y cordial aborrecimiento.

Tuvimos que afrontar aquella mañana, de todas maneras, un trabajo ímprobo y pesado. No había la menor traza de viento y hubo necesidad, en consecuencia, de echar los botes al agua y ponerlos al remo para remolcar la goleta en una extensión de tres ó cuatro millas rodeando la isla hasta penetrar por el estrecho paso que nos condujo á la rada ó abrigo que se abre tras del Islote del Esqueleto. Yo me ofrecí espontáneamente para uno de los botes, en el cual, como es de suponerse, nada tenía que hacer. El calor era sofocante y los hombres al remo gruñían abiertamente á causa de su tarea. Ánderson tenía el mando del bote en que yo iba y en lugar de conservar á su tripulación en orden, gruñía él mismo tan alto y tan groseramente como el que más.

—Pero no hay cuidado, dijo con una blasfemia; al fin esto no es para siempre.

Parecióme este un malísimo signo, porque lo cierto es que hasta aquel día nuestros hombres habían desempeñado sus tareas voluntaria y vigorosamente; pero la sola vista de la isla había ya bastado para relajar las cuerdas de la disciplina.

Durante toda esta travesía Silver se estuvo junto al timonel y dirigió, en realidad, el buque. Él conocía el paso como la palma de su mano y así es que, aun cuando el hombre que estaba maniobrando á las cadenas encontró por todas partes más agua de la que marcaban los sondajes del mapa, John no vaciló ni un solo momento.

—Hay siempre un grande arrastre con el reflujo, dijo él, y este paso ha sido, puede decirse, ahondado como con un azadón.

Llegamos, por fin, al punto preciso marcado en el mapa como ancladero, como á un tercio de milla de las costas, de la isla principal, por un lado, y del Islote del Esqueleto por el otro. El fondo era arena pura. Cuando nuestra ancla se sumergió en el agua, se levantó una verdadera nube de aves acuáticas revoloteando y chillando sobre nuestras cabezas, lo mismo que sobre los árboles, pero un minuto después habían vuelto á sus nidos y todo había quedado de nuevo en el más completo silencio.

Nuestro fondeadero estaba enteramente rodeado de tierra, sepultado en medio de bosques por todos lados, cuyos árboles bajaban hasta la marca más alta de la pleamar; las playas eran casi enteramente llanas y allá, en una especie de anfiteatro distante; se divisaban las cimas de las montañas, una aquí, otra más allá. Dos riachuelos ó más bien dos pantanos, desaguaban en aquel que muy bien pudiéramos llamar estanque. En cuanto al follaje en torno de aquella parte de la playa, presentaba yo no sé qué especie de ponzoñoso brillo.

Desde á bordo no alcanzábamos á ver nada de la casa ó estacada que había allí, porque estaban demasiado ocultas entre la espesura de los árboles y á no haber sido por la carta que nos acompañaba hubiéramos podido creer muy bien que nosotros éramos los primeros que arrojábamos el ancla en aquel sitio desde que la isla brotó del fondo de las aguas.

No soplaba ni la más pequeña ráfaga de viento, ni se oía más sonido que el de la resaca tronando á media milla de distancia sobre las playas, contra las abruptas peñas de las costas. Sentíase un olor peculiar y desagradable, en donde estábamos anclados, olor como de hojas y troncos de árboles en putrefacción. Yo pude observar que el Doctor absorbía aire y hacía muecas con la nariz, como las que puede hacer uno que está probando un manjar ingrato.

—Yo no respondo de que aquí haya ó no tesoros, dijo, pero en cuanto á fiebres, apuesto mi peluca á que este es un semillero de ellas.

Entre tanto, si la conducta de los marineros era alarmante en el bote, se hizo ya realmente amenazadora cuando volvieron á bordo de la goleta. Estábanse agrupados sobre cubierta y refunfuñando en medio de su conversación. La orden más insignificante era recibida con miradas torvas y murmuraciones entre dientes y no se la obedecía sino con verdadera negligencia. Es posible que aun los no contaminados en el motín, se hubiesen ya contagiado con la relajación de la disciplina, porque lo cierto es que no había á bordo hombre alguno á propósito para corregir á otros. La rebelión—esto era palpable—estaba ya suspensa sobre nuestras cabezas como una tempestad próxima á desencadenarse.

Y no sólo los pasajeros de cámara éramos los que comprendíamos el peligro. John Silver trabajaba infatigablemente yendo de grupo en grupo, distribuyendo consejos a todos y siendo un modelo verdadero con su ejemplo de sumisión y dulzura. Nada podía igualarse en aquellos momentos á su comedimiento y cortesía; era una perenne sonrisa la que había en sus labios para todos y cada uno de nosotros. Si se le mandaba algo, al punto saltaba sobre su muleta, clamando con el tono más complaciente del mundo: "¡Corriendo, corriendo, señor!" Y cuando no había nada especial que hacer, él cantaba una canción tras de otra como si tratara de ocultar con ellas el descontento de los demás.

De todos los detalles sombríos de aquella tenebrosa tarde, esa notoria ansiedad de John Silver se me figuraba el peor de todos.

Celebramos consejo otra vez en el gabinete de popa.

—Señores, dijo el Capitán, si aventuro la más insignificante orden, la tripulación entera se nos viene á las barbas. Aquí tienen Vds. lo que pasa: se me da una respuesta áspera, ¿no es esto? Pues bien, si replico en un tono más alto, las cuchillas saldrían luego á relucir á mandobles. Si no hago esto, si me callo, Silver notará al punto que hay algo por debajo de nuestro silencio y entonces queda todo el juego descubierto. Ahora bien: no hay más que un hombre en quien podamos fiar en la situación actual.

—¿Y quién es él?, preguntó el Caballero.

—Silver, replicó el Capitán. Él está tan impaciente como Vds. y como yo mismo de sofocar las cosas. Lo que hay es un disgusto; pronto él les hablará á sus hombres para calmarlos si se le presenta la ocasión. Lo que yo propongo, en consecuencia, es darle la oportunidad que busca. Vamos dejándolos que pasen una tarde en tierra. Si todos se van, está bien, nosotros pelearemos encastillados en nuestro barco. Si ninguno quiere bajar, entonces nos mantenemos en nuestra cámara de popa y Dios ayude la buena causa. Si algunos van, acuérdense Vds. de lo que les digo, Silver los volverá á bordo más mansos que unos corderos.

Así se acordó. Al mismo tiempo se proveyó á todos los hombres de confianza de pistolas cargadas; Hunter, Joyce y Redruth fueron puestos en autos de lo que pasaba y por fortuna recibieron la confidencia con menos sorpresa y más valor del que nos habíamos figurado; con lo cual, el Capitán fuese sobre cubierta y arengó á la tripulación.

—Muchachos, les dijo, hemos tenido un día sofocante y todos estamos cansados y sin alientos de nada. Yo creo, sin embargo, que un paseo por la playa no le hará mal á ninguno: los botes están todavía á flote. Pueden Vds. tomar los esquifes y, todos los que gusten, ir á tierra por el resto de la tarde. Yo tendré cuidado de disparar un cañonazo media hora antes de la puesta del sol.

Yo me supongo que aquellos malvados han de haberse figurado que todo era desembarcar y caer sin más ni más sobre el tesoro, porque en un instante todos ellos echaron instantáneamente el mal humor á paseo y prorrumpieron en un aplauso y en un hurra espontáneo, tan estruendoso, que despertó los ecos dormidos de una de las montañas distantes y produjo un nuevo levantamiento de aves que revolotearon y chillaron otra vez en número infinito en torno nuestro.

El Capitán era demasiado vivo para saber lo que convenía en aquellos críticos momentos, así es que, sin aguardar respuesta alguna se eclipsó como por encanto, dejando á Silver el cuidado de arreglar la partida, en lo cual creo que obró perfectísimamente. Si se hubiera quedado un momento más sobre cubierta le hubiera sido imposible prolongar por más tiempo su pretendida ignorancia de lo que sucedía. Esto era ya claro como la luz meridiana. Silver era el Capitán y disponía de una imponente tripulación de rebeldes. Los hombres aun no corrompidos (y pronto iba yo á ver la prueba de que los había á bordo) deben haber sido unos hombres de muy poco talento. O, por lo menos, supongo que la verdad era que todos estaban disgustados por el ejemplo de los cabecillas, sólo que unos lo estaban más que otros, y que, algunos de ellos, siendo en el fondo buenos sujetos, no podían ser ni convencidos ni arrastrados á ir más allá que el simple disgusto. Una cosa es sentirse con lasitud y mal humor y otra muy diferente el pensar en apoderarse de un navío asesinando á un buen número de personas inocentes.

Por fin la partida quedó organizada. Seis de ellos se quedaron á bordo y los trece restantes, incluyendo á Silver comenzaron á embarcarse.

Fué entonces cuando me ocurrió la primera de las insensatas ideas que contribuyeron á salvar nuestras vidas. Si Silver dejaba á seis de sus hombres, era claro que nuestro grupo no podía montarse en la goleta, en pie de guerra, como en una fortaleza; y no siendo los de la dicha reserva más que seis, era también indudable que el bando de popa no necesitaba por el momento de ninguna ayuda. Ocurrióseme, pues, instantáneamente el ir á tierra. En un abrir y cerrar de ojos me deslicé sobre la balaustra y dejándome correr por una de las escotas de proa, caí dentro de uno de los botes en el instante mismo en que se ponía en movimiento.

Ninguno notó mi presencia; sólo el remero de proa me dijo:

—¡Ah! ¿eres tú Jim? Baja bien la cabeza.

Pero Silver desde el otro bote comenzó á lanzar miradas penetrantes é investigadoras para tratar de averiguar si era yo el que iba allí. Desde ese mismo instante comencé á arrepentirme de lo que había hecho. Los dos grupos de marineros se divertían remando á cual más fuerte, en una especie de carrera de apuesta, á cuál de los botes llegaba primero á la playa. Mas como el bote que me había cabido en suerte ocupar había recibido mayor empuje, estaba más ligero é iba mucho mejor remado, muy pronto dejó muy atrás á su competidor. La proa ya había atracado en medio de los arbustos de la playa; ya me había yo cogido de una rama y lanzádome hacia fuera, emboscándome en el acto en el matorral más próximo, cuando Silver y los suyos estaban todavía á unas cien yardas detrás.

—¡Jim, Jim!, le oí que me gritaba.

Pero ya se supondrá que no hice maldito el caso de sus gritos. Brincando, agazapándome, rompiendo breñas, corrí y corrí por el terreno que se me presentaba delante, al acaso, desaforadamente, hasta que materialmente ya no pude más.

CAPÍTULO XIV

EL PRIMER GOLPE

Me sentía yo tan satisfecho de haber dejado á Silver con un palmo de narices, que ya comenzaba á recrearme y á pasear mis ojos ávidamente por la extraña tierra en que me encontraba.

Había cruzado ya un trecho cenagoso, lleno de sauces, juncos, feos y lodosos arbustos de vegetación más acuática que de tierra, y acababa de llegar á las faldas de un terreno abierto, ondulado y arenoso, como de una milla de largo, dotado con uno que otro pino y un gran número de árboles tortuosos, no muy diferentes del roble en su configuración, pero de hojas pálidas como las del sauce. En el término abierto de aquel terreno se alzaba uno de los cerros, con dos picos extraños, fragosos y escarpados que reverberaban vívidamente al sol.

Por la primera vez de mi vida sentía el gozo y la emoción del explorador. La isla estaba deshabitada. Mis camaradas quedaban á la espalda y nada viviente tenía ante mis ojos sino eran animales de tierra y aire, mudos para mí. Aquí y acullá se alzaban algunas plantas en flor que me eran totalmente desconocidas; más allá veía culebras una de las cuales alzó su cabeza sobre su nido de piedra, miróme y lanzó una especie de silbido muy parecido al zumbar de una peonza. Bien ajeno estaba yo de que aquel enemigo llevaba la muerte consigo y que su silbido no era otra cosa que el famoso cascabel.

Llegué, en seguida, á un espeso grupo de aquellos árboles á manera de robles cuyo nombre, según lo supe después, era el de árbol de la vida, que crecían bajos, entre la arena, como zarzas, con sus brazos curiosamente trenzados y con sus hojas compactas como una pasta artificial. El monte se alargaba hacia abajo desde la cima de una de las lomas arenosas, desplegándose y creciendo en elevación conforme bajaba, hasta llegar á la margen del ancho y juncoso pantano, á través del cual desaguaba, en el fondeadero, el más pequeño de los riachuelos que morían en él. El marjal vaporizaba bajo los ardientes rayos de un sol tropical, y la silueta del "Vigía" palpitaba con las rápidas ondulaciones de la bruma solar.

De repente comenzó á notarse cierto bullicio entre el juncal de la ciénaga: un pato silvestre se levantó gritando; otro le siguió, y muy pronto se vió sobre toda la superficie del marjal una nube verdadera de pájaros revoloteando, gritando y revolviéndose en el aire. Desde luego supuse que alguno de mis compañeros de navegación, debía de andar cerca de los bordes del pantano, y no me engañé, en mi suposición, pues muy pronto llegaron hasta mí los rumores débiles y lejanos de una voz humana que, mientras más escuchaba, más distinta y más próxima llegaba á mis oídos.

Esto me infundió un miedo terrible y ya no pude más que agazaparme bajo la espesura del más cercano grupo de árboles de la vida que se me presentó, y acurrucarme allí, volviéndome todo oídos, y mudo como una carpa.

Otra nueva voz se dejó oir contestando á la primera y luego ésta, que conocí luego ser la de Silver, se alzó de nuevo y se desató en una verdadera avalancha de palabras que duró por largo tiempo interrumpida apenas de vez en cuando por una que otra frase de la otra voz. Á juzgar por las entonaciones deben haber estado hablando acaloradamente, tal vez con ira, pero ninguna palabra llegó distintamente á mis oídos.

Al fin los interlocutores hicieron, al parecer, una pausa y tal vez, supuse yo, se habrían sentado, porque no sólo sus voces cesaron de aproximarse, sino que los pájaros empezaron ya á aquietarse y la mayor parte de ellos á volver á sus nidos en el pantano.

Comencé entonces á temer que estaba yo faltando á las obligaciones que voluntariamente me había impuesto, por el solo hecho de haber venido á tierra con aquellos perdidos, y á decirme que lo menos que podía hacer era escuchar sus conciliábulos, acercándome á ellos, tanto como me fuese posible, á favor de los espesos zarzales y de los árboles echados por tierra.

Me era fácil fijar la dirección de los dos interlocutores, no sólo por el sonido de sus voces sino también por el cálculo que me permitían hacer los pocos pájaros que todavía revoloteaban alarmados sobre las cabezas de los intrusos.

Marché agazapado, en cuatro pies, y muy callandito, pero muy en derechura hacia ellos, hasta que, por último, alzando un poco la cabeza á la altura de un pequeño claro entre el ramaje, pude ver distintamente, en el borde de una pequeña hondonada cubierta de verdura, cerca del pantano y respaldada por los árboles, á John Silver y á otro de los de la tripulación, conversando frente á frente.

El sol caía de lleno sobre ambos. Silver había arrojado á un lado su sombrero, sobre el césped, y toda su enorme, rasa y rubicunda cara, sudorosa y brillante con el calor, estaba fija en el semblante de su interlocutor como en demanda ó espera de alguna cosa.

—Mira, camarada, decía Silver, si yo no creyera que tú valías oro en polvo, puedes creerlo como lo digo, oro en polvo, sí señor, yo no te habría traído á este negocio cuando ya está caliente como perol de brea hirviendo. Si así no fuera, yo no estaría aquí previniéndote. Todo está ya dispuesto y listo y tú no puedes ni hacer ni remediar nada. Si yo trato de convencerte es sólo para salvarte el pescuezo, pues puedes tú creer que si alguno de aquellos salvajes lo supiera, ¿dónde estaría yo, Tom, dónde estaría yo?

—Silver, replicó el otro (y yo pude observar que no solamente tenía roja la faz, sino que también su voz era ronca como la de un cuervo, y oprimida como por una cuerda muy apretada), Silver, Vd. es ya viejo, Vd. es honrado ó pasa al menos por tal, Vd. tiene además una fortunita que infinitos marinos le envidiarían, Vd. es valiente, si no me equivoco. Pues bien, dígame Vd., ¿va Vd. á dejarse gobernar por esa caterva de sucios lampazos? ¡Yo creo que no! Y tan cierto como que Dios me ve en este momento, preferiré que me arranquen la mano antes que faltar á mi deber...!

Repentinamente fué su palabra interrumpida por un ruido inesperado. Acababa yo de ver á unos de los hombres honrados de á bordo y acto continuo iba á tener noticias de otro de ellos. Allá á lo lejos, al otro lado del pantano, se oyó súbitamente un rumor como un grito de angustia, luego otro y después un largo y horroroso alarido. Las rocas del "Vigía" lo repitieron con sus ecos varias veces; la bandada de aves acuáticas tornó á alzarse de nuevo, nublando el cielo, con un chillido simultáneo, y todavía aquel alarido de muerte no cesaba de vibrar en mi cerebro, cuando el silencio había ya restablecido su imperio y no se escuchaba más rumor que el suave aleteo de los pájaros bajando de nuevo á sus nidos y el murmullo distante de la marea perturbando débilmente la languidez de la tarde.

Al resonar aquel grito de suprema angustia, Tom se había puesto en pie de un salto, como un caballo que siente el acicate, pero Silver no había siquiera pestañeado. Quedóse en donde estaba, apoyándose apenas en su muleta y con los ojos clavados en su compañero como una víbora lista para abalanzarse.

—¡John!, gritó el marinero, extendiendo su mano hacia Silver.

—¡No me toques!, replicó éste, saltando hacia atrás como una yarda, según me pareció, con toda la destreza y seguridad de un gimnasta de profesión.

—No lo tocaré, si Vd. lo quiere así, John Silver; dijo Tom. Sólo una conciencia negra puede hacer que me tenga Vd. miedo; pero en nombre del cielo, dígame Vd., ¿qué ha sido ese grito?

Silver sonrió de una manera horrorosa, siniestra, pero sin perder su actitud cautelosa y expectante. Sus ojos, de ordinario pequeños, no eran en aquel momento más que unos puntos como la cabeza de un alfiler en su inmensa caraza, pero relampagueando como dos carbunclos.

—¿Ese grito?, dijo aquella furia, ese grito me supongo que ha sido de Alán.

Al oir esto el pobre Tom prorrumpió como un héroe:

—¿Alán?... ¡Descanse, pues, en paz esa alma de marino leal! Por lo que hace á Vd. Silver, Vd. ha sido hasta hoy un camarada mío, pero desde hoy ya no lo es Vd.! Si me mata como á un perro ¡qué importa! moriré cumpliendo con mi deber. ¿Conque ha hecho Vd. matar al pobre Alán, no? ¡Pues máteme también á mí, si puede, le desafío á ello!

Y al decir esto aquel bravo y leal muchacho, volvió la espalda al cocinero y se puso en marcha, dirigiéndose hacia la playa. Sin embargo, no era su destino el ir muy lejos. Con un grito salvaje John se afianzó á la rama de un árbol, se sacó violentamente la muleta de bajo el brazo y lanzó aquel improvisado proyectil, con una fuerza inaudita, zumbando por el viento y alcanzando al pobre Tom á quien golpeó con horrible violencia entre los dos hombros, en medio de la espalda. Sus manos se agitaron en el aire, dió una especie de boqueada y cayó de frente contra el suelo.

Nada podré decir sobre si aquel golpe fué mortal ó no. Sin embargo, á juzgar por el sonido, es casi seguro que la espina fué rota con el choque; pero no tuvo tiempo para recobrarse en lo más mínimo, porque Silver, ágil como un orangután, aunque sin muleta ni ayuda alguna, cayó sobre su víctima en un momento y en menos tiempo del que tardo en contarlo había ya hundido dos veces su largo cuchillo hasta la empuñadura, en aquel desdichado inerme. Desde mi escondite de arbustos pude oir los resoplidos feroces de su respiración al sepultar su arma innoble en aquel cuerpo sin defensa.

Yo no sé hasta qué punto tendrá un hombre el derecho de desmayarse, pero si sé que por cierto tiempo, en aquel instante, me pareció que el mundo entero daba vueltas en derredor de mí, en un remolino nebuloso; Silver y los pájaros y el altísimo "Vigía" danzaban ante mis ojos en un torbellino, todos invertidos, mientras mil campanas diferentes, mezcladas con ecos distantes, repicaban furiosamente en mis oídos.

Cuando me hube recobrado un poco, el monstruo ya se había compuesto y organizado de nuevo, por decirlo así, con su sombrero sobre la cabeza y su muleta bajo el brazo. Junto á él yacía precisamente el cuerpo inmóvil é inanimado del pobre Tom, sobre la tierra, sin que su asesino se ocupara por eso en lo más mínimo, pues lo pude ver que, con una calma verdaderamente satánica, limpiaba en el césped la sangre de que estaba empapada la hoja de su puñal. Todo lo demás continuaba en el mismo estado, sin el menor cambio: el sol radiando despiadadamente sobre el marjal que vaporizaba y sobre el alto pico de la montaña. Y á mí me parecía imposible persuadirme de que un asesinato se acababa de cometer allí, delante de mis ojos, que una vida humana había sido brutalmente segada en mi presencia misma.

Ví luego á John Silver llevarse la mano á la bolsa, sacar un silbato y hacer vibrar varias veces sus moduladas notas que volaron á través de la atmósfera caliginosa. No me era posible, por de contado, explicarme la significación de aquella señal, pero sí me dí cuenta de que con ella se despertaban de nuevo todos mis temores antecedentes. Los demás hombres iban á acudir y estaba, pues, en peligro de ser descubierto. Acababan de asesinar á dos de nuestros leales y honrados hombres, ¿no era muy posible que después de Tom y Alán me tocase el turno á mí?

En un abrir y cerrar de ojos me comencé á internar, agazapado siempre y con todo el silencio y velocidad que me fuera posible, hacia la parte del monte más abierta. Mientras ejecutaba este movimiento, pude oir todavía saludos cambiados entre el viejo pirata y sus camaradas, y á este rumor, indicante claro de mi peligro, sentí que me nacían alas en los pies. No bien estuve fuera de la espesura, eché á correr como jamás había corrido antes en mi vida, sin cuidarme de la dirección que seguía, sino en cuanto que ella me alejaba de los asesinos, y mientras más corría, el miedo más y más se agigantaba en mi alma hasta tornarse en un verdadero frenesí de terror.

Y en verdad, ¿podía haber alguien en situación más perdida de todo punto que la mía? Cuando tronase el cañonazo ofrecido, ¿cómo iba yo á atreverme á presentarme en los botes, en medio de aquellos entes infernales, cuyas manos humeaban todavía con la sangre de sus víctimas? ¿Acaso el primero de ellos que me viera no iba á torcerme el cuello como á una agachona? ¿Acaso mi sola ausencia no era ya para ellos una evidencia de mi alarma, y por consiguiente, de mi fatal conocimiento de los hechos? Todo, pues, había concluído para mí. ¡Adiós La Española, adiós el Caballero, el Doctor y el Capitán! ¡Nada me quedaba ya que esperar sino la muerte por inanición, ó á manos de los sublevados!

Mientras esto pensaba, no cesaba de correr, y sin darme cuenta de ello, me encontraba ya cerca del pie de uno de los pequeños picos, y habíame internado á una parte de la isla en que los árboles de la vida crecían más distantes unos de otros y se asemejaban más á verdaderos árboles de bosque por su corpulencia y dimensiones. Entremezclados con estos había uno que otro pino, algunos de ellos como de cincuenta pies de altura y otros como hasta de setenta. El aire tenía ya aquí también un olor más fresco que allá abajo cerca del pantano.

Pero al llegar á este sitio, una nueva alarma me esperaba, que me hizo sentir el corazón á punto de escapárseme del pecho.

CAPÍTULO XV

EL HOMBRE DE LA ISLA.

De uno de los lados del cerro que era, en aquel sitio, escarpado y pedregoso, un guijarro se desprendió por el cauce seco de una de las vertientes cascajosas, saltando, rebotando y haciendo estrépito en sus choques repetidos contra árboles y piedras. Volví los ojos instintivamente en aquella dirección y ví una forma extraña moverse y ocultarse tras del tronco de uno de los árboles. ¿Era aquello un oso, un hombre, ó un orangután? Me era imposible decirlo. Me parecía negro y velludo; pero esto era lo único de que me podía dar cuenta en aquel momento. Sin embargo, el terror de esta nueva aparición me hizo contenerme en mi carrera.

Me veía, según toda probabilidad, cortado por el frente y por la retaguardia: detrás de mí, los asesinos, y delante aquella forma indescriptible que me acechaba. En el acto comencé á preferir los peligros que me eran conocidos á aquellos que aparecían velados. El mismo Silver se me figuraba ya menos terrible comparándolo con aquella extravagante criatura, especie de gnomo de la montaña, y así fué que, sin más vacilaciones le volví la espalda, no sin volverme azoradamente para verle sobre el hombro, y comencé á correr de nuevo, esta vez en dirección de los botes.

Pero en pocos segundos la horrible figura, después de dar una gran vuelta, se me igualó en la carrera y aun comenzó á avanzar delante de mí. Yo estaba bien exhausto ya, no cabía duda, pero aun cuando hubiese estado fresco y descansado, ví muy pronto que era una locura el pretender luchar en velocidad con adversario semejante. De un tronco á otro aquella extraña criatura parecía volar como un ciervo, corriendo á semejanza del hombre, en dos pies, pero diferenciándose de la carrera humana en que como ciertas aves se dejan ir en el espacio por largo tiempo con las alas cerradas, esta se deslizaba á trechos hacia abajo por la pendiente, de una manera fantástica, maravillosa é inexplicable para mí. Y sin embargo, era un hombre, ya no me era posible dudarlo por más tiempo.

Vínome á la imaginación en el acto todo cuanto había oído ó leído sobre caníbales y aun estuve á punto de gritar ¡socorro! Pero el mero hecho de ser aquel un hombre, aunque fuese un salvaje, me había ya serenado un poco, y el miedo que Silver me inspiraba reapareció vivo y formidable en mi ánimo. Me detuve, pues, por el momento, y buscando en mi atribulada imaginación alguna puerta de salvamento ó de escape, me acordé, de pronto, de la pistola que llevaba conmigo. Y no hice más que recordar que no estaba tan indefenso, y sentí que el valor volvía á mi corazón, y dando el rostro resueltamente al hombre de la isla, marché hacia él con paso vigoroso.

En este momento él estaba oculto tras de otro tronco de árbol, pero debe haberse estado espiándome muy atentamente, porque tan luego como yo me adelanté hacia donde él estaba, se mostró de repente y dió un paso para venir á mi encuentro. Pero acto continuo vaciló, dió algunos pasos hacia atrás, luego otros hacia mí de nuevo, hasta que, por último, con extraordinaria sorpresa y confusión mía, le ví caer de rodillas y tenderme en ademán suplicante sus manos enclavijadas:

Al ver esto, torné á detenerme indeciso.

—¿Quién es Vd.?, le pregunté.

Á lo cual se apresuró él á contestarme con una voz ronca, opaca, como el rumor que produjese una cerradura enmohecida y en desuso.

—¡Soy Ben Gunn! Soy el pobrecito Ben Gunn que por tres años no ha tenido delante un cristiano con quien hablar!

Al oir esto pude ya darme cuenta de que aquel no era un caníbal, como lo creí al principio, sino un hombre de raza blanca como yo, y aun observé que sus facciones eran regulares y agradables. Su cutis, en todos los puntos que aparecía descubierto, estaba tostado por el sol; sus labios mismos estaban ennegrecidos y sus ojos claros eran una cosa sorprendente en aquel conjunto de facciones oscuras. De todos los mendigos que en mi vida había yo podido ver ó figurarme, era éste el número uno por lo destrozado y harapiento. Estaba vestido con girones de lona de velámen, añadidos y mezclados con retazos informes de paño azul-marino, y toda aquella extraordinaria estructura de andrajos estaba sujeta y rodeada á su persona, por la más incongruente y exótica reunión de broches y costuras: botones de metal, espinas de pescado, correas de pieles crudas, pedacitos de madera á guisa de agujetas, y presillas de alquitranados cordones. Ciñendo su talle llevaba un viejo cinturón de cuero con hebilla de metal, cuya prenda era la única cosa sólida y sin soluciones de continuidad de todo cuanto llevaba encima.

—¡Tres años!, exclamé yo. ¿Naufragó Vd. acaso cerca de esta costa?

—No, amigo mío, me aislaron[**1**] aquí.

Yo había oído esa palabra aplicada á una especie de castigo horrible, muy común entre los piratas, cuya esencia era desembarcar al condenado en una isla inhabitada, dejándole solamente un fusil y una poca de pólvora y abandonándolo allí para siempre.

—¡Aislado por tres años!, continuó aquel mísero. Tres años mortales durante los cuales he vivido de cabras monteses, de berzas silvestres y de ostras de la playa. Yo sé que donde quiera que un hombre se encuentre colocado, aquel hombre puede ayudarse y valerse por sí mismo. Pero, amigo, mi corazón ya suspira por alguna comida de cristianos. Tú traerás allí por casualidad un pedacillo de queso, ¿no es verdad?... ¡Pues dámelo, anda!... ¿No traes?... ¡Ah! ¡si tú supieras qué noches tan largas me he pasado aquí, soñando con una tajadilla de queso, con una tostada, sobre todo! Y luego me despertaba... ¿y qué?... ¡Aquí!... ¡siempre aquí!

—Si Dios quiere que alguna vez pueda yo volver á bordo, le prometo á Vd. que tendrá queso hasta ahitarse, le repliqué.

Todo el tiempo que había durado nuestro corto diálogo anterior, Ben Gunn no había cesado de asentar con su mano el paño de mi jubón, de tocarme suavemente las manos, de contemplar mis botas y, en una palabra, de manifestar el placer más infantil con la presencia de un semejante suyo. Pero al oir mis últimas frases se enderezó de repente con cierta especie de sobresalto.

—Si Dios quiere que puedas volver á bordo, ¿has dicho? Y bien, ¿quién es el que te lo impide?

—No es Vd., por cierto, le contesté.

—Y dices muy bien en eso, exclamó. Pero antes de pasar adelante, vamos á ver, ¿cómo te llamas, camarada?

—Jim, le dije.

—Jim, Jim, repetía él con aparente complacencia. Ahora bien, Jim, ya debo decirte que yo he vivido una vida tan borrascosa que ni aun me atrevo á contártela, porque te avergonzarías sólo de oirme. ¿Creerás tú, al escuchar esto, que yo nunca tuve una madre, buena y piadosa, para dirigirme y velar por mí?

—¡No! no he pensado tal cosa, le respondí.

—¡Ah!, dijo él. ¡Pues sí que la tuve y muy santa y muy piadosa! Yo era un muchachito paisano, muy bueno y muy aprovechado, que me sabía tan bien mi catecismo que cuando me soltaba recitándolo, lo repetía, como si fuera una sola palabra, y sin respirar, desde el principio hasta el fin. ¡Ah! pero aquí va ahora lo que sucedió, Jim. Un día comencé á jugar á las canicas y al hoyuelo; por allí comencé, no te quepa duda. Mi pobrecita madre me sermoneaba y me decía lo que me iba á suceder, ¡pobre señora, me acuerdo muy bien! Pero la Providencia me trajo aquí. Yo no he cesado de pensarlo en todo el tiempo que he estado olvidado en esta isla desierta y, lo que es ahora, ya me siento bueno otra vez. Ya nadie me volverá á coger nunca probando el rom... á no ser un dedalito... nada más que un dedal por accidente, cuando se me presente una ocasión. Inevitablemente ya, tengo que ser bueno y sé cuál es el camino para lograrlo, porque, óyeme bien, Jim...—y al decir esto vió en torno suyo y bajó la voz hasta convertirla en un murmullo—... ¡soy muy rico!

Al escuchar esto, no me cupo duda sobre que aquel desgraciado se había vuelto loco en su soledad, y supongo que debo haber dejado conocer mi pensamiento en mi semblante, porque él se apresuró á repetir calurosamente:

—¡Rico, rico, sí señor! Yo te diré cómo y haré de tí todo un hombre, Jim. ¡Ah, muchacho, dale á Dios una y mil veces gracias de que hayas sido tú la primera criatura humana que se ha encontrado conmigo!

Pero no bien había pronunciado estas palabras su semblante se oscureció repentinamente, como si se viese asaltado por una idea ingrata; estrechó mi mano con mayor fuerza entre las suyas y levantó el dedo índice ante mis ojos con un ademán amenazador diciendo:

—Pero ante todo Jim, dime la verdad... ¿no es ese de allí el buque del Capitán Flint?

Oyendo esto me vino una inspiración rápida y feliz. Comencé á creer que lo que yo había encontrado, era un aliado, y en tal concepto me apresuré á contestarle:

—No, por cierto. Flint ha muerto. Pero si le he de decir á Vd. la verdad, como Vd. me lo pide, á bordo de esa goleta vienen varios de los hombres del tal Flint, por desgracia de todos los demás de la partida.

¿No viene un hombre con una sola pierna?, murmuró Ben Gunn.

—¿Silver?, le pregunté.

—¡Ah! ¡Silver!, contestó él. ¡Silver! ¡eso es... ese es su nombre!

—Es el cocinero de á bordo y al mismo tiempo el cabecilla ó director de esos hombres.

Al llegar aquí, Ben Gunn, que todavía me tenía cogido por la muñeca, dióme una especie de fuerte sacudida.

—Si tú has sido enviado aquí por John Silver, dijo, yo estoy ya tan bueno como un cerdo, muy bien lo sé. ¿Pero en qué pensaste tú, muchacho?

Yo había ya formado mi resolución en un instante, así es que, por vía de respuesta, le conté la historia completa de nuestro viaje y el difícil predicamento en que nos encontrábamos á aquellas horas. Escuchóme él con el más profundo interés y cuando hube concluído exclamó dándome una palmadilla en la cabeza:

—Jim, tú eres un buen muchacho, y tú y los tuyos están en un apuro del demonio, ¿nó es esto? Pues no tengas cuidado. Ten confianza en mí. Ben Gunn es el hombre para sacarlos de su varadero. Pero antes dime, ¿crées tú que tu Caballero resultará ser un hombre bastante liberal para quien sepa sacarlo del aprieto en que se ve metido?

—¡Oh! en cuanto á eso, el Caballero es el hombre más liberal y generoso que yo he conocido, le respondí.

—Pero hay que ver bien, dijo Ben Gunn; yo no quiero decir que me recompensará dándome una covacha de conserje para guardar una puerta; ó una librea dorada de lacayo, ó cosa por el estilo. ¡Oh, no! Lo que yo quiero decir es que si me daría, por ejemplo, un buen millar de libras esterlinas, contantes y sonantes, que es tanto cuanto puede apetecer para ser dichoso un hombre como yo. ¿Qué dices tú?

—Pues digo que estoy seguro de que sí lo haría, le respondí yo. Tal como venían las cosas todos los expedicionarios estábamos llamados á dividirnos la hucha.

—¿Y me dará también un pasaje á Inglaterra?, añadió con una mirada recelosa y desconfiada.

—¿Pues cómo no?, le dije. El Sr. de Trelawney es un hombre de honor. Y además de esto, ¿no ve Vd. que si con su auxilio logramos desembarazarnos de los otros, necesitaríamos de Vd. sin remedio para ayudarnos á maniobrar el buque?

—¡Ah! ¡pues es verdad!, replicó Ben Gunn. ¡Yo les sería indispensable!

Y con esto pareció como aliviado de un gran peso.

—Ahora, prosiguió, voy á contarte cómo pasaron los sucesos, ni más ni menos. Yo estaba á bordo del buque de Flint cuando éste sepultó aquí su tesoro. Él se vino á tierra con seis hombres, grandes, fuertes. Permanecieron aquí cerca de una semana, y nosotros, entre tanto, allá afuera... esperando... anclados en el fondeadero, en su viejo buque el Walrus. Un hermoso día, vimos por fin la señal esperada. Flint venía por sí solo... solo enteramente en su pequeño bote, con su cabeza vendada con una banda azul... El sol comenzaba á levantarse y él aparecía pálido... pálido como un muerto junto al tajamar... ¡Pero allí estaba, eso sí! En cuanto á los otros seis... ¡todos muertos! ¡muertos y enterrados!... ¿Cómo se arregló para ello? Ninguno de los que íbamos á bordo pudo averiguarlo nunca, ¿Fué lucha leal, asesinato, sorpresa, que fué?... ¡Quién sabe! Lo único que sabíamos es que ellos eran seis y él no era más que uno... ¡uno contra seis! Billy Bones era el piloto del barco; John Silver era el contramaestre y ambos le preguntaron dónde quedaba oculto el tesoro.—"¡Ah!, contestó él, si Vds. quieren ir á averiguarlo pueden irse á tierra y quedarse allí buscando. Lo que es el barco vuelve á la mar en busca de más, con mil diablos!" Eso fué lo que él dijo!... Tres años después de aquello me cupo en suerte venir en otro buque. Cuando vimos la isla yo dije:—"Ea, muchachos; el tesoro del Capitán Flint está aquí. ¡Vamos bajando á tierra y encontrémoslo!"—El Capitán se disgustó con esto, pero mis camaradas fueron todos de mi opinión y bajamos á tierra. Doce días consecutivos buscaron y buscaron en vano. Creían que yo les había jugado una horrible burla y cada día me llenaban de nuevos y más duros insultos, hasta que una mañana, ya cansados y sin esperanzas se volvieron todos á bordo.—"Por lo que hace á tí Benjamín Gunn, me dijeron al partir, aquí tienes un mosquete, un pico y una azada: quédate aquí y encuentra para tí solo el tesoro del Capitán Flint!"... Tres años hace de esto, Jim; tres años que he estado aquí sin probar un solo platillo de cristianos, hasta hoy!... Pero, dime ahora... mírame... ¿tengo yo el aspecto de un marinero?... ¡Ya te oigo murmurar que no!... ¡Ah!, es que yo también lo digo... yo... ¡yo mismo!

Al decir esto me guiñó los ojos y me oprimió la mano fuertemente. Y luego prosiguió:

—Tú nada más repítele á tu Caballero mis propias palabras, Jim. Díle esto: "Tres años hace que Ben Gunn es el único habitante de esta isla, lo mismo á la hora de la luz que en medio de la noche, lo mismo en la tempestad que en el buen tiempo. Tal vez algunas ocasiones ese pobre—díle—tal vez ha pensado en su anciana madre, que anciana ha de ser si vive aún; quizás, á veces, habrá caído de rodillas para decir una oración. Pero la mayor parte del tiempo de Ben Gunn se ha empleado en otro asunto." Y al decirle esto le darás un pellizco como este que te doy aquí.

É hízolo como lo decía, de la manera más confidencial que imaginarse pueda, prosiguiendo en el acto:

—Pero continuarás al punto y le dirás: "Gunn es un buen chico, no cabe duda y él deposita él precioso don de su confianza, deposita él precioso don de su confianza—no olvides decírselo con esas mismas palabras—en un Caballero por nacimiento, más que en cualquiera de esos "caballeros de la fortuna" de los cuales él ha sido uno."

—Pero vamos allá, le dije yo; prescindiendo de que no alcanzo á entender una palabra de todo lo que me ha estado Vd. diciendo aquí, ¿cómo podría yo repetírselo al Caballero si no veo la posibilidad de volver á bordo?

—¡Ah! allí está la vuelta del cabo! Y bien, aquí está mi bote; mi bote que yo he fabricado con mis propias manos. Yo lo tengo oculto bajo la peña blanca. Si sucede lo peor de lo peor, creo debemos intentar esa travesía después de que oscurezca...

En este punto tuvo que interrumpirse bruscamente, porque aun cuando el sol tenía todavía una hora ó más que alumbrar hasta ocultarse en el horizonte, oímos repentinamente, repetido por todos los ecos de la isla, el trueno imponente de un cañonazo.

—¡Eh! ¿qué es eso?, preguntó Ben Gunn.

—Es que han comenzado á batirse, le contesté. ¡Sígame Vd.!

Y olvidando en aquel punto todos mis terrores precedentes me dí á correr hacia la rada, en dirección del ancladero, acompañado por el hombre aislado que corría junto á mí velozmente, sobre sus cacles de piel de cabra, con gran ligereza y facilidad.

—¡Á la izquierda! ¡á la izquierda!, me decía. ¡Cárgate siempre hacia la izquierda, camarada!, repetía. ¡Quién diría que yo voy aquí bajo los árboles, contigo! Mira, allí es donde maté mi primera cabra. Ahora ya no bajan hasta acá; ahora las tienes siempre encaramadas en sus masteleros, allá entre las jarcias y los motones de sus montañas, todo, no más que por miedo de Ben Gunn! ¡Ah! mira tú... ¡allí tienes el cementerio! ¿no ves sus terraplenes?... Cuando por mis cuentas creo que debe ser domingo, sabes tú,... suelo venir aquí y me arrodillo y rezo. No tiene esto muchas trazas de capilla, ni siquiera de una pobre ermita, ¿no es verdad?... pues, mira tú... yo le encuentro no sé qué cosa de solemne y de imponente. Y luego, ya lo ves, no he tenido las manos muy llenas... ni una biblia, ni una enseña... y en cuanto á capellán, pues... ni soñarlo.

Y seguía así, charla y charla mientras corríamos, sin esperar ni recibir respuesta alguna.

Un rato considerable había trascurrido después del disparo del cañón, cuando oímos una descarga de armas de menos calibre.

Siguióse otra pausa, y luego, á menos de un cuarto de milla frente á mí, divisé repentinamente en el aire, flotando sobre las cimas de los árboles del bosque, la gloriosa bandera de Inglaterra.

PARTE IV
LA ESTACADA

CAPÍTULO XVI

EL DOCTOR PROSIGUE LA NARRACIÓN Y REFIERE CÓMO FUÉ ABANDONADO EL BUQUE

Sería la una y media de la tarde cuando los dos botes de La Española se fueron á tierra. El Capitán, el Caballero y yo estábamos discurriendo acerca de la situación en nuestra cámara de popa. Si hubiera soplado en aquellos momentos la brisa más ligera, hubiéramos caído por sorpresa sobre los seis rebeldes que se nos había dejado á bordo, hubiéramos levado anclas y salido á alta mar. Pero el viento faltaba de todo punto y para completar nuestro desamparo, vino muy pronto Hunter á traernos la nueva de que Hawkins se había metido en uno de los botes y marchádose con los expedicionarios de la isla.

Jamás nos ocurrió poner en duda la lealtad de Hawkins, pero sí nos pusimos en alarma por su vida. Con la excitación en que aquellos hombres se encontraban nos parecía que sólo una casualidad podía hacer que volviésemos á verle vivo. Corrimos sobre cubierta. El calor era tal que la brea que unía la juntura de los tablones comenzaba á burbujar, derritiéndose; el nauseabundo hedor de aquel sitio me ponía verdaderamente malo, y si alguna vez hombre alguno absorbió por el olfato los gérmenes de mil enfermedades infecciosas, ese fuí yo, sin duda, en aquel abominable fondeadero. Los seis sabandijas estaban sentados á proa, refunfuñando á la sombra de una vela. Hacia la playa podíamos divisar los botes sujetos á tierra, y á un hombre de los de Silver, sentado en cada uno de ellos. Uno de aquellos dos conjurados se divertía silbando el "Lilibullero."

Esperar era una locura, así es que decidimos que Hunter y yo iríamos á tierra en el serení[1] en busca de informes y para explorar el terreno.

Los botes se habían recargado sobre su derecha, pero Hunter y yo remamos rectos en dirección de la estacada marcada en nuestro mapa. Los centinelas y guardianes de los esquifes parecieron desconcertarse un tanto con nuestra aparición. El "Lilibullero" cesó de oirse y pude ver á aquel par de alhajas discutiendo lo que debían hacer. Si se hubieran marchado para avisar á Silver lo que ocurría, abandonando sus botes, es claro que las cosas hubieran pasado de muy distinta manera; pero supongo que tenían sus órdenes y, en consonancia con ellas, decidieron permanecer tranquilamente en donde estaban y muy luego oímos que la música de "Lilibullero" comenzaba de nuevo.

Había en aquel punto una ligera curva en la costa y yo no perdí tiempo remando cuan fuertemente pude para ponerla entre los hombres de los esquifes y nosotros, de tal suerte que antes de que llegásemos á tierra ya nos habíamos perdido mutuamente de vista. Salté por fin en la playa y púseme á correr tan de prisa como podía atreverme á hacerlo, desplegando sobre mi cabeza un gran pañuelo de seda blanco para evitar la insolación y con un buen par de pistolas, enteramente listas, por precaución, contra cualquiera sorpresa.

No había recorrido aún cien yardas cuando llegué á la estacada.

He aquí lo que había en ella: una fuente de agua límpida y clara brotaba casi en la cumbre de la colina; sobre ésta, y encerrando la fuente por supuesto, se había improvisado una espaciosa cabaña de postes de madera, arreglada de manera de poder encerrar unas dos veintenas de hombres, en caso de apuro, y con troneras para mosquetes por todos lados. Al derredor de esta cabaña habíase limpiado un espacio considerable y, para completar la obra, se había levantado una empalizada bastante fuerte, como de seis pies de elevación, sin ninguna puerta ó pasadizo, con resistencia suficiente para no poderla echar por tierra sino con tiempo y trabajo, pero bastante abierta para que no pudiera servir de parapeto á los sitiadores. Los que estuvieran en posesión de la cabaña del centro podían llamarse dueños del campo y cazar á los de afuera como perdices. Lo que se necesitaba allí era una vigilancia continua y provisiones, porque á menos de una completa sorpresa, los sitiados podían sostenerse muy bien contra un regimiento entero.

En lo que yo me fijé entonces de una manera más particular fué en la fuente, porque aun cuando en nuestro castillo de popa de La Española teníamos armas y municiones en gran cantidad, y abundancia de víveres y vinos excelentes, lo cierto es que de una cosa estábamos ya bien escasos, y era de agua. Estaba yo preocupado con este pensamiento, cuando de pronto llegó á mis oídos distintamente, desde algún punto de la isla, el grito supremo de un hombre que se moría. Yo he servido á Su Alteza Real el Duque de Cumberland y aun fuí herido yo mismo en Fontenoy, pero en aquel instante mi pulso se detuvo y no pude menos que verme asaltado por esta idea: "¡Han matado á Hawkins!"

Haber sido uno un viejo soldado es ya algo, pero es todavía más haber sido médico. No tiene uno tiempo para vacilaciones ni cosas inútiles, así es que en un instante formé mi resolución y sin perder un segundo regresé á la playa y salté de nuevo á bordo del serení.

Por fortuna Hunter era un remador de fuerza. Hicimos volar á nuestro botecillo y muy pronto estábamos ya al costado de La Española, á cuyo bordo subimos á toda prisa.

Encontré á todos emocionados, como era natural. El Caballero estaba sentado, lívido como un papel, lamentando ¡alma de Dios! los peligros á que nos había traído. Uno de los seis hombres quedados á bordo estaba ya en mejores condiciones.

—Allí hay un hombre, dijo el Capitán Smollet apuntando hacia él, que es novicio en la obra de estos malvados. Ha venido aquí, á punto de desmayarse, en cuanto que oyó aquel grito de muerte. Con otra vuelta de cabrestante lo tenemos con nosotros, eso es seguro.

Expliqué entonces al Capitán Smollet cuál era mi plan, y entre los dos arreglamos los detalles de su realización.

Pusimos á nuestro viejo Redruth en la estrecha galería que, como se recordará, era la única comunicación posible entre la popa y el castillo de proa, dándole tres ó cuatro mosquetes cargados y poniéndole un colchón por vía de barricada para protegerle. Hunter trajo el botecillo de manera de colocarlo precisamente bajo la porta de popa y Joyce y yo nos pusimos inmediatamente á la obra de cargar en él botes de pólvora, mosquetes, bultos de bizcochos, galletas, jamón, una damajuana de cognac y mi inestimable estuche de cirujía.

Entre tanto el Caballero y el Capitán permanecían sobre cubierta y el último de ellos hacía al timonel la siguiente amistosa y cortés intimación:

—Amigo Hands, aquí nos tiene Vd. á dos personas con dos pistolas cada una. Si alguno de Vds. seis hace el menor movimiento para acercársenos puede tenerse por hombre al agua.

Los hombres aquellos deliberaron un corto rato y después de su pequeño consejo de guerra se fueron dejando caer uno tras de otro, de la carroza, abajo, pensando, sin duda alguna, cogernos por la retaguardia. Pero en cuanto que se encontraron con Redruth esperándolos, mosquete en mano, en la estrecha galería de comunicación, volvieron otra vez á querer recobrar su lugar primitivo á proa, apareciendo sobre cubierta la cabeza de uno de ellos por una escotilla.

—¡Abajo otra vez, perro pirata!, le gritó el Capitán, ó te vuelo la tapa de los sesos!

La cabeza aquella se hundió de nuevo como por encanto en la escotilla y por entonces nada volvimos á oir ni á saber de aquellos miserables.

Mientras esto pasaba, nuestro ligero serení estaba ya tan cargado como era racional ponerlo. Joyce y yo saltamos por la porta de la popa y tornamos á remar hacia la playa, tan de prisa como nuestras fuerzas nos lo permitían.

Este segundo viaje despertó ya de una manera indudable la alarma de los vigilantes de los esquifes. "Lilibullero" fué dado de mano otra vez, y precisamente antes de perderlos de vista tras del pequeño cabo de la playa, uno de ellos había ya saltado á tierra y desaparecido rápidamente. Estuve entonces á punto de cambiar de táctica é irme derecho á sus botes y destruírselos, pero temí que Silver estuviese por allí demasiado cerca con los restantes y era en tal caso muy posible que todo se perdiera por querer hacer demasiado.

Muy pronto llegamos de nuevo á tierra al mismo lugar que en el viaje precedente. Los tres hicimos el primer trasporte del bote hasta la cabaña, muy bien cargados, y depositamos allí nuestras armas y provisiones. Dejamos entonces á Joyce en la palizada, de guardia para custodiar nuestro depósito, y aunque es verdad que se quedaba solo enteramente, tenía á su disposición media docena de mosquetes muy bien preparados. Hunter y yo volvimos otra vez al botecillo, tornamos á cargar lo más que pudimos y regresamos á la estacada. Así continuamos, casi sin tomar aliento, hasta que toda la carga puesta en el bote había sido trasladada á la cabaña en la cual los dos criados tomaron definitivamente sus posiciones, mientras yo, con todas mis fuerzas, remaba otra vez en el ya ligero serení hasta llegar de nuevo á La Española.

El arriesgar una segunda cargada era, en realidad, menos atrevido y peligroso de lo que parecía. Es cierto que ellos tenían la ventaja del número, pero nosotros teníamos la de las armas. Ninguno de los hombres que estaban en tierra llevaba un mosquete consigo y así es que, antes de que hubieran podido acercársenos á tiro de pistola, es seguro que nosotros hubiéramos dado buena cuenta de ellos.

El Caballero estaba espiándome en la porta de popa, ya restablecidos su valor y su ánimo. Cogió el cabo de la amarra que yo le arrojé, lo sujetó arriba y comenzamos á hacer ya un cargamento de verdadera vitalidad para nosotros, consistente en carne, pólvora y bizcochos, sin añadir más armas que un mosquete y un sable por cabeza para el Caballero, para mí, Redruth y el Capitán. El resto de las armas y la pólvora los arrojamos al agua á dos brazas y media de profundidad, de manera que podíamos distinguir el limpio acero de los mosquetes brillando con los reflejos del sol, allá abajo en el fondo limpio y arenoso del ancladero.

Á esta hora la marea comenzaba ya á bajar y el buque empezaba á columpiarse en torno del ancla. Oímos voces llamándose mutuamente, muy lejos y muy débiles, allá en dirección de los esquifes, y aun cuando esto nos tranquilizó por lo que hacía á Joyce y á Hunter que, por lo visto, quedaban todavía en su posición del Este sin ser molestados, nos hizo comprender, sin embargo, que nosotros debíamos darnos prisa.

Redruth, entonces, abandonó su trinchera de lana en la galería y se replegó al bote con nosotros. Dirigido el pequeño serení por el Capitán Smollet en persona, dimos vuelta al buque y nos vinimos á colocar junto á la escotilla de proa.

—Ahora, amigos, gritó el Capitán, ¿me oyen Vds.?

Ni una voz respondió sobre cubierta.

—¡Es á tí, Abraham Gray, á quien hablo!...

El mismo silencio anterior.

—¡Gray!, volvió á decir el Capitán en voz más alta aún, en este mismo momento voy á dejar este buque y como tu Capitán que soy te ordeno que me sigas. Yo sé que tú eres, en el fondo, un buen muchacho y hasta me atrevo á decir que ninguno de los seis que están allí es tan malo como aparenta serlo. Aquí tengo en la mano, mi reloj abierto: te doy treinta segundos de plazo para que te me reunas.

Hubo un silencio nuevo.

—Ven pronto, muchacho mío, continuó el Capitán: no te detengas tanto en vacilaciones. Estoy aquí exponiendo mi vida y la de estos excelentes caballeros cada segundo que pasa.

Oyóse entonces el ruido repentino de una pendencia, el rumor de golpes cambiados, y en unos cuantos segundos apareció Abraham Gray en la porta, con una herida de arma blanca en una de sus mejillas, pero corriendo presuroso á la llamada del Capitán como un perro puede venir al silbido de su amo.

—¡Estoy con Vd. mi Capitán!, dijo aquel leal chico.

Un instante después, con Gray ya á bordo, habíamos empujado de nuevo nuestro barquichuelo en dirección á la playa.

Y cierto es que nos encontrábamos ya fuera de la peligrosa goleta, pero ¡ay! aún no nos veíamos en tierra, dentro del recinto de la estacada.

Serení es el nombre del más pequeño de los botes que un buque lleva para su servicio.—N. del T.

CAPÍTULO XVII

EL DOCTOR, CONTINUANDO LA NARRACIÓN, DESCRIBE EL ÚLTIMO VIAJE DEL SERENÍ

Este quinto viaje fué ya, sin embargo, bien distinto de los precedentes. En primer lugar aquella cascarita de nuez en que íbamos estaba demasiado cargada. Cinco hombres, de los cuales Redruth, el Capitán y Trelawney eran de más de seis pies de altura, era más de lo que nuestro botecillo podía racional y cómodamente cargar. Añádase á esto la pólvora, las armas y las provisiones de boca, y se comprenderá que el serení se balancease de una manera inquietante, alojando agua de cuando en cuando, por la popa, á un grado tal, que todavía no habíamos andado cien yardas y ya una buena parte de mis vestidos estaba mojada hasta no poderse más.

Hízonos el Capitán que aparejásemos el bote compartiendo el peso más proporcionalmente, lo que nos apresuramos á ejecutar, consiguiendo equilibrarlo un poco mejor. Pero aun así no dejábamos de sentirnos con el temor, no del todo infundado, de zozabrar.

En segundo lugar, el reflujo producía, á la sazón, una fuerte corriente de olas en dirección poniente, atravesando la rada y moviéndose en seguida hacia el sur, en dirección del mar, por el estrecho que nos había franqueado el paso en la mañana hasta el ancladero. Las olas, de por sí, eran ya un peligro para nuestro sobrecargado esquife, pero lo peor de todo era que la dicha corriente nos arrastraba fuera de nuestra vía, y lejos del lugar de la playa en que teníamos que desembarcar, tras de la punta de que ya he hablado. Si permitíamos á la corriente realizar su obra, el resultado iba á ser que antes de mucho nos encontrásemos en tierra, es verdad, pero precisamente al lado de los esquifes de los piratas, que quizás no tardarían mucho en presentarse.

—Me es imposible enderezar el rumbo hacia la estacada, Capitán, dije yo que iba sentado al timón, en tanto que él y Redruth que estaban de refresco, llevaban los remos. La marea nos arroja constantemente hacia abajo; ¿no podrían Vds. remar un poco más fuerte?

—No sin echar el bote á pique, contestó. Sostenga Vd. el gobernalle inmóvil hasta que vea Vd. que vamos ganando la vía.

Hice lo que se me indicaba y pronto ví que, si bien la marea continuaba empujándonos hacia el poniente, muy luego logramos que el bote enderezara la proa al Este siguiendo una línea que marcaba precisamente un ángulo recto con el camino que debíamos tomar.

—De esta manera no vamos á tocar tierra jamás, dije yo.

—Si no nos queda otro derroterro libre más que éste, no podemos hacer otra cosa que seguirlo á todo azar, contestó el Capitán. Tenemos que ir contra la corriente de la bajamar. Ya ve Vd., pues, que si seguíamos bordeando á sotavento de nuestro desembarcadero era muy difícil decir á donde íbamos á tocar tierra; esto sin contar con la inmediata probabilidad de ser abordados por los botes de Silver, en tanto que, por el camino en que nos hemos puesto, la corriente puede amortiguarse pronto y entonces ya podremos virar rectamente hacia la playa.

—La corriente ha amainado ya mucho, señor, díjome Gray que iba sentado hacia proa. Ya puede Vd. hacer que viremos de bordo un poco.

—Gracias, muchacho, le contesté como si nada hubiera sucedido, puesto que todos habíamos hecho tácitamente la resolución de tratarlo desde luego como á uno de los nuestros.

De repente el Capitán habló de nuevo y noté que había una perceptible alteración en su voz.

—¿Y el cañón?, dijo.

—Ya pensaba en eso, le respondí seguro como estaba de que él se refería á la posibilidad de que se bombardeara nuestro reducto. No crea Vd. que les sea posible bajar el cañón á tierra, y aun en el supuesto de que lo consiguieran, jamás podrían hacerlo subir por entre el monte.

—Pues mire Vd. á popa, Doctor, replicó el Capitán.

Volví la cabeza... Lo cierto es que habíamos echado completamente en olvido nuestra pieza de artillería en la goleta y de allí nuestro horror cuando oímos que los cinco bandidos estaban muy atareados, despojándola de lo que ellos llamaban la chaqueta, ó sea el abrigo de grueso cáñamo embreado con que la manteníamos envuelta durante la navegación. No era esto todo, sino que al punto me acordé que las balas y la pólvora de la misma pieza habíanse quedado á bordo en un cajón, por lo cual no necesitaban nuestros enemigos sino dar un golpe con una hachuela para ser dueños de aquellas terribles municiones de guerra.

Aquel olvido no podía tener más disculpa que la prisa con que nos vimos precisados á evacuar la embarcación, pero desgraciadamente era irremediable.

—Israel Hands era el artillero de Flint, dijo Gray con voz ronca.

No me quedaba, pues, otro recurso que, á cualquier riesgo, poner decididamente proa á tierra. Á esta sazón, por fortuna nuestra, la corriente quedaba ya tan lejos de nosotros que nos fué fácil seguir rumbo á la playa por un camino tan recto como nuestra quilla, á pesar del impulso necesariamente poco vigoroso que los remos imprimían á nuestro bote. Ya no me fué difícil, pues, gobernar derechamente hacia la meta. Pero lo muy malo era que en la dirección que íbamos no presentábamos á La Española nuestra popa, sino un costado, ofreciendo á su tiro un blanco de tal tamaño que parecía imposible que se le errara puntería.

Érame fácil ver y oir á aquel bribón de Hands con su cara de borracho consuetudinario, arreglando sobre cubierta un cartucho para el cañón.

—¿Quién es aquí el mejor tirador?, preguntó el Capitán.

—El Sr. de Trelawney, aquí y donde quiera, le contesté.

—Pues bien, Sr. de Trelawney, ¿quiere Vd. hacerme el favor de quitarme de en medio á uno de aquellos pícaros? Á Hands, de preferencia, si es posible, dijo el Capitán.

Trelawney estaba frío como el acero; sin decir palabra preparó su arma.

—Ahora, díjonos el Capitán, mucho cuidado. Dispare Vd. su arma sin hacer movimiento alguno ó de lo contrario nos vamos á pique. ¡Todo el mundo listo para equilibrar, si el bote zozobra al disparo! El Caballero levantó su arma y los remos cesaron de hender el agua: todos nos inclinamos del lado contrario para mantener el equilibrio y todo fué ejecutado con tal felicidad que no hicimos entrar al bote ni una sola gota de líquido.

En este instante nuestros enemigos tenían ya su pieza montada y lista, y Hands, que estaba junto á la boca, con el escobillón en la mano, era el más expuesto de todos. Sin embargo, no tuvimos fortuna, pues precisamente en el momento en que, ya seguro de su puntería, disparó Trelawney, el astuto timonel se encorvó rápido como el pensamiento y la bala que pasó silbando por encima de él, fué á herir á otro de los cuatro piratas que cayó al punto.

El grito que este lanzó fué repetido no sólo por sus compañeros de al lado sino por otras muchas voces desde la playa. Volví la vista en esta dirección y noté que todos los demás piratas salían de entre los árboles en aquel momento y se apresuraban á ocupar sus lugares en los esquifes.

—Ahora vienen allí los botes, señores, dije.

—Enfile Vd., pues, recto, gritó el Capitán. Ahora ya no hay miedo de zozobrar; ¡firme á los remos! Si no podemos llegar á tierra, todo ha concluído para nosotros.

—No han tripulado más que uno de los botes, Capitán, añadí. Los hombres del otro van probablemente por tierra á cortarnos el paso.

—El calor es excesivo y la distancia no es tan corta para que lo consigan fácilmente, replicó el Capitán. Marinos en tierra no son muy temibles. Lo que me preocupa es el tiro que nos van á largar de á bordo. ¡Rayos y truenos! nuestro flanco es tal que una beata podía pasarnos la bala por ojo, sin errarnos. Sr. de Trelawney, avísenos Vd. en cuanto vea encender el estopón, y nosotros remaremos á popa.

En el entretanto habíamos caminado de frente á un paso que era harto veloz para un esquife tan cargado como nuestro serení, y muy poca agua por cierto nos había entrado. Ya estábamos á pocas brazas de la orilla; unas cuantas remadas más y podríamos atracar al fin, porque el reflujo acababa de descubrir una cinta de arena, abajo de un grupo de árboles de los de la costa. El esquife que nos daba caza ya no podía, pues, hacernos daño alguno; el reflujo que tanto nos había detenido á nosotros, estaba dándonos la compensación deteniendo ahora á nuestros perseguidores. El único peligro estaba para nosotros en el cañón.

—Si me atreviese, dijo el Capitán, de buena gana haríamos alto para cazar á otro de esos bandidos.

Era claro, sin embargo, que ellos en todo pensaban menos en dilatar su tiro por más tiempo. Ni siquiera habían hecho el menor caso de su camarada caído, que, sin embargo, no estaba muerto sino simplemente herido y al cual yo miraba, tratando de arrastrarse á un lado.

—¡El estopón!, gritó el Caballero.

—¡Empuje á popa!, gritó el Capitán rápido como un eco.

Él y Redruth dieron en el acto un contraimpulso, pero tan vigoroso que la popa del serení se hundió toda dentro del agua. En el mismo instante el cañón tronó, y su detonación fué lo primero que Jim oyó, no habiendo llegado hasta él, por la distancia, el rumor del disparo de Trelawney. Por dónde pasó la bala, ninguno de nosotros lo supo precisamente, pero supongo que debe haber sido por encima de nuestras cabezas y que el viento de ella debe haber contribuído á nuestro desastre.

Nuestro bote se había hundido por la popa, como he dicho, con la mayor facilidad, en una profundidad de tres pies de agua, dejándonos al Capitán y á mí, de pie el uno frente al otro, en tanto que los tres restantes que se habían inclinado para evitar en lo posible la bala del pedrero, salían del agua empapados y escurriendo de la cabeza á los pies.

Con todo y esto el daño no era tan grande. No había perecido ninguno de nosotros y ya de allí podíamos caminar á pie por el agua, las pocas brazas que nos separaban de la playa. Lo malo era que nuestras provisiones estaban en el fondo del esquife y que de los cinco mosquetes que habíamos puesto en él, sólo dos quedaban secos y servibles: el mío que yo había cogido de sobre mis rodillas y levantándolo en alto con un movimiento rápido é instintivo; y el del Capitán que lo llevaba puesto en bandolera y que, en su calidad de hombre experto, había cuidado su arma de toda preferencia. Los restantes yacían ya bajo el agua con el bote.

Como complemento de nuestra tribulación oímos voces que se acercaban entre el bosque, á lo largo de la playa. Así es que no sólo sentíamos ya encima el peligro de quedar cortados de nuestro reducto, en aquel estado de semicatástrofe y derrota, sino que nos aguijoneaba el temor de que, si Hunter y Joyce se veían atacados por una media docena de hombres, no tuviesen el valor y el buen sentido de mantenerse firmes á la defensiva. Hunter era un hombre de firmeza y corazón: esto lo sabíamos bien; pero en cuanto á Joyce el caso era bien diferente, y bastante dudoso. Joyce era un lacayo muy agradable, de muy finas maneras, y excelente para limpiar un par de botas ó cepillar un vestido, pero la verdad es que no le conocíamos tamaños de hombre de armas tomar.

Todo esto, como llevo dicho, nos aguijoneó para llegar á tierra enjuta tan pronto como era posible, dejando abandonado á su suerte al pobre serení que, para desgracia nuestra, había guardado en su fondo algo como la mitad de nuestra pólvora y provisiones de boca.

CAPÍTULO XVIII

EN QUE CUENTA EL DOCTOR CÓMO CONCLUYÓ EL PRIMER DÍA DE PELEA

Una vez en tierra, dímonos toda la prisa que era posible para franquear la tierra de bosque que nos separaba de nuestro baluarte. Á cada paso que dábamos, las voces de los piratas que venían por la playa llegaban más y más distintas á nuestros oídos. Muy pronto ya nos fué fácil distinguir el rumor de sus precipitados pasos, y el crujido de las ramas de los arbustos á través de cuyos matorrales se venían abriendo camino.

Comencé á creer entonces que la cosa iba de veras y hasta requerí el fiador de mi mosquete.

Capitán, dije: el Sr. de Trelawney es el de puntería infalible entre nosotros; déle Vd. su mosquete, porque el suyo está inutilizado.

Sin responderme cambiaron rápidamente de armas y Trelawney, callado y frío como había estado desde el principio de la batalla, se detuvo por un instante para cerciorarse de que el arma estaba en buen estado para servicio inmediato. En el mismo momento, notando que Gray iba desarmado, le alargué mi cuchillo. Mucho nos animó el ver á aquel chico escupirse la mano, remangarse la camisa, empuñar el arma y hacerla zumbar, blandiéndola por el aire. Era cosa que se veía desde luego que aquel nuestro nuevo aliado era todo un marino de pelo en pecho.

Á unos cuarenta pasos de aquella rápida detención llegamos al lindero del bosque y vimos la estacada frente á nosotros. Nos lanzamos á ella, entrando á su recinto por el lado sur, cuya empalizada salvamos rápidos como el rayo, y casi en el instante mismo siete de los amotinados, con Job Ánderson el contramaestre á la cabeza, aparecieron en el lado Sudoeste lanzando gritos tremendos.

Detuviéronse un momento al llegar allí, como si se sintieran cogidos por retaguardia, pero antes de que ellos tuvieran tiempo de recobrarse de su sorpresa, no sólo Trelawney y yo, sino también Hunter y Joyce tuvimos tiempo de hacer fuego desde el reducto. Los cuatro tiros no sonaron en una descarga muy simultánea, pero hicieron su efecto, eso sí. Uno de los enemigos cayó redondo y los restantes, sin vacilar más tiempo, volvieron la espalda y se parapetaron tras de los árboles.

Después de cargar de nuevo nuestras armas, salimos afuera de la empalizada para reconocer al enemigo que había caído. Estaba muerto y muy bien muerto, con el corazón atravesado de parte á parte.

Ya comenzábamos á felicitarnos de nuestra buena suerte cuando en aquel mismo instante una detonación de pistola se dejó oir en el matorral más cercano; la bala silbó junto á mi oído y el pobre de Tom Redruth se tambaleó y cayó en el suelo de largo á largo. Tanto el Caballero como yo devolvimos el tiro, pero como no teníamos

sobre qué hacer puntería, es muy probable que no hicimos más que desperdiciar nuestra pólvora. Cargamos otra vez y entonces volvímonos á ver al pobre Tom.

El Capitán y Gray estaban ya examinándolo, y en cuanto á mí me bastó la primera ojeada para comprender que aquello no tenía remedio.

Creo que la prontitud con que respondimos á su disparo dispersó á los rebeldes una vez más, porque aunque estábamos á descubierto ya no se nos hostilizó mientras nos dábamos trazas de izar al pobre guarda-monte para pasarlo al recinto de la estacada y trasladarlo, quejándose y desangrándose, al interior de la cabaña.

¡Pobre viejo! De sus labios no había salido ni una palabra de sorpresa, queja ó temor, pero ni aun de sentimiento, desde el instante en que habían comenzado nuestras complicaciones, hasta aquel punto en que le acostábamos allí, en el centro de nuestro reducto, para que muriera. Como un troyano verdadero había permanecido vigilante é inmóvil tras de su colchón en la galería; cuantas órdenes se le habían dado, él las había obedecido callado, con la docilidad de un perro, y muy bien, por cierto. Era el de más edad de todos los de nuestro campo, llevando veinte años, por lo menos, al más viejo; y ahora, aquel anciano criado taciturno, servicial, estaba allí tendido, próximo al sepulcro.

El Caballero se dejó caer casi junto á él, sobre sus rodillas, y le besaba la mano, llorando como un chiquillo.

—¿Cree Vd. que me voy, Doctor?, preguntó el moribundo.

—Tom, hijo mío, le contesté, vas á volver á tu verdadera patria.

MUERTE DE REDRUTH

—Siento mucho, replicó el agonizante, no haber dado antes á esos pillos una lección con mi mosquete.

—Tom, exclamó á la sazón el Caballero todo conmovido; Tom, dime que me perdonas, ¿no es verdad que si?

—Señor, fué su respuesta, ¿no crée Vd. que eso parecería una falta de respeto de mí á Vd.? Pero hágase como Vd. lo pide... sí señor, con toda mi alma.

Siguióse un silencio no muy largo al cabo del cual murmuró que desearía que alguien dijese cerca de su cabecera alguna oración, añadiendo en tono sencillo y como disculpándose de su atrevimiento.

—Créo que esa es la costumbre... ¿no es verdad?

Vino luego una agonía muy corta; y sin pronunciar ninguna otra palabra, el alma de Redruth partió de este mundo.

Entre tanto el Capitán, cuyas faltriqueras y pecho había yo visto en extremo abultados durante la travesía, fué sacando de ellos todo un almacén de objetos: una bandera inglesa, una Biblia, una adujada ó lío de cuerda bastante fuerte, plumas, tinta, el registro diario de á bordo y algunas libras de tabaco. Habíase encontrado en nuestro recinto de la estacada un largo y ya aderezado tronco de abeto que, con la ayuda de Hunter, levantó y puso en el ángulo de la cabaña en que los troncos se cruzaban. Acto continuo, subiendo ágilmente sobre el techo del reducto, colocó con su propia mano é izó en alto la bandera de nuestra patria.

Esta operación pareció como aliviarle de un gran peso. Volvió á entrar en seguida á la cabaña y como si nada hubiera de particular se puso tranquilamente á hacer el recuento de nuestras provisiones de guerra y boca. Pero no dejaba, sin embargo, de mirar con disimulo del lado del pobre de Tom Redruth que estaba agonizando, y así es que, no bien hubo éste espirado, cuando se acercó con otra bandera y la desplegó reverentemente sobre el cadáver. En seguida, sacudiendo virilmente la mano del Caballero, le dijo:

—No hay que afligirse, señor. Todo temor es vano tratándose del alma de un leal, que ha sucumbido cumpliendo con su deber para con su Capitán y con su señor. Sería una ofensa á la Divinidad el creer otra cosa.

Dicho esto me llevó á un lado y me dijo:

—¿Dentro de cuántas semanas esperan Vd. y el Caballero que vendrá el buque que ha de enviar Blandy?

—No es cuestión de semanas, sino de meses, le contesté. En caso de que no estemos de vuelta para el fin de Agosto, Blandy mandará buscarnos, pero ni antes ni después de ese tiempo. Vd. puede calcular por sí mismo.

—Yo lo creo que sí, contestó rascándose la cabeza de un modo muy significativo. Así es que, no sin dar á la Providencia una buena ración de gracias por todos sus beneficios, debo decir que no por eso hemos estado menos desafortunados.

—¿Qué quiere Vd. decir con eso?, le pregunté.

—Quiero decir, me respondió, que es una lástima que hayamos perdido aquel segundo cargamento del botecillo. Por lo que hace á pólvora y balas, tenemos bastantes; pero, en cuanto á provisiones de boca, estamos escasos, muy escasos; tan escasos, Doctor, que quizás nos viene muy bien el tener aquella boca de menos.

Y al decir esto señalaba el cadáver que yacía cubierto con la bandera inglesa por sudario.

En aquel mismo instante oyóse el trueno y el silbido de una bala de cañón que pasó rozando el techo de nuestro reducto y fué á enterrarse entre los árboles del bosque.

—¡Ajá!, dijo el Capitán. ¡Salvas tenemos! Bastante poca pólvora tienen esos chicos para que la desperdicien así tan locamente.

Otro segundo disparo arrojó su bala con mejor puntería, pues el proyectil penetró adentro de la estacada, levantando una nube de arena, pero sin causarnos el menor daño.

—Capitán, dijo el Caballero; me consta que nuestro reducto, de por sí, es enteramente invisible desde el buque. Creo, por tanto, que es la bandera la que les está sirviendo para hacer blanco... ¿no cree Vd. que sería más prudente traerla acá adentro?

—¿Arriar mi pabellón? ¡Jamás!, exclamó el Capitán.

Nosotros fuimos todos inmediatamente de su misma opinión, porque aquello no sólo tenía un aspecto marcial, marino é imponente, sino que entrañaba una buena política, cual era la de mostrar á nuestros enemigos que no se nos daba un ardite de su cañoneo.

Toda la tarde continuaron su fuego. Bala tras de bala venía; las unas pasaban por encima del techo, otras caían á un lado, otras entraban al recinto de la empalizada, desparpajando la arena del piso. Pero como tenían que hacer su puntería sobre una mira muy alta sus tiros no lograron más que encontrar sepultura en la leve arena de la loma. No teníamos rebotes que temer y aunque una bala penetró á la cabaña por el techo y luego salió de nuevo por un costado, muy pronto nos acostumbramos á esa especie de broma pesada y no hicimos más caso de ella que lo habríamos hecho de una partida de vilorta.

—Me ocurre una buena idea, dijo el Capitán. El bosque frente á nosotros está bastante claro; la marea ha dejado un buen espacio en seco y á la hora de ésta nuestras provisiones están ya probablemente en descubierto. Creo que si algunos de los nuestros se prestaran á hacer una pequeña salida con ese objeto, podríamos recobrar parte de nuestra carne salada.

Gray y Hunter se ofrecieron desde luego, y, muy bien armados, salvaron la empalizada. Su misión fué, sin embargo, inútil. Los rebeldes eran más intrépidos de lo que creíamos, ó tenían más fe de la que se merecía en su artillero Hands, porque el hecho es que ya cinco ó seis de ellos estaban muy ocupados sacando nuestras provisiones del fondo del serení y trasladándolas á uno de sus esquifes que estaba allí cerca, mantenido contra la corriente por el manejo constante de un remo. Silver estaba en la popa al mando de las operaciones, y cada uno de sus hombres aparecía ya provisto de su mosquete correspondiente, tomado de algún oculto arsenal de ellos mismos.

El Capitán se sentó para escribir en su diario de á bordo, y he aquí el principio de lo que trazó en él:

“Alejandro Smollet, Capitán; David Livesey, médico de á bordo; Abraham Gray, carpintero de la goleta; John Trelawney, propietario; John Hunter y Ricardo Joyce, criados del propietario, que no son marinos; estos son los que se conservan leales de toda la gente embarcada á bordo de La Española; tenemos víveres para diez días á raciones cortas; hemos desembarcado hoy é izado luego la bandera inglesa en la estacada ó reducto que hemos hallado en esta Isla del Tesoro. Tom Redruth, otro sirviente del propietario, ha sido muerto por los rebeldes. James Hawkins, paje de cámara...”

En este momento yo estaba lamentándome acerca de la triste suerte y fin desastroso del pobre Hawkins, cuando oímos algunos gritos y llamadas del lado de tierra.

—Alguien nos vocea por acá, díjonos Hunter que estaba de centinela.

—¡Doctor! ¡Caballero!... ¡Capitán!... ¡Hola! ¿eres tú Hunter?, decían los gritos aquellos.

Corrí á la puerta de la cabaña y llegué á tiempo para ver de nuevo, sano y salvo, á Jim Hawkins, salvando en aquel momento la empalizada.

CAPÍTULO XIX

EL NARRADOR PRIMERO TOMA OTRA VEZ LA PALABRA—LA GUARNICIÓN DE LA ESTACADA

No bien Ben Gunn hubo visto la bandera, hizo alto inmediatamente, me tomó por el brazo para detenerme y se sentó.

—¡Ah! lo que es por ahora, Jim, allí están tus amigos, con toda seguridad.

—Mas bien creo que sean los rebeldes, le repliqué.

—¡Ca, no!, dijo él. ¿Crees tú que en un lugar como este, al cual no abordan sino piratas, había de venir Silver á enarbolar el pabellón inglés? ¡Ni por pienso! Son tus amigos, Jim, no tengas la menor duda. Además, ya ha habido pelea y me sospecho que los tuyos han llevado la mejor parte y ahora los tienes instalados en esa estacada y reducto que fué construído hace años y años por el Capitán Flint. ¡Ah! puedes creer que el tal Capitán era hombre que sabía lo que traía entre manos. Quitándole lo borracho, era persona que jamás dejaba traslucir su juego. No le tenía miedo á nadie... á nadie más que á Silver. Silver puede jactarse de ello.

—Bueno, pues siendo esto así, como creo que lo es, tanta más razón para que yo me apresure á reunirme con mis amigos.

—Como tu quieras, replicó él. Tú eres un buen muchacho, ó yo me equivoco, pero muchacho nada más y con eso está dicho todo. En cuanto á Ben Gunn, éste se escapa. Ni un vaso de rom podría seducirme bastante para ir allá, ni el mismo rom, ¡no!, hasta que no vea yo á tu Caballero de nacimiento y le entregué eso bajo su palabra de honor. Pero no olvides mis palabras... "el precioso don de su confianza," esto es lo que tú debes decirle "el precioso don de su confianza..." y al decirle esto le das el pellizco que ya sabes.

Y añadiendo la acción á la palabra, me largó por tercera vez un pellizco, con el mismo aire de confianza íntima que los anteriores.

—Así pues, cuando necesiten á Ben Gunn, ya sabes en donde encontrarle, Jim: precisamente en el mismo lugar en que me has visto hoy. El que vaya en mi busca que lleve en la mano, por señal, algún lienzo blanco, y que vaya solo, enteramente solo. Para esto, añadirás, Ben Gunn tiene sus buenas razones muy particulares.

—Está bien, le dije; creo haber entendido. Vd. tiene algo que proponer y desea Vd. ver, bien al Caballero ó bien al Doctor, para lo cual se le puede encontrar á Vd. en el mismo lugar en que hoy le he hallado, ¿es esto todo?

—¿Á qué horas? ¿Quieres saber también á qué horas, no es verdad? Pues estaré allí diariamente desde el mediodía hasta las seis de la tarde.

—Entendidos, le contesté, ahora ¿no cree Vd. que ya debemos despedirnos?

—Sí; pero mira... cuidado con olvidar las palabras esas: "el precioso don de su confianza" y las otras de "sus buenas razones muy particulares." Mira que esto es de lo muy esencial...

"razones muy particulares," ¿eh? ¡como de hombre á hombre!

Y sin soltarme el brazo todavía, añadió:

—Creo que ya puedes marcharte, Jim... Pero óyeme... si por desgracia te fueres á tropezar ahora con Silver, ¿no es verdad que ni con caballos brutos te arrancará la confesión de lo que te he dicho?... ¿Verdad que no?... ¡Ah! ¡bueno!... Pero, y si los piratas acampan esta noche en tierra, Jim ¿no podremos esperar que para mañana estén ya un poco menos salvajes?...

Al llegar aquí fué interrumpido por una fuerte detonación, y una bala del pedrero de á bordo vino rebotando entre los árboles y se enterró en la arena á menos de cien yardas de donde estábamos hablando. Sin esperar á más, fué aquella como la señal de nuestra despedida y cada uno de nosotros echó á correr, en dirección opuesta.

Por el espacio de cerca de una hora, frecuentes disparos continuaron haciendo estremecer la isla, y las balas siguieron rompiendo y astillando los árboles del bosque. Yo me iba acercando de escondite en escondite, para evitar aquella especie de persecución de terríficos proyectiles; pero como hacia el fin del bombardeo, aunque todavía no osaba aventurarme á entrar abiertamente en la estacada, en cuyo recinto veía yo que caían las balas con más frecuencia, ya había comenzado á cobrar más ánimo, y después de un considerable rodeo hacia el Este, logré deslizarme entre los árboles de la playa y me tendí allí en observación.

El sol acababa de ponerse; la brisa del mar crujía y revoloteaba entre los ramajes del bosque, encrespando la parda superficie del agua del fondeadero. El reflejo iba ya muy lejos y grandes porciones de playa aparecían descubiertas. El aire, después del terrible calor del día, era más que fresco y yo sentía que me escalofriaba á través de mi jubón.

La Española permanecía aun al ancla en el mismo lugar en que habíamos fondeado en la mañana; solamente que en el tope de su palo mayor no flameaba ya, por cierto, la bandera de la Unión Británica, sino la enseña siniestra de los piratas. Desde mi escondite pude ver una nueva luz relampaguear á bordo, y oí una nueva detonación, al par que otra bala zumbaba por el viento, mientras los ecos repetían aun el trueno del disparo. Aquel fué, sin embargo, el último del cañoneo.

Permanecí todavía por cierto tiempo en mi punto de observación, dándome cuenta de la baraúnda y el alboroto que siguieron al ataque. Algunos de los piratas se ocupaban en despedazar con hachas algo que estaba en la playa, no lejos de la estacada: era nada menos que el pobre serení, según descubrí después. Allá más lejos, cerca de la desembocadura del riachuelo se veía el resplandor de un buen fuego brillando entre la arboleda, y entre aquel punto y el buque, uno de los esquifes andaba yendo y viniendo, con sus remeros á quienes poco antes había visto yo hoscos y amenazadores, cantando ahora y silbando como chiquillos, si bien es verdad que sus voces tenían un acento que denunciaba el rom desde á legua.

Pensé, al cabo, que ya podía y debía efectuar mi vuelta á la estacada. Habíame colocado muy abajo en la punta arenosa que encerraba el ancladero hacia el Este y que se halla unida á la Isla del Esqueleto por una cinta de agua de poquísima profundidad. Al ponerme en pie, mis ojos tropezaron á alguna distancia, allá abajo de la punta, con una roca aislada, que se alzaba bastante alta entre los matorrales y que presentaba un notable color blanco. Me ocurrió al punto que aquella debía ser la Peña blanca de que me había hablado Ben Gunn, y que, si un día ú otro necesitábamos de un bote, era ya una ventaja saber á donde podíamos acudir á buscarlo.

Me escurrí luego entre el bosque hasta ganar otra vez la espalda de nuestro baluarte; lo escalé, entré y fuí cordialmente saludado por aquel grupo de leales y valientes.

Pronto concluí de contarles mi aventura y comencé á ver en torno mío, para darme cuenta de nuestra posición. El reducto estaba construído con troncos de pino, sin cuadrar, así el techo como los muros y el piso. Este último se elevaba, en algunos lugares, á un pie ó pie y medio sobre la superficie de la arena. En la puerta se había formado un portalillo ó vestíbulo, bajo el cual la fuente brotaba, arrojando sus cristalinas aguas en un tazón artificial de bien extraña ralea, que no era otra cosa que un gran caldero de hierro tomado de algún navío, con el fondo arrancado, é incrustado allí en la arena.

Bien poca cosa había en aquel recinto, á excepción de la obra misma de la casa; en un rincón una gran piedra lisa, colocada allí para servir de fogón ó brasero, y un tosco cesto de hierro para contener el fuego y ponerse sobre la piedra.

Los declives de la loma y todo el interior de la empalizada habían sido limpiados de árboles que habían servido para la construcción de la casa y de la estacada exterior. Por los troncos, que aun sobresalían de la tierra, podía verse qué soberbio boscaje se había derribado en gracia de la erección de aquel reducto. Todos los desechos y ramas habían sido arrojados lejos ó enterrados en algún vallado, después de la traslación de los maderos. La única verdura que quedaba allí era un lecho de musgo por donde corrían los derrames de la fuente que se escapaban fuera de su tosco tazón de hierro, y á un lado y otro de la corriente algunos helechos, zarzas rastreras y matas pequeñitas, surgiendo penosamente de entre la arena. Muy cerca de la estacada—demasiado cerca para que sirviese de defensa, según oí decir—el bosque se extendía aun denso y elevado, todo de abetos, por el lado de tierra, y mezclado con una gran cantidad de árboles de la vida por el lado del mar.

La brisa fría de la noche de que antes he hablado, silbaba en cada una de las aberturas del rústico y primitivo edificio y hacía caer sobre el piso una continua lluvia de menudísima arena. Teníamos arena en los ojos, arena en los dientes, arena en los oídos, arena en nuestra cena y arena revoloteando en el desfondado caldero de la fuentecilla que parecía una gran olla, á punto de hervir. Nuestra chimenea se limitaba á un agujero cuadrado en el techo, y sólo una muy pequeña parte del humo acertaba á escaparse por allí, en tanto que todo el resto se quedaba revoloteando por la pieza, haciéndonos toser de lo lindo y obligándonos á enjugarnos á cada instante los llorosos lagrimales.

Añádase á esto que Gray, nuestro nuevo aliado, tenía la cara casi cubierta con un gran vendaje á causa de una herida que había recibido en el buque al desprenderse de los amotinados; y que el pobre Redruth aun estaba allí insepulto, rígido y frío, á lo largo del muro, y cubierto con la bandera nacional.

Si se nos hubiera permitido sentarnos á descansar, es claro que todos lo habríamos hecho á pierna tirante; pero el Capitán Smollet no era hombre para eso. Todos fuimos llamados á su presencia y divididos en diversas facciones: el Doctor, Gray y yo para una; el Caballero, Hunter y Joyce para otra. Cansados como estábamos se ordenó á dos de nosotros que fueran por leña, otros dos á arreglar como mejor se pudiera una fosa para sepultar á Redruth; el Doctor fué nombrado cocinero; á mí se me puso de centinela á la puerta de la cabaña y el Capitán se empleó en andar de uno á otro levantando nuestros ánimos y prestando su ayuda material en donde quiera que se la necesitaba.

De vez en cuando el Doctor salía un momento á la puerta separándose de su cocina para tomar un poco de aire fresco y dejar descansar algo sus ojos que ya parecían querer salírsele de las órbitas á causa del humo, y cada vez que venía á mi sitio de guardia me dirigía algunas palabras. En una de sus salidas me dijo:

—Ese hombre Smollet vale mucho más que yo. Y mira, Jim, que el decir yo eso significa mucho.

En otra ocasión vino y se estuvo callado por un corto rato. Luego volvió la cabeza y me preguntó:

—Dime, Jim, ¿ese Ben Gunn es de veras un hombre?

—No podré decirlo á Vd., señor, le contesté. Por lo menos dudo mucho que esté en su juicio.

—Bueno, si es posible la duda, entonces es seguro que sí está, replicó el Doctor. Ya tú comprendes, Jim, que un hombre que durante tres años se ha estado solo en una isla desierta no puede conservar su razón tan cabal como tú ó yo. Eso no es posible dentro de la naturaleza humana. ¿Dices que lo que á él parecía urgirle más era comer un pedazo de queso?

—Queso, sí señor, le contesté.

—Está bien; pues mira tú ahora lo que es venir uno sobrenadando en la abundancia. ¿Has visto mi caja de rapé, no es verdad? Y nunca me habrás visto tomar un polvo: la razón es que en esa cajilla lo que traigo precisamente es un pedazo de queso de Parma, un queso hecho en Italia, y extraordinariamente nutritivo. Pues bueno: ese queso es ahora para Ben Gunn.

Antes de que nos pusiéramos á cenar, dimos sepultura al cadáver del viejo Tom en una fosa cavada en la arena, en torno de la cual permanecimos piadosamente por algún rato tristes y preocupados, con las cabezas, que la brisa de la noche enfriaba, descubiertas en aquel acto solemne.

Buen acopio de leña se había llevado al interior de la cabaña, pero no toda la que el Capitán deseaba, por lo cual, una vez que la hubo inspeccionado nos dijo que esperaba que por la mañana se recomenzara la obra y con una poca de mayor diligencia por esta vez. Cuando todos hubimos tomado nuestras respectivas raciones de tocino y apurado un buen jarro de grog de Cognac, los tres jefes se retiraron á un ángulo de la pieza á deliberar sobre la situación.

Muy bien veíamos que habían agotado su imaginación para resolver qué haríamos, siendo como eran tan escasas nuestras provisiones, que al fin nos veríamos obligados á rendirnos mucho antes de que pudiese llegarnos ni una sombra de socorro. Así, pues, se decidió que nuestra mejor esperanza era la de procurar matar cuantos piratas pudiéramos hasta obligarlos, á una de dos, ó á arriar bandera, ó á largarse al fin con La Española. De diez y nueve que ellos eran ya se veían ahora reducidos á quince, habiendo dos heridos, y por lo menos uno de ellos, el que cayó junto al cañón, de gravedad. Cada vez que tuviésemos batalla, debíamos aprovechar bien nuestra pólvora con gran cuidado de no exponer inútilmente nuestras vidas. Teníamos, además, dos magníficos aliados: el rom y el clima.

Por lo que hace al rom, aunque estábamos á más de media milla distantes del enemigo podíamos oir su barahunda y sus cánticos que duraron hasta bien entrada la noche.

Y en cuanto al clima, el Doctor apostaba su peluca á que, anclados en donde estaban, cerca ó casi en medio del pantano, sin remedios disponibles, por lo menos una media docena de ellos estarían tendidos con fiebre antes de una semana.

—Por tanto, añadió, si no nos matan á todos nosotros de una vez, ya se darán de santos con empacarse en el buque y marcharse con viento fresco á piratear de nuevo por esos mares de Dios, que al fin y al cabo, buque es nuestra goleta que puede servirles para su objeto.

—Será el primer navío que haya yo perdido en mi vida, dijo el Capitán Smollet.

Yo me sentía cansado hasta la muerte, como es fácil figurárselo, así es que en cuanto se me dejó tenderme á dormir, lo cual no sucedió sino después de mucho molestarme, caí en un sueño tan pesado que entre un tronco y yo no había la menor diferencia.

Todos los demás estaban ya levantados mucho tiempo hacía; ya habían almorzado y traído casi doble cantidad de leña que la acarreada la víspera, cuando me desperté con una baraúnda repentina y un rumor desusado de voces.

—¡Bandera de paz!, oí que decía alguno; y luego percibí, casi en seguida que, con una exclamación de sorpresa, añadían:

—¡Es Silver en persona!

Al oir esto, dí un salto y restregándome todavía los ojos, corrí á una de las troneras del reducto.

—Amigo Silver, replicó el Capitán, si Vd. se hubiera conducido como un hombre honrado, á estas horas estaría Vd. sentado muy agradablemente en su galera. Esto no es más que la obra de Vd. mismo. Como cocinero de mi buque, que era Vd., era tratado de la mejor manera del mundo; como Capitán Silver, ó sea como amotinado y pirata, tiene Vd. por perspectiva la horca.

—Sea enhorabuena, Capitán, respondió el cocinero sentándose en la arena como se le indicaba. Luego tendrá Vd. que darme la mano para levantarme, he ahí todo. ¡Bonito lugar, de veras, que se han encontrado Vds.! ¡Ah! ¡allí está Jim! ¡Santos y felices días tengas tú, Hawkins! ¡Doctor! ¡Vd. también!, aquí me tiene Vd. á sus órdenes. Y bien, todos Vds. están juntos, todos como en familia, por decirlo así, ¿no es esto?

—Amigo, dijo el Capitán, si ha venido Vd. para decir algo, me parece que hará bien en despacharse luego.

—Tiene Vd. razón que le sobra, Capitán Smollet, contestó el pirata. El deber antes que todo, no cabe duda. Pues bien, vamos al asunto: ayer nos han dado Vds. muy buen quehacer; muy buen quehacer, no lo niego, sí señor. Hemos visto que algunos de Vds. no se maman el dedo en llevando un espeque entre las manos, ¡vive Dios que no! Por lo mismo, no trataré de ocultar tampoco que algunos de mis muchachos se han bamboleado de miedo; quizás todos estén en ese caso; tal vez yo mismo no las tengo todas conmigo, y sea esa la razón de que me tenga Vd. aquí buscando un avenimiento. Pero sépalo Vd. bien, Capitán; esto no sucederá dos veces, ¡por vida del diablo! Tendremos que hacer nuestros cuartos de centinela, y no ir muy lejos en materia de rom. Puede que Vds. se figuren que nosotros no fuimos más que una hoja de papel lanzada en un remolino. Pero le diré á Vd.: lo cierto es que yo estaba bien en mis cabales; lo que me pasaba es que me sentía cansado como un macho de noria, y con sólo que se me hubiese llamado un segundo antes los habría cogido á Vds. en el acto mismo. Todavía á esa hora él estaba vivo, bien vivo, no le quepa á Vd. duda.

—¿Y bien?, dijo el Capitán Smollet con la mayor calma y sangre fría del mundo.

Todo cuanto Silver decía en su enmarañado é inextricable lenguaje era para el Capitán un verdadero enigma, pero nadie se lo habría figurado por el tono de su voz. En cuanto á mí, comenzaba á tener una sospecha. Las últimas palabras de Ben Gunn me vinieron á la memoria y me dí á suponer que quizás habría hecho una visita á los piratas mientras estaban reunidos en torno de su hoguera, completamente borrachos ó poco menos, y acaricié con alegría la esperanza de que quizás ya no teníamos, á esas horas, sino catorce enemigos con quienes lidiar.

—Y bien, contestó Silver, lo que hay es esto: que queremos ese tesoro y que lo tendremos; esa es nuestra base. Vds., á su vez, pueden, sin pérdida de tiempo, asegurar sus vidas, á lo que creo: esa es la base de Vds. En poder de Vds. obra un mapa, ¿no es verdad?

—¡Bien podría ser!, murmuró el Capitán.

—¡Oh! lo es, de seguro, no me cabe duda, replicó Silver. No hay para qué hacerse el misterioso con un hombre como yo; es esta una treta del todo inútil, puede Vd. creerlo. Lo que quiero decir es que nosotros necesitamos ese mapa. Por lo demás, nosotros nunca habíamos pensado en hacer á Vd. el menor daño, ¡no señor!

—Amigo, esa no pega, le interrumpió el Capitán. Nosotros sabemos perfectamente lo que Vds. se proponían hacer, y lo cierto es que no nos importa un bledo, porque ya bien ve Vd. que, lo que es por ahora, los tales propósitos son ya simplemente imposibles.

Y diciendo esto el Capitán miró con la mayor calma á su interlocutor y se puso á llenar su pipa con tabaco.

—Si es que Gray ha podido... comenzó Silver.

—Suposición excusada, interrumpió el Capitán. Gray nada me ha dicho por la sencilla razón de que nada le he preguntado. Y lo que es más todavía, antes que acceder, preferiré ver volar en pedazos á Vd. y á él y á toda esta isla bendita. Eso y nada más, mi amigo, es lo que yo opino de sus proposiciones.

Esa bocanada—perdónese la palabra en gracia de esta exactitud—esa bocanada de mal humor del Capitán, pareció enfriar bastante á Silver. Un momento antes sus palabras iban ya tomando cierto tono provocativo, que cesó ante aquella explosión como por encanto.

—¡Basta con esto!, dijo. No quiero más. No discutiré lo que caballeros como Vd. consideren dentro ó fuera de las reglas y del espíritu de verdaderos marinos. Entre tanto, y puesto que le veo á Vd. á punto de encender su pipa, voy á tomarme la libertad de hacer otro tanto.

Dicho esto, llenó, en efecto, su pipa y la encendió. Durante un rato considerable aquellos dos hombres se quedaron silenciosos, sentados con la mayor calma, ya viéndose á la cara mutuamente, ya arreglando su tabaco, ya inclinándose hacia adelante para escupir.

—Veamos pues, resumió Silver; he aquí las cosas sin rodeos: Vds. nos dan ese mapa para encontrar con él el tesoro y cesan ya de fusilar á pobrecillos marineros, y de calentarse la cabeza aun en medio del sueño. Vds. hacen esto y nosotros, en cambio, les damos á escoger una de dos cosas: ó vienen Vds. á bordo con nosotros, una vez que el tesoro haya sido embarcado, y en ese caso les doy á Vds. bajo mi verdadera palabra de honor un afilavis (affidavit quería decir) de que en una costa habitada y segura los desembarcaré sanos y salvos; ó si esto no les conviniera mucho por ser medio salvajes algunos de mis hombres, ó por tener recelo de despertar antiguos rencores, entonces ¡qué demonio! pueden Vds. estarse aquí, ¡sí señores! Dividimos las provisiones de boca con Vds. á lo legal y justo, en proporción de lo que nos toque, á tanto por cabeza y, lo mismo que en el caso anterior, les doy mi afilavis de que al primer buque que encontremos lo mando acá para recogerlos. No dirá Vd. que esto es pura charla: la verdad es que Vds. no pueden esperar nada mejor que lo que yo propongo. Espero pues (y al decir esto levantó la voz considerablemente) que toda la tripulación—vamos al decir—que toda la tripulación de este reducto, considerará bien mis palabras, porque lo que he hablado para uno, hablado está para todos.

El Capitán Smollet se puso en pie, sacó las cenizas del fondo de su pipa sacudiéndola sobre la palma de la mano y luego con toda su calma anterior interrogó así á Silver:

—¿Es eso todo?

—¡Sí, por vida del infierno, esa es mi última palabra! Rehuse Vd. eso y no volverán á oir Vds. de mí más que el zumbido de las balas de mis mosquetes.

—Está muy bien, dijo el Capitán. Pues ahora óigame Vd. á mí. Si vienen Vds. á presentarse aquí, de uno en uno y desarmados, me comprometo á ponerlos á todos con grillos y esposas y llevarlos para que tengan un proceso en regla, hasta Inglaterra. Si mi proposición no le conviene á Vd., me llamo Alejandro Smollet, la bandera de mi Soberano está enarbolada sobre esta casa y prometo enviarle á Vd. y á todos los suyos á los apretados infiernos. Vds. no pueden hallar ni hallarán ningún tesoro. Vds. no pueden navegar con esa goleta. Vds. no pueden batirnos. Gray, solo, pudo salir fácilmente de entre las manos de cinco de los suyos. Su navío está como encadenado, Maese Silver; Vds. están como varados en una playa de sotavento y muy pronto se convencerá Vd. de ello. Yo, pues, me quedo aquí, después de decirle lo que le he dicho, que es, por cierto, lo último que me oirá Vd. de buenas palabras, porque ¡por vida del diablo! la primera vez que vuelva á encontrar á Vd., Maese Silver, le meto una bala en la cabeza, como tres y dos son cinco. Pase Vd. de allí. Sálgase en el acto de este lugar, mano sobre mano, y despáchese pronto.

Silver era, en aquel momento, la estampa de la ira. Los ojos parecían salírsele de las órbitas, de indignación. Sacudió el tabaco fuera de la pipa y luego gritó:

—¡Déme Vd. la mano para levantarme!

—¡No por cierto!, replicó el Capitán.

—¿Quién de Vds. quiere darme la mano?, aulló dirigiéndose á nosotros.

Ninguno en nuestras filas se movió siquiera. Vomitando entonces las más horribles blasfemias, se arrastró sobre la arena hasta que tuvo á su alcance una de las pilastras del portalón de la cual se asió, y ya entonces pudo enderezarse y ponerse en pie con su muleta. Caminó en seguida, y con una acción despreciativa é insultante, bramó:

—¡Eso valen Vds.! Antes de que se haya pasado una hora, ya los pondré á Vds. á hervir como ponche encendido, en su estacada. Rían Vds., ríanse, ¡con mil diablos!, antes de una hora ya podrán reir en el infierno, y para ese tiempo los que se hayan muerto podrán llamarse los más afortunados.

Con un nuevo y terrible juramento se alejó cojeando, señaló á su paso la arena en que iba enterrándose, trepó sobre la estacada con ayuda del hombre de la bandera, no sin fallar sus esfuerzos tres ó cuatro veces, y un instante después desapareció entre los árboles.

CAPÍTULO XXI

EL ATAQUE

No bien hubo desaparecido Silver, el Capitán que le había seguido escrupulosamente con la mirada, se volvió hacia el interior del reducto, y con excepción de Gray no encontró á ninguno de todos nosotros en su sitio. Fué aquella la primera vez que le ví verdaderamente enojado.

—¡Á sus puestos!, gritó.

Y cuando ya todos ganamos humildemente nuestras posiciones, prosiguió:

—¡Gray!, tendrás hoy una mención honorífica en el diario de á bordo: has cumplido con tu deber como un buen marino. Sr. de Trelawney, me sorprende la conducta de Vd. Doctor, yo creí que alguna vez había Vd. llevado encima el uniforme del Rey, ¿es así como servía Vd. en Fontenoy, señor? Si era así, mejor hubiera Vd. hecho en quedarse en su casa.

Los centinelas mandados por el Doctor estaban ya todos en sus troneras; los demás hombres se ocupaban de cargar las armas, todos con la cara bien encendida, puede creérseme, y, como dice el adagio inglés: "con una pulga en su oído."

El Capitán vió á todos en silencio por algún rato y en seguida habló así:

—Amigos míos, acabo de descargar sobre Silver una verdadera andanada. Le he puesto, de propósito, en punto de brea hirviendo y así es que, como ya nos lo ha anunciado él mismo, antes de que trascurra una hora, tendremos que sufrir el abordaje. Son más que nosotros, no necesito recordarlo, pero nosotros peleamos á cubierto: un minuto hace que tal vez habría yo añadido "y con disciplina." No cabe duda, por lo mismo, de que podemos darles una buena sacudida si Vds. gustan.

Dicho esto recorrió las filas para cerciorarse de que todo estaba listo y en orden.

En los dos costados más angostos, ó sea en las cabeceras de la cabaña, que veían al Este y al Oeste, no había más que dos troneras; en el lado Sur que era en el que estaba el portalón, no había también más que dos, y cinco en el muro del lado Norte. Teníamos por todo, unos veinte mosquetes para siete que éramos. La leña había sido arreglada en cuatro pilas,—llamémosles mesas—una hacia el medio de cada uno de los lados, y sobre cada una de esas mesas, se colocaron cuatro mosquetes bien cargados, listos para que los defensores del reducto los tuvieran á la mano. En el centro los sables todos estaban alineados en orden.

—Apáguese el fuego, dijo el Capitán. El frío ha pasado ya y no es conveniente que tengamos humo en los ojos.

El cesto de hierro con sus leños encendidos fué sacado por el Sr. Trelawney en persona, fuera de la cabaña, y las brasas se apagaron con arena.

—Hawkins no ha almorzado todavía, continuó el Capitán. Vamos, chico, despáchate por tu mano y vuélvete á tu puesto á comer. Vivo, vivo, muchacho; podría ser que lo necesitaras antes de poder hacerlo. Tú, Hunter, sirve á todos un buen vaso de cognac.

Mientras esto se hacía, el Capitán completaba en su imaginación el plan de defensa.

—Doctor, Vd. se situará en la puerta, continuó. Cuidado con exponerse; manténgase Vd. á cubierto y haga fuego á través del portalón. Hunter, tú te sitúas en el costado oriental, ¡allí!, Joyce, tú al otro lado, al Oeste. Sr. de Trelawney, á Vd. que es el de mejor puntería, se le encomienda, ayudado de Gray, la defensa de este largo costado del Norte que tiene cinco troneras. Si algún peligro corremos, ese peligro está en ese punto. Si ellos lograran subir hasta aquí y hacer fuego hacia adentro del reducto, por nuestras propias troneras, las cosas se empezarían á poner entonces de color de hormiga. Hawkins, ni tú ni yo somos muy hábiles, según creo, para hacer puntería; nosotros, pues, permaneceremos al lado de los tiradores ocupados en cargas las armas.

Como el Capitán lo dijo, el frío había ya pasado. Tan pronto como el sol había dejado pasar sus rayos por sobre las copas de los árboles hasta nosotros, se dejó sentir con toda su fuerza sobre las partes no sombreadas y disipó en un instante la bruma del pantano. Muy pronto la arena estaba ya abrasándose y la resina de los abetos comenzaba á derretirse en los muros del reducto. Colgamos á un lado sacos y jubones, las camisas se abrieron por las pecheras descubriendo nuestros cuellos casi hasta los hombros y ya en esa actitud, cada uno estuvo de pie firme, arma al brazo, en su puesto, con la doble fiebre del calor y de la más ansiosa expectativa.

Así se pasó más de una hora.

—¡Mal rayo los parta! dijo el Capitán. Esto sí que es tan pesado como una calma-chicha. Gray, sílbale al viento.

Como si alguien hubiera oído los votos del Capitán, en aquel mismo instante nos llegó la primera noticia del ataque.

—Dispense Vd. Capitán, dijo Joyce; si descubro á alguno, ¿debo hacer fuego?

—Ya lo he dicho antes, contestó el Capitán.

—Mil gracias, señor, contestó Joyce con la misma y tranquila cortesía.

Por algunos momentos nada sucedió, pero aquel corto diálogo nos había puesto á todos alerta, concentrando toda nuestra vida en los oídos y los ojos. Los tiradores seguían con sus mosquetes en las manos; el Capitán en el centro del reducto con los labios muy apretados y con el ceño fruncido.

Así trascurrieron unos segundos más hasta que de repente oímos á Joyce preparar su arma y disparar acto continuo. Todavía no se apagaba el eco de su detonación, cuando ya lo oímos repetido por disparos que partían de afuera, uno tras de otro, en una descarga nutrida, sobre cada uno de los cuatro costados del reducto. Varias balas dieron contra los postes de los muros, pero ninguna penetró adentro. Cuando el humo se hubo disipado, la estacada y el bosque que la circunda aparecían tan quietos y desocupados como antes: ni una rama se movía; ni el brillo del cañón de un sólo mosquete denunciaba la presencia de nuestros adversarios.

—¿Le acertaste á tu hombre?, preguntó el Capitán.

—No señor, replicó Joyce, me parece que no.

—Pues podía hacerse algo mejor que eso, á decir verdad, refunfuñó el Capitán Smollet. Hawkins, carga otra vez ese mosquete. ¿Cuántos cree Vd. que había del lado de Vd., Doctor?

—Puedo decirlo con toda precisión: tres disparos se hicieron de este lado. He visto las tres llamaradas, dos de ellas muy juntas, y la otra más lejana, hacia el Poniente.

—¡Tres! dijo el Capitán. ¿Y cuántas por el lado de Vd. Sr. de Trelawney?

Esta pregunta no fué contestada con tanta exactitud. Según el Caballero, los disparos hechos sobre el costado Norte eran unos siete, y ocho ó nueve según el cómputo de Gray. De los lados Este y Oeste sólo un tiro había partido. Era, pues, indudable, que el ataque iba á verificarse sobre el lado Norte, y que en los tres costados restantes solamente se nos iba á molestar con un aparato de hostilidades. Sin embargo, el Capitán Smollet no hizo el menor cambio á sus disposiciones anteriores. Si los sublevados logran salvar la empalizada y posesionarse de algunas de nuestras troneras no ocupadas, de seguro que nos van á fusilar impunemente como á ratas, dentro de nuestra misma fortaleza.

Pero no se nos dió mucho tiempo para deliberaciones. Repentinamente con un fuerte grito de ¡Arriba! una pequeña nube de piratas saltó de entre los árboles, en el lado Norte y se precipitó directamente sobre la estacada. En el mismo instante los tiradores ocultos en el bosque abrieron el fuego nuevamente y una bala de rifle silbó á través de la puerta y, golpeando sobre el mosquete del Doctor, se lo hizo literalmente añicos.

Los asaltantes se encaramaron sobre la empalizada como monos: el Caballero y Gray hicieron fuego una y otra y otra vez, y tres hombres de aquellos cayeron, uno, dentro del recinto de la empalizada, y dos hacia fuera, aunque de estos últimos uno parece que estaba más azorado que herido, porque no tardó casi nada en ponerse en pie y desaparecer en un abrir y cerrar de ojos entre los árboles.

Dos, pues, habían mordido el polvo, uno había huído y cuatro habían ya logrado entrar de pie firme en el recinto de nuestra defensa, mientras que, al abrigo de los árboles siete ú ocho hombres, cada uno de los cuales tenía evidentemente un surtido de varios mosquetes, mantenían un fuego vivo y nutrido, aunque sin el menor resultado, contra los muros de nuestro reducto.

Los cuatro que se habían arriesgado al asalto se lanzaron derechos sobre el edificio, animándose mutuamente con gritos, y sintiéndose alentados por los hurras de los tiradores del bosque. Se hizo fuego sobre ellos varias veces, pero se movían con tal rapidez y era tal la prisa de nuestros tiradores que no se logró que ninguna de sus balas diera en el blanco. En un momento los cuatro piratas habían trepado el declive de la loma y estaba ya sobre nosotros.

La cabeza de Job Anderson apareció en la tronera del centro gritando con una voz de trueno:

—¡Todos á ellos! ¡todos á ellos!

Al mismo instante otro pirata logró apoderarse del mosquete de Hunter cogiéndoselo violentamente por el cañón y descargó sobre aquel leal un golpe tan tremendo que lo hizo rodar en tierra sin sentido. Entre tanto, un tercero corrió sano y salvo en torno de la casa y apareció súbitamente en la puerta cayendo sobre el Doctor, cuchillo en mano.

Nuestra posición había cambiado por completo. Un momento antes peleábamos nosotros á cubierto y el enemigo á campo raso; ahora nosotros éramos los descubiertos é imposibilitados para volver golpe por golpe.

El interior del reducto estaba lleno de humo á cuya circunstancia debimos, en parte, nuestra salvación relativa. Gritos, confusión, relámpagos de armas de fuego, detonaciones y un gemido muy prolongado y perceptible, todo esto repicaba de una manera atronadora en mis oídos.

¡Afuera, muchachos, afuera!, gritó el Capitán. ¡Á pelear al descubierto y mano al arma blanca!

Yo arrebaté una cuchilla de las del centro y alguno que al mismo tiempo se apoderaba de otra me infirió una cortada en los nudillos de la mano, que casi ni sentí. Me lancé hacia la puerta, saliendo á la luz del sol. Alguien, no sé quien, venía detrás de mí. Frente á mí el Doctor perseguía á su asaltante ladera abajo y precisamente en el momento en que mis ojos tropezaban con el grupo, el Doctor dejaba caer sobre su enemigo un tajo soberbio que lo tiró en tierra revolcándose, con una cuchillada que le dividía toda la cara.

¡Rodear la casa, muchachos, rodear la casa!, gritaba el Capitán. Al oirle aquel grito noté, á pesar de la barahunda general, que en su voz había un cambio muy notable.

Obedecí como un autómata volteando hacia el costado Este, con mi cuchilla levantada. Pero al dar vuelta á la esquina del reducto, me encontré frente á frente con Anderson. Aquel hombre rugía como una fiera y su marrazo se alzó sobre su cabeza brillando la hoja en el aire al rayo del sol. No tuve tiempo para sentir miedo: aquel hombre aún no descargaba su mandoble sobre mí, cuando yo resbalé instantáneamente en el declive y, perdiendo la pisada sobre la arena, rodé cuan largo era por la bajada.

Cuando al abandonar el interior de la cabaña por orden del Capitán aparecí en la puerta, ví que las reservas de los amotinados estaban ya tratando de salvar la empalizada para acabar de dar buena cuenta de nosotros. Un marinero que ostentaba una gorra encarnada y que se había puesto la cuchilla entre los dientes, había ya logrado trepar y tenía una pierna dentro del recinto de la estacada y otra afuera. Ahora bien, mi caída fué tan rápida que cuando me puse de nuevo en pie todo estaba aún en la misma posición; el hombre del gorro encarnado, todavía mitad adentro y mitad afuera, y otro dejaba asomar la cabeza en aquel mismo instante por sobre las extremidades de los postes. Pero rápido como había sido ese momento, en él, sin embargo, se había decidido la victoria en nuestro favor.

Gray, que seguía á tres pasos mi carrera, había derribado al gran contramaestre en tierra antes de que hubiera tenido tiempo de recobrarse por haber fallado su golpe sobre mí. Otro de ellos había recibido un tiro mortal en el momento mismo en que iba á hacer fuego por una de las troneras, y estaba allí, agonizando, con la pistola todavía humeante entre sus manos. El Doctor, según pude notar, había dado buena cuenta de un tercero con un tajo magnífico. De los cuatro que habían escalado la empalizada, uno solo quedaba intacto y este, que había dejado escapar su cuchilla en la refriega, ya iba en aquel momento saltando de nuevo sobre la empalizada para ponerse á cubierto de la muerte que se cernía sobre su cabeza.

¡Fuego desde adentro!, gritó el Capitán. ¡Y Vds. muchachos, al reducto de nuevo!

Pero su orden ya no tuvo efecto: ningún disparo partió de las troneras y el último de los asaltantes pudo escapar sano y salvo y desaparecer con todos los demás en el bosque. En tres segundos no quedaban ya más trazas de los asaltantes que los cinco de ellos que habían caído en la refriega, de los cuales, cuatro yacían dentro y el quinto fuera del recinto de la estacada.

El Doctor, Gray y yo corrimos con todas nuestras fuerzas para ponernos al abrigo, pues era probable que los asaltantes volvieran pronto del lugar en que habían dejado sus mosquetes y abrieran una vez más el fuego sobre nosotros.

Nuestra casa, á la sazón, estaba ya bastante despejada del humo y pudimos ver, á la primera ojeada, el precio á que habíamos comprado la victoria. Hunter yacía sin sentido al pie de su tronera. Joyce, cerca de él, con una bala en el cerebro, yacía también para no volver á moverse nunca, y en el medio del recinto el Caballero estaba sosteniendo al Capitán, tan pálido el uno como el otro.

—El Capitán está herido, dijo el Sr. de Trelawney.

—¿Han corrido esos?, preguntó el Capitán Smollet.

—Piernas les faltaban, contestó el Doctor. Pero allí están cinco de ellos que no volverán á correr más.

—¿Cinco?, exclamó el Capitán. ¡Tanto mejor, vamos! Cinco de ellos y tres de nosotros; eso nos deja nueve contra cuatro. Eso es ya mucho menos desproporcionado que en un principio. Entonces éramos siete para diez y nueve; al menos así lo creíamos, lo cual es casi tan malo como serlo en realidad.

Los sublevados no fueron ya muy pronto sino ocho, pues el hombre herido por el Caballero, á bordo del buque, con su disparo hecho desde el serení, murió aquella misma noche á causa de sus lesiones. Esto, sin embargo, no se supo en nuestro reducto sino después.

PARTE V

MI AVENTURA DE MAR

CAPÍTULO XXII

DE CUAL FUÉ EL PRINCIPIO DE MI AVENTURA

Los sublevados no volvieron ya; ni siquiera un disparo más volvió á salir de entre los árboles. Ya habían recibido su ración por aquel día, según la frase del Capitán y quedábamos, por tanto, en posesión de nuestro reducto, con tiempo para cuidar y trasladar los heridos, y para hacer la comida. El Caballero y yo pusimos nuestra cocina afuera á pesar del peligro que corríamos, pero aun allí podíamos difícilmente atender á lo que traíamos entre manos á causa de los quejidos y lamentos que nos llegaban de los pacientes del Doctor.

De ocho personas que habían caído durante la batalla, solo tres respiraban aún: el pirata que fué herido junto á la tronera, Hunter y el Capitán Smollet; y aun de estos, los primeros eran poco menos que muertos. El sublevado murió, en efecto, bajo el bisturí del Doctor y en cuanto á Hunter por más esfuerzos que se hicieron para volverlo á sus sentidos, no tuvo ya conciencia de sí mismo en este mundo: agonizó todo el día, respirando fuerte y penosamente como el viejo filibustero cuando yacía víctima de aquel terrible ataque apoplético; pero los huesos del pecho habían sido despedazados por el golpe y el cráneo se había fracturado con la caída, por lo cual, al llegar la noche, sin voz ni estremecimiento alguno entregó el alma á su Hacedor.

Las heridas del Capitán eran graves, en verdad, pero no fatales. No había órgano alguno interesado con lesión mortal. La bala de Ánderson, que fué la que primero le hirió, había roto la parte superior del hombro y tocado ligeramente uno de los pulmones. La segunda bala le había nada más atravesado la pantorrilla rasgándole y dislocándole algunos músculos. Su restablecimiento era seguro, al decir del Doctor, pero entre tanto y por el espacio de semanas enteras, no debería ni andar ni mover su brazo, y aun de hablar debía abstenerse hasta donde le fuera posible.

Mi cortada accidental en los nudillos era un rasguño insignificante; el Doctor me curó poniéndome algunas tiras de tela emplástica y me dió un tirón de orejas por haber salido tan bien librado.

Cuando terminamos nuestra comida, el Caballero y el Doctor se sentaron en consulta al lado del Capitán, y cuando ya habían hablado cuanto tenían que decir, y siendo, á la sazón, cerca de medio día, el Doctor tomó su sombrero, se puso al cinto sus pistolas, depositó en su bolsa de pecho la carta del Capitán Flint, y poniéndose un mosquete al hombro y un sable á la cintura, cruzó la empalizada por el lado Norte y se aventuró vigorosamente en medio de los árboles.

Gray y yo estábamos sentados juntos en el extremo opuesto del reducto, de manera de estar fuera del alcance de la conversación de nuestros superiores en consulta. Gray retiró la pipa de sus labios y no volvió á acordarse de llevarla á ellos nuevamente: tanto así lo dejaba atónito lo que veía.

¡Por vida del demonio!, exclamó, ¿se ha vuelto loco el Doctor Livesey?

—No, á lo que creo, le respondí. Me parece que de todos nosotros es él el menos expuesto á ese accidente.

—¡Cáspita, chico, pues si no lo está él, oye bien lo que te digo, debo estarlo yo!

—Es posible, le repliqué. El Doctor tiene su idea y, si no me equivoco, creo que va ahora á buscar á Ben Gunn.

Los sucesos demostraron que estaba yo en lo justo y racional. Pero entre tanto, como el reducto aquel estaba caliente como un horno y la arena de afuera ardiente como una brasa, con el sol de mediodía, comenzó á bullir en mi cabeza una idea de la cual no podía decirse como de la otra que era racional ni justa. Lo que me pasó fué que empecé á envidiar al Doctor marchando á la fresca sombra de los árboles, rodeado de pájaros y aspirando el fresco olor de los pinos; mientras yo estaba allí, asándome, con la espalda pegada á aquellos maderos que saturaban mi traje con su resina á medio fundir, rodeado de sangre por todas partes, en medio de tantos cadáveres tendidos á mi alrededor, y tanto pensé en ello que acabé por sentir hacia aquel lugar un disgusto que era casi tan fuerte como el miedo mismo.

Todo el rato que estuve ocupado lavando el interior del reducto y en seguida aseando los trastos para la comida, ese disgusto y esa envidia continuaron acentuándose más y más en mi ánimo hasta que, por último, encontrándome á mano una canasta de pan, y no habiendo en aquel instante nadie que me observara, me llené de bizcochos todas las faltriqueras y dí con eso el primer paso en la vía de mi escapada.

Era yo un buen tonto, si se quiere, y ciertamente lo que yo iba á hacer no podía calificarse sino como una locura y un acto temerario, pero yo estaba bien determinado á llevarlo á cabo, con todas las precauciones que me era dable tomar. Aquellos bizcochos, caso de que algo me sucediera, podrían alimentarme, por lo menos, hasta el día siguiente.

Después de los bizcochos, la próxima cosa de que me apoderé fué un par de pistolas, y como yo tenía ya de antemano un polvorín y balas, me sentí suficientemente provisto de armas.

Por lo que hace al proyecto en sí, tal como estaba en mi cabeza, me parece que no era del todo malo: iba á buscar, en la división arenosa existente entre el fondeadero y el mar abierto, la Peña blanca que había visto la víspera, y cerciorarme si era ella ó no la que escondía el bote de Ben Gunn; cosa bien digna de ejecutarse, según todavía hoy me parece. Pero teniendo como tenía la seguridad de que no se me permitiera abandonar el recinto de la estacada, mi plan se redujo á despedirme á la francesa y deslizarme afuera cuando nadie pudiera verme, lo cual era en sí tan malo, que bastaba para hacer todo mi pensamiento reprensible. Pero yo no era más que un muchacho y mi resolución estaba perfectamente tomada.

Ahora bien, las cosas se me presentaron, al cabo, de tal manera, que encontré una oportunidad admirable para mi objeto. El Caballero y Gray estaban muy entretenidos arreglando los vendajes del Capitán, la costa estaba libre, me lancé ágilmente sobre la estacada, me interné en la espesura de los árboles y antes de que mi ausencia pudiera ser notada, ya estaba yo fuera del alcance de la voz de mis compañeros.

Esta era ya mi segunda locura, mucho peor que la primera, supuesto que no dejaba en la casa sino dos hombres sanos y salvos para custodiarla, pero, como la primera, esta segunda calaverada contribuyó á salvarnos á todos nosotros.

Hice rumbo derecho hacia la costa oriental de la isla, pues mi resolución era ir á la punta por el lado que daba al mar, para evitarme toda probabilidad de ser observado desde el fondeadero. La tarde estaba ya bastante adelantada, pero todavía brillaba el sol y no era poco el calor que se hacía sentir aún. Mientras proseguía mi marcha, cortando el alto y espeso bosque, escuchaba allá á lo lejos, delante de mí, no sólo el trueno continuo de la marejada, sino cierto frotamiento de hojas y crujidos de ramas que me demostraban que la brisa del mar se había desatado más fuerte que de ordinario. Muy pronto, bocanadas de aire fresco comenzaron á llegar hasta mí y á pocos pasos me encontré ya en los bordes abiertos del boscaje y pude ver el mar azul y lleno de sol, reverberando desde la orilla hasta el límite lejano del horizonte, mientras sus oleadas murmuraban, recortando sus caprichosas siluetas de espuma á lo largo de la playa.

Nunca he visto el mar tranquilo en todo el derredor de la Isla del Tesoro. El sol puede lanzar desde arriba cuanto calor le sea posible; puede muy bien la atmósfera estar sin una sola ráfaga de viento, y la superficie lejana de las aguas tersa y azul; esto no impedirá jamás que aquellas grandes moles de agua espumante rueden á lo largo de toda la costa tronando siempre, tronando de día y de noche, de tal suerte que apenas habrá lugar alguno en la isla entera en donde se pueda uno libertar de oir aquel rumor eterno.

Yo seguí entonces el borde de la playa, marchando junto á la rompiente, con gran deleite mío, hasta que, juzgándome ya bastante lejos hacia el Sur, me interné de nuevo en la espesura del bosque y me fuí serpeando cautelosamente hacia la parte elevada de la punta, término de mi viaje.

Á mi espalda estaba el mar y al frente el fondeadero. La brisa de la mar, como si hubiera gastado toda su fuerza en el soplo violento de hacía un rato, había cesado ya, y le sucedían ahora suaves corrientes de aire cuya dirección variaba del Sur al Sudeste, arrastrando grandes masas de niebla. El ancladero, á sotavento de la Isla del Esqueleto, seguía terso y plomizo como cuando penetramos á él la mañana del día anterior. La Española se reproducía toda entera en aquel tranquilo espejo, retratando su casco, desde la línea de flotación, hasta los topes de los mástiles en que flotaba la bandera de los piratas.

Á uno de los costados se veía yaciendo uno de los esquifes y Silver aparecía junto á una de las velas de popa. Al hombre aquel siempre me era fácil reconocerlo. Dos de los sublevados aparecían recargados en la balaustra; uno de ellos era el mismo hombre de la gorra encarnada que pocas horas antes había yo visto á horcajadas sobre la empalizada. Al parecer no hacían más que hablar y reir, aun cuando á la distancia á que yo me encontraba de ellos—algo más de una milla—no podía llegarme, por supuesto, ni una sola palabra de lo que conversaban. En aquel instante comenzó de repente el más horrendo é indescriptible rumor de alaridos que de pronto me alarmaron bastante, aunque luego reconocí, por fortuna, la voz de Capitán Flint y aun me pareció distinguir al pájaro mismo, con su brillante plumaje verde, saltar sobre el puño de su amo.

Pocos momentos después ví que el esquife se movía empujado hacia la playa por el hombre de la gorra encarnada y su compañero que habían descendido á él por la porta de popa.

Al mismo tiempo que sucedía esto el sol se ocultaba tras la cumbre del "Vigía," y como la niebla se amontonaba rápidamente, todo comenzaba á ponerse oscuro de veras. Ví, en consecuencia, que no tenía tiempo que perder si es que debía encontrar el bote aquella misma tarde.

La Peña blanca, bastante visible sobre los arbustos, estaba todavía como á un octavo de milla distante de mí, hacia la parte baja de la punta, y así es que dilaté aún un poquillo antes de llegar á ella, teniendo, á trechos, que marchar en cuatro pies entre las zarzas y retamas. Era ya casi de noche cuando puse mis manos sobre sus ásperos y escabrosos costados. Justamente abajo percibí un pequeño hueco de verde césped, oculto por montoncillos de tierra y un matorralillo de arbustos no más altos que la rodilla, que crecían allí abundantemente, y en el centro de la hondonada, no me cabía duda, se miraba una pequeña tienda hecha de pieles de cabra, como las que los gitanos tienen la costumbre de llevar consigo en Inglaterra.

Me deslicé adentro de la cuenca, levanté uno de los lados de la tienda y allí, en efecto, estaba el bote de Ben Gunn, manufactura casera si alguna vez las hubo. Era éste una tosca estructura de madera correosa, apenas desmochada, y extendida sobre ella una piel de cabra con el pelo hacia adentro. Aquel juguete era en extremo pequeño, hasta para mí, y puedo difícilmente creer que hubiera podido sostenerse á flote con un hombre de talla ordinaria. Veíase en él un banco de remero tan bajo como era posible imaginarse, una especie de apoyo para los pies hacia la proa y unos dos canaletes ó remos para la propulsión.

Hasta aquel día jamás me había sido dable tener ante mis ojos uno de esos botes enteramente rudimentarios y primitivos usados por los antiguos pescadores bretones y aun parece que también por los egipcios, y que en la vieja Bretaña se llamaron coracles,[**1**] pero en aquel momento tenía un verdadero coracle en mi presencia, y no me será posible dar mejor idea de él sino diciendo que era, sin duda alguna, igual al primero y más imperfecto aparato de flotación que fabricara el hombre. Pero la verdad es que, con todos los defectos del coracle, tenía, como este, la gran ventaja de ser en extremo ligero y portátil.

Ahora bien, se supondrá que una vez que hube encontrado mi bote tuve ya con eso bastante para sentirme satisfecho de mi truhanería por aquella vez; pero el caso es que, durante aquel tiempo, otra ocurrencia había venido á herir mi imaginación, y tanto me apasioné de ella que se me figura la habría llevado á cabo en las barbas del mismo Capitán Smollet. Esta ocurrencia fué la de aventurarme en aquel bote, protegido por la sombra de la noche, llegar suavemente hasta La Española, cortar el cable de su ancla y dejarla echarse sobre la playa á donde la llevara su buena ó mala ventura. Yo me había fijado en que, después de la lección que los rebeldes acababan de recibir aquel día, probablemente no encontrarían cosa mejor que hacer que levar anclas y lanzarse con la goleta al mar. Parecióme conveniente y grato de veras el impedirles llevar á cabo tal resolución y me afirmé en la practicabilidad de mi pensamiento cuando ví como dejaban al guardián de la nave, encastillado en ella, sin un sólo bote á su disposición.

Me senté, pues, á esperar que se hiciera bien densa la oscuridad y me puse, entretanto, á comer con gran apetito algunos de mis bizcochos. Era aquella una noche, única quizás, entre diez mil, para realizar mi propósito. La niebla había sepultado completamente el cielo y el horizonte. Conforme los últimos rayos del crepúsculo desaparecían, la oscuridad más completa caía sobre la Isla del Tesoro. Así es que, cuando concluí por echarme á cuestas el botecillo aquel y me encaramé como Dios me ayudó para salir de la hondonada en que acababa de cenar, no quedaban ya más que dos puntos visibles en todo el ancladero.

Uno de ellos era la gran hoguera encendida en la playa, en torno de la cual los derrotados piratas se consolaban de su desastre en medio de una tremenda borrachera, á orillas del juncal. El otro, que no era sino un reflejo de luz opaca rompiendo apenas las tinieblas, indicaba la posición del navío al ancla. La bajamar le había hecho describir un semicírculo completo en torno de su amarre, de manera que á la sazón la proa estaba vuelta hacia mí. Las únicas luces encendidas á bordo estaban en la popa y en la cámara, de suerte que el ligero resplandor que yo veía no era más que el reflejo, sobre la niebla, de los fuertes rayos luminosos que se escapaban de la ventanilla de popa.

La marea había bajado hacía ya mucho rato, así es que tuve que ir vadeando por largo trecho en una arena pantanosa en la cual varias veces me sumí hasta la pantorrilla, antes de que pudiera llegar al límite en que el agua seguía su marcha de retroceso. Con alguna fuerza y no escasa destreza vadeé el agua del mar como lo había hecho en la playa y con toda felicidad boté quilla-abajo mi coracle sobre la movediza superficie.

El coracle era hecho con una débil armazón de madera recubierta de pieles. Después de intentar en vano el hallazgo de una palabra española que traduzca coracle, nos hemos visto precisados a explicarla solamente.—N. del T.

CAPÍTULO XXIII

EL REFLUJO CORRE

El esquife de Ben Gunn, como yo me lo figuré desde antes, con sobra de razón, era un bote muy seguro para una persona de mi estatura y de mi peso, y tan ligero como boyante siguiendo su vía por el mar; pero era, al mismo tiempo, el más intratable y desobediente navichuelo que puede imaginarse para lo que se refería á su manejo. Por más que uno hiciera, él siempre se iba de lado, á sotavento, de preferencia á cualquiera otra dirección, así es que el ir siempre volteando y volteando era la maniobra que más se acomodaba con su naturaleza. Recuerdo que el mismo Ben Gunn me había dicho que su bote era extraño y difícil para manejar hasta que se le cogía el modo.

Y la verdad es que yo no le "sabía su modo." Entre mis manos iba y volvía en todas direcciones excepto en la que yo necesitaba. Nuestra marcha casi constante era sobre un costado, y tengo la seguridad de que, á no ser por la ayuda de la marea, jamás hubiera logrado llevar el barquichuelo aquel á donde yo quería. Por mi buena suerte, por más que yo remaba, el reflujo seguía arrastrándome siempre hacia abajo, en la dirección precisa en que yacía anclada La Española, de la que, por tanto, era punto menos que imposible desviarme.

Al principio no veía delante de mí más que un borrón, más negro aún que la misma oscuridad; á poco, casco, mástiles y cordaje comenzaron á tomar forma distinta á mis ojos y un momento después (que no fué más, supuesto que la corriente de la marea me arrastraba cada vez con mayor violencia), ya estaba mi botecillo al lado de la guindaleza de la cual me cogí en el acto.

La guindaleza estaba tan tirante como la cuerda de un arco, y la corriente era tan fuerte que mantenía á la goleta en una gran tensión sobre su ancla. En torno del casco la corriente bullía, escarceaba, y burbujante y murmuradora, se rompía sobre los costados de la goleta, como un arroyuelo que baja saltando por las vertientes de una montaña. No tenía, ya que hacer otra cosa sino dar un corte á aquella cuerda con mi navaja de á bordo, y La Española se iría zumbando corriente abajo.

Todo eso estaba muy bueno; pero cuando ya me disponía á completar mi hazaña, me ocurrió repentinamente que una guindaleza cortada de súbito es una cosa tan peligrosa como un caballo que da coces. Las probabilidades eran diez contra una de que, si era bastante temerario para cortar á La Española de su ancla, tanto mi navichuelo como yo teníamos que pagar demasiado caro aquel atrevimiento, con un naufragio casi seguro.

Esta consideración me detuvo en el acto y si la fortuna no me hubiera favorecido de nuevo de una manera muy particular, habría tenido que abandonar mi designio por completo. Pero los vientos mansos que habían comenzado á soplar de Sudeste y del Sur, habían cambiado, después de entrada la noche, en dirección del Sudoeste. Precisamente en el tiempo que yo gasté en reflexionar, vino una bocanada que cogió á la goleta, empujándola hacia la corriente y, con gran regocijo mío, sentí que la tensión de la guindaleza, que tenía aún cogida, disminuyó tanto que, por un momento, la mano con que la sujetaba se encontró sumergida dentro del agua.

Esto bastó para que yo formara mi resolución: saqué mi navaja, la abrí con los dientes y, con las mayores precauciones, fuí cortando, uno tras de otro, los hilos de aquella cuerda, hasta que la goleta quedó sostenida por dos únicamente. Entonces me detuve, esperando, para cortar estos dos últimos á que la tensión se aligerase de nuevo por otra ráfaga de viento.

Durante todo este tiempo no había cesado de oir voces que, partiendo de la cámara de popa, se elevaban en un diapasón bastante alto; pero á decir verdad, mi imaginación estaba de tal manera preocupada con otras ideas, que apenas si había prestado oído. Pero á la sazón, que ya tenía mucho menos que hacer, comencé á parar mientes algo más en lo que se decía.

Desde luego pude reconocer la voz del timonel Israel Hands, el antiguo artillero del buque del Capitán Flint. La otra era, por de contado, la de mi conocido el hombre del birrete rojo. Ambos estaban borrachos como una cuba, lo que no les impedía seguir bebiendo, pues durante mi escucha, uno de ellos, con un grito de ebrio, se asomó á la porta de popa y arrojó por ella un objeto que me pareció ser una botella vacía. Pero no solamente estaban bebidos, sino que pude cerciorarme fácilmente de que se encontraban en pleno estado de riña. Los juramentos menudeaban como granizos y á cada instante se dejaban oir tales explosiones de ira, que me pareció indudable que aquello iba á concluir á golpes. Sin embargo, una y otra de esas explosiones pasaron sin ir á más; las voces tornaban á gruñir en tono más bajo por algún rato, hasta que se presentaba la próxima crisis y pasaba, como las precedentes, sin resultados.

Allá, sobre la playa, distinguíase aún el resplandor de la gran hoguera del campamento, brillando vigorosa á través de los árboles de la playa. Alguien de entre los piratas estaba cantando una vieja y monótona canción marina, con un suspiro y un gorjeo al final de cada verso y, á lo que parecía, sin terminación posible, sino era la de la paciencia del cantador. Más de una vez durante la travesía oí esa misma cantinela, de la cual recordaba estos dos versos:

"No tornó á bordo sino un hombre vivo,
Cuando eran, al zarpar, setenta y cinco."

Parecióme aquel un estribillo muy dolorosamente adecuado á una tripulación como la nuestra que acababa de sufrir pérdidas tan crueles en la mañana misma de ese día. Pero, á la verdad, lo que yo ví por mí mismo me confirmó en la idea de que aquellos filibusteros eran tan insensibles como el mar sobre que navegaban.

La ráfaga de brisa que yo esperaba llegó al fin; la goleta se ladeó un poco y se acercó más á mí, en medio de la oscuridad. Una vez más sentí que la guindaleza se aflojaba en mi mano y con un bueno aunque penoso esfuerzo corté las últimas fibras que aún sujetaban á La Española.

La acción de la brisa sobre mi navichuelo era casi imperceptible, lo que no impidió que casi al punto me sentí arrastrado contra la proa de la goleta. Pero, libre ya de sus ligaduras, La Española comenzó á girar sobre su propio eje, tornándose con lentitud á través de la corriente.

Trabajé como una furia, porque á cada instante esperaba verme sumergido, y tan luego como ví que me era imposible dirigir mi barquichuelo de modo de salir resueltamente del círculo que describía la goleta, preferí empujarlo en derechura hacia la popa. Por último me ví libre del alcance de mi peligrosa vecina, pero en el instante mismo en que imprimía el último impulso á mi coracle mis manos tropezaron con una cuerda ligera que la goleta iba arrastrando á popa, de sobre la borda. Rápida é instintivamente me apoderé de ella.

¿Qué fué lo que dictó ese movimiento? Me sería muy difícil explicarlo: fué, como antes dije, un acto de mero instinto; pero no bien tuve en mis manos aquel cabo y me cercioré de que estaba bien sujeto por arriba, la curiosidad comenzó á sobreponerse en mí á todo otro sentimiento y determiné satisfacerla, echando una ojeada al interior del buque á través de la ventanilla de popa.

Fuí avanzando una mano y después otra por la cuerda, y cuando me creí á buena distancia, no sin un inmenso peligro, me icé cuidadosamente hasta una altura doble que la elevación de mi cuerpo, poco más ó menos, lo cual me permitió pasear la vista por el techo y una parte del interior de la cámara.

Á este punto tanto la goleta como su microscópico apéndice se iban ya escurriendo con bastante velocidad sobre las aguas y no cabía duda de que nos hallábamos á la altura del campamento de los piratas. El navío, como dicen los marineros, iba hablando en voz alta, hollando los incontables borbollones, con un bamboleo incesante y desordenado. No bien hube visto á través de la porta, comprendí por qué razón aquel bamboleo extraño no había provocado alarma alguna en los vigilantes de la goleta. Una ojeada me bastó para explicármelo, y debo añadir que una ojeada fué todo lo que me atreví á aventurar, desde aquel inseguro apoyo. Lo que ví fué que Hands y su compañero estaban allí encerrados juntos, empeñados en un combate encarnizado, cada uno con la mano echada á la garganta de su adversario.

Me deslicé otra vez sobre el travesaño de mi esquife, y á fe que ya era tiempo, pues con un segundo más de dilación habría sido hombre al agua infaliblemente. No podía ver nada por el momento, á no ser aquellas dos horribles caras amoratadas por la furia, retorciéndose en gestos abominables bajo la humeante lámpara: tuve, pues, que cerrar los ojos para acostumbrarlos de nuevo á la oscuridad por algún rato.

Cuando esto pasaba, la balada aquella cantada en el campamento, que amenazaba durar eternamente, había concluído ya, y la bien sisada compañía de piratas, reunida en torno del fuego, prorrumpía á la sazón en aquel coro que tan conocido me era:

"Son quince los que quieren el cofre de aquel muerto,
Son quince ¡yo—ho—hó! son quince ¡viva el rom!
El diablo y la bebida hicieron todo el resto,
El diablo ¡yo—ho—hó! el diablo ¡viva el rom!"

Precisamente, pensaba yo, á aquella misma hora ¡qué ocupados andaban la bebida y el diablo en la cámara de La Española! En esto sorprendióme sobremanera sentir que mi esquife zozobraba repentinamente; guiño de una manera viva y pareció cambiar de dirección. Observé, al mismo tiempo, que la rapidez de la marcha aumentaba de una manera extraña.

La sacudida me había obligado á abrir los ojos. En todo mi derredor advertí pequeñas hinchazones del agua que se entumecía acompañada de un sonido agudo y áspero, y presentaba reflejos fosforescentes. La misma Española, en cuya estela iba yo arrastrado á pocas yardas de distancia, me pareció que tambaleaba en su curso y que sus mástiles y cordaje se echaban un poco de lado, contra la negrura de la noche; más aún: examinando con más atención, no me cupo duda de que la goleta iba rodando rumbo al Sur.

Dí una rápida ojeada sobre mi hombro y el corazón me dió un vuelco terrible, presa del espanto. Allí, precisamente á mi espalda se veía el resplandor de la hoguera del campamento. La corriente había volteado en ángulo recto, barriendo con ella en su curso rápido, lo mismo al alto buque que al diminuto y danzarín coracle. Y á cada instante su velocidad aumentaba, y cada vez brotando más altas sus burbujas, cada vez murmurando más y más recio corría y corría alejándose á través del estrecho para engolfarse en alta mar.

De repente la goleta que iba á mi frente dió una guiñada violenta, volteando quizás como unos veinte grados, y casi en el acto se oyeron á bordo exclamaciones, una tras de otra, y luego el ruido de pasos precipitados en la escala de la carroza. Era, pues, evidente, que los dos borrachos se habían dado cuenta, al cabo, del desastre que interrumpía su querella y los hacía despertar á la realidad.

Me tendí entonces boca abajo en el fondo de mi esquife y de todas veras encomendé mi alma á Dios, porque creí llegado mi último momento. Tenía por cosa inevitable que, á la salida del estrecho, deberíamos embarrancar en algún arrecife ó estrellarnos contra algunas rompientes enfurecidas, en las cuales todas mis cuitas encontrarían un pronto término. Pero aun cuando no me asustaba tanto la muerte en sí, me era imposible ver con serenidad el género de ejecución capital que se aproximaba por instantes.

En aquella posición debo haber permanecido horas enteras, empujado de aquí para allá sobre las altas olas, mojado de cuando en cuando por la espuma que volaba en copos, y creyendo sin cesar que á la primera sumergida me aguardaba la muerte. Gradualmente la lasitud y el cansancio se fueron apoderando de mi estropeado cuerpo; luego un entorpecimiento extraño, un estupor desusado cayeron sobre mí, aun en medio de mis terrores, hasta que el sueño llegó, por último, y en aquel mi traído y llevado esquife, dormí, dormí soñando con mi casa y con mi viejo "Almirante Benbow."

CAPÍTULO XXIV

EL VIAJE DEL "CORACLE"

Era ya día claro cuando desperté y me encontré caracoleando sobre las olas al Sudoeste de la isla. El sol se había ya levantado, pero todavía estaba, para mí, oculto tras de la gran peña del "Vigía" que, por aquel lado, casi bajaba hasta el mar en riscos formidables.

El Crestón de Bolina y el Cerro de Mesana estaban, por decirlo así, al alcance de mi mano: el uno, negro y desnudo; el otro, rodeado de riscos de cuarenta á cincuenta pies de altura y franjeado con grandes cantidades de rocas desprendidas. No estaba yo á más de un cuarto de milla distante de la costa, por lo cual mi primer pensamiento fué remar y saltar en tierra.

Pero muy luego tuve que desistir de semejante idea. Sobre las rocas desparramadas en la costa, las olas se desgajaban en mil pedazos, bramando enfurecidas; un trueno sucedía á otro trueno y una explosión de espuma á otra explosión, segundo por segundo, lo que me hizo comprender que, si me aventuraba á aproximarme, ó tendría que perecer estrellándome contra la escarpada orilla, ó que gastar mi fuerza, tratando de escalar, en vano, los enhiestos despeñaderos.

Pero no era eso todo. Como queriendo reunirse para arrastrarse juntos sobre una misma meseta de rocas, ó precipitándose al agua con estrépito formidable, percibí una multitud de monstruos marinos, colosales, viscosos, horrendos, que se me figuraron inmensos y blandos caracoles de dimensiones increíbles. Creo que había allí unos cuarenta ó cincuenta de ellos, haciendo retumbar los huecos de las rocas con sus espantables gritos.

Después he sabido que aquellos animales no eran sino focas ó becerros marinos, enteramente inofensivos. Pero su aparición en aquellos momentos, añadida á lo escabroso de la playa y á la violencia desusada con que se rompían las olas sobre ella, acabó por quitarme completamente toda gana de bajar á tierra en semejante paraje. Más que á desembarcar allí me sentí dispuesto á morir de hambre en medio del océano, por no afrontar aquellos peligros.

Pero lo cierto es que tenía en espectativa una oportunidad mucho mejor de lo que yo suponía. Al Norte del Crestón de Bolina, la tierra ofrece una larga prolongación que deja, á la hora de la bajamar, una cinta de arena amarillenta al descubierto. Al Norte de esa cinta, aparece otro cabo—el Cabo de la Selva, según lo marcaba la carta—sepultado literalmente en una masa de altísimos pinos que bajaban hasta la misma orilla del mar.

Recordé lo que había dicho Silver acerca de la corriente que se dirige hacia el Norte, siguiendo en toda su longitud la costa occidental de la isla, y viendo, por mi posición, que me encontraba yo dentro de aquélla, preferí dejar á mi espalda el Crestón de Bolina y reservar mi fuerza para una intentona de desembarque en el Cabo de la Selva, cuyas playas eran, sin duda, mucho más abordables y seguras.

Había, á la sazón, una gran cantidad de tumefacciones suaves sobre el mar. El viento, que soplaba manso pero firme, de Sur á Norte, no era obstáculo sino más bien ayuda para seguir el curso de la corriente y las oleadas alzaban y abatían sus ondas sin despedazarlas.

Á no haber sido así, es indudable que mucho tiempo hacía que hubiera perecido; pero yendo como iba, era de maravillar con qué facilidad y cuán seguramente mi ligero botezuelo cortaba el agua. Con frecuencia, desde el fondo en que me mantenía aún oculto, me era dable divisar cerca, muy cerca de mí, una gran cima azul, sobresaliendo de la regala de la borda. Aquella era una oleada, pero mi coracle no daba más que un ligero brinco, y listo como un pájaro caía en un instante al otro lado en la hamaca que formaba el espacio que dividía las dos olas entre sí.

Comencé entonces á cobrar bríos y me senté para poner á prueba mi habilidad al remo. Pero el cambio más insignificante en la disposición del peso, en una cascarita como aquella, produce los resultados más violentos en su continente y marcha. Así es que, no bien me había movido para sentarme, haciendo cesar desde luego su suave y acompasado balanceo anterior, cuando me sentí arrojado directamente hacia abajo, y al sesgo contra una ola bastante brava cuyo golpe me aturdió, al par que la espuma, azotando sobre la pequeña proa, se desbarataba contra ella alzándose casi tan alto como la ola que venía.

Á un mismo tiempo me sentí calado por el agua, y presa del terror, por lo cual sin más dilación volví á colocarme en la postura que antes tenía, con lo cual el botecillo pareció enderezarse de nuevo y llevarme tan suavemente como al principio sobre las crestas de las grandes olas. Era evidente que había que dejarlo ir á su antojo, sin meterme á gobernarlo; pero la cuestión era que, á aquel paso ¿qué esperanza me quedaba de ganar la playa?

Comencé, pues, á sentirme grandemente aterrorizado, pero, no obstante, no perdí del todo la cabeza. Antes que todo, y procurando moverme lo menos posible, vacié gradualmente el agua que se me había colado en el brinco exabrupto de hacía un rato, usando para esta operación mi gorra marina. Una vez hecho esto volví á echar una nueva ojeada sobre la regala de la borda y traté de explicarme por qué razón mi coracle se deslizaba con tanta facilidad á través de las fuertes oleadas.

Advertí entonces que cada ola, en vez de la montaña suave, luciente y enorme que se ve desde tierra ó desde la cubierta de un navío, no era sino como una cadena de montañas de tierra firme, erizada de picos hacia arriba y rodeada de sitios suaves y valles abiertos. Mi botezuelo, abandonado á sí mismo, volteaba de un lado para otro, se devanaba, por decirlo así, serpeando por las partes más bajas del agua, evitando siempre trepar á las cimas ó aventurarse á los declives peligrosos de aquellas líquidas alturas.

—Sea en hora buena, díjeme á mí mismo. Es claro que debo continuar tendido en donde estoy y no perturbar el equilibrio, pero también me parece evidente que, de cuando en cuando, puedo darme trazas, en los parajes más tranquilos, parar dar una ó dos paladas de remo en dirección de tierra.

Hícelo como lo pensé. Continué tendido, sobre mis codos en la postura más espectante del mundo, á la capa, y aprovechando cada oportunidad que se me presentaba para dar muy dulcemente una remada ó dos á fin de enderezar la proa hacia la playa.

Era aquél un trabajo lento y fatigoso por demás, y sin embargo me sentía ganar terreno; tanto que, conforme nos acercábamos al Cabo de la Selva, si bien veía que no me era dable aún ganar aquella punta, pude notar con alegría que había ya avanzado como unas cien yardas hacia tierra, al Este. Muy cerca estaba de ella, en verdad. Ya me era dable distinguir las frescas y verdegueantes copas de los árboles meciéndose suavemente juntas al soplo de la brisa y tuve por cosa segura, en consecuencia, que en el promontorio próximo era ya evidente mi desembarque.

Y á fe que no sería sino muy á tiempo, pues la sed comenzaba á hacerme sufrir bastante. El resplandor del sol cayendo sobre mi cabeza y sus rayos quebrándose sobre las olas en mil reflexiones diversas; el agua del mar que caía y se secaba sobre mi cuerpo cubriendo mis labios con una capa salobre; todo esto se combinaba para hacer que mi garganta ardiera y mi cabeza fuera presa de un dolor violento. La vista de los árboles á tan corta distancia me puso casi fuera de mí con el anhelo vehemente de desembarcar. Empero la corriente me había arrastrado, antes de mucho, lejos de la punta, y cuando me encontré de nuevo en mar abierto, percibí algo que desde luego hizo cambiar la naturaleza de mis pensamientos.

Precisamente frente á mí, á menos de media milla de distancia, se aparecía ante mis ojos La Española con sus velas desplegadas. No me cupo duda de que iba á ser cogido, pero es el caso que la sed me hacía ya sufrir de tal manera, que no puedo decir si sentía ó me alegraba de aquella ocurrencia; y debo añadir que mucho antes de haber llegado á una conclusión la sorpresa se había enseñoreado de mi ánimo á tal grado que no podía hacer otra cosa sino maravillarme y clavar mis ojos en lo que tenía á la vista.

La Española llevaba al viento la vela mayor y dos foques, y la blanquísima lona brillaba al sol como nieve ó plata. En el momento en que la descubrí, sus velas hinchadas la empujaban bien, haciéndola seguir una línea en dirección Noroeste, lo que me hizo presumir que los hombres á bordo iban con la intención de dar la vuelta á la isla para llegar así de nuevo al ancladero. Pero en aquellos momentos comenzó á inclinarse más y más hacia el Poniente, visto lo cual me dí á creer que me habían descubierto é iban á darme caza. Antes de mucho, empero, hizo proa decididamente contra el viento y se vió detenida en su marcha por algún tiempo, falta de propulsión, con sus velas estremeciéndose y palpitando inútilmente.

—¡Vaya unos animales!, me dije. Esos bárbaros deben estar todavía más borrachos que un alambique. ¡Ah! Si el Capitán Smollet fuera á bordo ya tendrían que saltar listos esos desmañados.

En el interín la goleta viró un poco, hizo un bordo, y su lona la hizo marchar de nuevo por uno ó dos minutos para caer inmóvil una vez más contra el viento. La misma ocurrencia se repitió una y otra vez. De aquí para allá, de arriba para abajo, de Norte á Sur y de Oriente á Poniente. La Española se ponía en marcha con una especie de arremetidas ó disparos instantáneos, pero cada repetición de estas concluía como había comenzado, dejando el velámen inutilizado y tremolando débilmente. No tuve trabajo en comprender que nadie iba dirigiendo la embarcación, y siendo esto así, ¿qué había sido de los dos hombres? Ó estaban ahogados de borrachos, ó habían abandonado el buque, pensé yo, por lo cual, si lograba entrar á bordo, tal vez me fuera dable volver aquel buque á su Capitán.

La corriente iba arrastrando con igual velocidad hacia el Sur, tanto á la goleta como al traído y llevado coracle. Por lo que hace á la goleta su marcha era tan irregular é intermitente, supuesto que á cada momento se veía como engrillada, que la verdad es que muy poco ó nada ganaba, cuando no perdía terreno. Con sólo que me atreviese á sentarme otra vez y tentar de nuevo al remo, estaba seguro de que pronto me sería dable estar sobre ella. El proyecto tenía un sabor de aventura que despertó mi apetito, no sin que lo acrecentara, duplicando mi energía, el recuerdo de que frente á la carroza de proa estaba un buen depósito de agua dulce en la codiciada Española.

Sentéme, pues, y como la vez primera que lo hice, fuí saludado por un azote de agua y espuma, con la diferencia de que, por esta vez, el empuje impreso al coracle fué en mi favor. Dediquéme entonces á remar con toda la precaución, pero con toda la energía de que era capaz, hacia la no gobernada Española. En uno de mis impulsos, sin embargo, alojé dentro del botezuelo tal cantidad de agua que tuve que parar mi maniobra y estarme alerta sintiendo que los latidos del corazón iban á ahogarme. Pero, ya más cauto y muy gradualmente, púseme al fin en el verdadero camino de mi meta, guiando mi esquife bordeando las grandes olas y sin poder impedir, con todo y eso, que la cresta de alguna azotara la proa de mi barquilla y salpicara mi rostro con su desbaratada espuma.

Á la sazón mi avance sobre la goleta era ya rápido y perceptible. Ya podía distinguir bien el brillo del metal en la caña del timón cuando éste se movía golpeando, y sin embargo, todavía no aparecía un alma sobre cubierta. No pude suponer otra cosa, en consecuencia, sino que la goleta había sido abandonada. De no ser así, los hombres aquellos deberían estar abajo borrachos, como muertos, en cuyo caso me sería fácil quizás asegurarlos y hacer con la goleta lo que me pareciera.

Por un buen rato ésta se había mantenido haciendo lo que podía no ser peor para mí, esto es, continuar en el mismo estado de inercia. Su proa iba casi directamente al Sur, sin dejar de guiñar, por supuesto, á cada momento. Á cada guiñada, dejaba caer hacia afuera sus velas, en parte hinchadas, y éstas la volvían á poner, en un instante, enfilando el viento una vez más. He dicho que esto era para mí lo peor de todo, porque, sin gobierno como la goleta iba, con su velámen tronando como un cañón y las olas azotando ruidosamente los costados y bañando la obra muerta, continuaba, sin embargo, corriendo delante de mí, no sólo con la velocidad natural de la corriente, sino con toda la fuerza de su deriva que, naturalmente, era muy grande.

La oportunidad, al cabo, concluyó por presentárseme. La brisa se puso por algunos momentos sumamente baja y la corriente que volteó con lentitud á La Española hizo que ésta concluyera por presentarme su popa con la porta todavía abierta de par en par, y la lámpara sobre la mesa encendida aún á pesar de ser de día. La vela mayor colgaba, en aquel instante, desmayada y caída como una bandera. Nada, con excepción de la corriente, interrumpía la inmovilidad de la embarcación aquella.

Durante un rato, poco hacía, en lugar de ganar, iba yo perdiendo terreno; pero ahora, redoblando mis esfuerzos, comenzaba otra vez á estar más cerca de mi caza.

No me faltaban ya ni cien yardas para llegar á ella cuando el viento llegó otra vez con estruendo, hinchando la lona sobre las amuras de babor, y acto continuo se me alejó otra vez deslizándose, ondeando y casi volando como una golondrina.

Mi primer impulso fué de desesperación, pero el segundo fué de alegría, porque hétela allí que, describiendo una gran curva, La Española viene hacia mí hasta ponerse frente á uno de mis costados; y continuando la misma inesperada evolución, muy pronto la veo á la mitad, y luego á un tercio, y luego á un cuarto de la distancia que nos separaba hacía poco. Ya distinguía yo las olas que hervían bajo su gorja. ¡Qué enorme me parecía la mole de aquella goleta vista desde mi bajísima estación en el botezuelo!

Pero instantáneamente comprendí aquella situación y apenas si tuve tiempo para pensar y menos aún para ponerme en salvo. Estaba yo con mi coracle en la cresta de un alta ola y la goleta venía sobre la cima de la inmediata, abatiéndose sobre mí. ¡Un segundo de vacilación y mi muerte era segura! El bauprés estaba sobre mi cabeza en aquel instante. Rápido como el pensamiento me puse en pie y haciendo un impulso desesperado salté haciendo desaparecer al coracle bajo el agua. Con una mano me había asido al botalón de foque, en tanto que mi pie estaba alojado entre el estay y la braza. Y todavía no había yo tenido tiempo de hacer el más pequeño movimiento para cambiar mi posición cuando el rumor apagado de un golpe me dijo que la goleta se había cargado hacia abajo acabando de hundir y despedazar el coracle y que, por consiguiente, allí quedaba yo, colgando entre cielo y mar, sin retirada posible de La Española.

CAPÍTULO XXV

¡ABAJO LA BANDERA DEL PIRATA!

Apenas me había sido dable encaramarme en el bauprés cuando el ondulante foque aleteó, por decirlo así, cargándose sobre la otra amura con un ruido semejante á un cañonazo. La goleta se estremeció hasta la quilla con aquella vuelta formidable, pero un momento después las otras velas, que aún continuaban empujando, hicieron retroceder al foque á su lugar anterior y ya entonces quedó suspenso é inmóvil.

En esos movimientos casi me ví zabullir dentro del agua, pero á la sazón ya no perdí tiempo y me arrastré para atrás ó más bien me deslicé por el bauprés hacia cubierta, en la cual caí como llovido del cielo, con el rostro hacia el océano.

Me encontré á sotavento del castillo de proa, y la vela mayor que continuaba todavía henchida, me ocultaba una buena parte de la cubierta á popa. No ví un alma por todo aquello. Las tarimas, que no habían sido lavadas desde que estalló la rebelión, enseñaban las huellas de numerosas pisadas y una botella, rota por el cuello, rodaba de aquí para allá, al vaivén del buque, como si fuera una cosa viva.

Inesperadamente La Española enfiló el viento en una de sus bordadas: los foques, tras de mí, tronaron con fuerza; el timón se cerró de golpe; el navío entero se irguió y estremecióse como desfallecido ya, y en el mismo momento el botalón del mayor se colgó hacia adentro, la vela cayó también gimiendo débilmente sobre los motones y al plegarse me descubrió á sotavento la parte de cubierta, á popa, antes oculta.

Sólo entonces aparecieron á mi vista los dos guardianes de la embarcación. ¡No me cabía duda, eran ellos! Gorro Encarnado tendido boca arriba, tieso como un espeque, con sus brazos abiertos como los de un crucifijo y con los labios separados dejando asomar su amarillenta dentadura. Israel Hands, recargado contra la balaustra de la cubierta, con la barba sobre el pecho y sus manos abiertas apoyándose sobre el piso y con el rostro tan blanco, bajo su tinte curtido, como la cera.

Por algún rato el buque siguió ladeándose ó encabritándose como un caballo mañoso, y las velas hinchándose, ya sobre una amura ya sobre la otra, y el botalón colgando y golpeando, hasta que el mástil pareció quejarse al esfuerzo de aquellos violentos tirones. De vez en cuando también una rociada de espuma cubría la balaustra y el buque daba un fuerte golpe por la proa contra las hinchazones del agua en aquel mar de leva. Convertíase éste en un temporal mucho más violento para un navío de alto bordo como La Española, que lo era para mi caserito coracle que á aquellas horas yacía ya en el fondo del océano. Á cada salto de la goleta Gorro Encarnado se resbalaba de aquí para allí, pero ¡cosa horrible! ni su actitud cambiaba, ni sus apretados dientes, asomando por

entre sus abiertos labios, se ocultaban por algún movimiento de éstos, en aquel brusco traqueteo. Á cada brinco, también Hands aparecía irse como sumiendo más y más, deslizándose sobre el piso de cubierta, avanzando sus pies hacia el lado de proa y la caja del cuerpo inclinándose hacia popa, de tal suerte que su cara se me fué ocultando gradualmente hasta que concluí por no ver nada de ella, excepto la oreja y una de las sortijas de la patilla.

Al mismo tiempo observé, en derredor de ambos, charcos de sangre negruzca sobre las tarimas, y comencé á abrigar la certeza de que aquellos hombres se habían dado la muerte mutuamente en su querella de borrachos.

Todavía contemplaba aquel espectáculo sin volver en mí de la sorpresa, cuando, en un momento de calma y antes de que el buque se meneara, Israel Hands se medio volteó y con un quejido vago se enderezó penosamente hasta colocarse en la posición en que primero le ví. Aquel quejido que acusaba, al mismo tiempo, dolor y debilidad mortal, y el aspecto que presentaba su quijada caida, me inspiraron de pronto una compasión inmensa. Pero al pronto recordé las palabras que oí en boca de aquel malvado, desde el barril de las manzanas, y todo sentimiento de piedad desapareció de mi corazón.

Marché resueltamente á popa y grité con un acento irónico:

—¡Hola, amigo Hands, venga Vd. á bordo!

Paseó penosamente la mirada en torno suyo, pero su trastorno y decaimiento eran tales que no cabía la sorpresa en su ánimo á aquellas horas. Lo más que hizo fué dejar escapar esta palabra única:

—¡Aguardiente!...

"Marché resueltamente á popa y grité con un acento irónico:—¡Hola, amigo Hands,..."

Me ocurrió entonces que no debía perder un solo instante, y así fué que, esquivando el botalón que aún seguía golpeando como antes, marché á popa y bajé á la cámara por la escalera de la carroza.

La escena de confusión y desorden que allí presencié era indescriptible. Todos los armarios y muebles con cerraduras de llaves habían sido rotos para buscar la carta de Flint. El piso estaba saturado de lodo sobre el cual los rufianes aquellos se habían sentado á beber y á consultar, después de embriagarse en el marjal en torno de su hoguera. Las mamparas, cuyo color era blanco mate con franjas de oro, mostraban en toda su extensión las huellas de manos inmundas. Docenas de botellas vacías chocaban entre sí por los rincones ó rodaban con el movimiento de la goleta. Uno de los libros de medicina del Doctor estaba allí, abierto sobre la mesa, con un buen número de hojas arrancadas, de seguro para usarlas en encender las pipas con ellas. Y en medio de todo aquello la humeante lámpara enviaba aún su resplandor, pálido, casi tan oscuro como la sombra misma.

Bajé á la bodega: los barriles todos habían ya concluído, y en cuanto á las botellas era sorprendente el número de ellas que habían sido vaciadas y tiradas luego. Era evidente que desde que el motín comenzó ni uno solo de aquellos hombres había estado en su juicio.

Registrando aquí y allá me encontré una botella con un poco de cognac para Hands. Para mí, tomé algunos bizcochos, frutas en vinagre, un gran racimo de uvas y una tajada de queso. Con estas provisiones me presenté de nuevo sobre cubierta, coloqué mi parte á salvo, tras la cabeza del timón, fuera del alcance del timonel, avancé á proa en donde se guardaba el agua, sacié allí mi sed concienzudamente y entonces, y sólo hasta entonces, fuí á Hands para darle su cognac.

Yo creo que debe haber bebido un cuarto de litro por lo menos antes de que hubiera apartado la botella de sus labios. Entonces dijo:

—¡Ah! ¡voto al infierno! ¡un poco de ésto era lo que yo quería!

Oído aquello me senté tranquilamente en el lugar que había escogido y comencé á regalarme el paladar con aquel inesperado almuerzo.

—¿Se siente Vd. muy mal?, le pregunté.

—Si aquel Doctor estuviera á bordo—contestó con una voz mitad gruñido mitad ladrido—si él estuviera aquí, yo estaría sano en dos patadas. Pero, ¡el demonio y su cola! yo no tengo suerte... ¡de veras no, no!... y eso, y no más eso es lo que me pasa. Por lo que hace al "agua-dulce" ese, ya se enfrió de esta hecha, añadió señalando con el dedo al hombre del birrete rojo. Bueno, ¿y qué?... ¡al cabo que ése ni era marino, ni nada!... ¡Vamos!... y ahora que caigo... tú ¿de dónde has brotado aquí?

—Amigo, le contesté, he venido á bordo á tomar posesión de este buque, y así es que, hasta nuevas órdenes, se servirá Vd. considerarme como su Capitán.

Al oir esto me miró de una manera demasiado agria, pero no contestó palabra. Algo de su color natural había vuelto á sus mejillas, si bien continuaba con una gran apariencia de enfermedad y aún proseguía resbalándose y volteando, según que el buque se iba para un lado ó para otro.

—Por lo pronto, amigo Hands, continué yo, no me place ver esta bandera izada en el tope de mis mástiles; así es que, con su permiso, procedo á arriarla acto continuo. De eso á nada, prefiero nada.

Esquivando de nuevo los golpes del botalón, fuíme derecho á las correderas del pabellón, tiré de ellas hacia abajo, abatiendo la pirática bandera negra, y no bien la tuve entre mis manos, la arrojé al mar resueltamente.

—¡Viva el Rey!, grité entonces agitando en el aire mi birrete. ¡Ha concluído aquí el Capitán Silver!

Hands continuó observándome con cierto aire mordaz, aunque á hurtadillas, sin levantar, empero, la barba que seguía apoyada sobre el pecho. Un rato después añadió:

—Me parece, Capitán Hawkins, que tendrá Vd. necesidad de alguna ayuda para bajar á tierra, ¿no es verdad? ¿Pues qué le parecería á Vd. que nos entendiéramos?

—Me parece, muy bien, amigo Hands; con toda mi alma: hable Vd.

Y diciendo esto me entregué de nuevo á mi comida con el mayor apetito.

—Ese hombre, comenzó el timonel apuntando débilmente al cadáver, según entiendo, se llamaba O'Brien y era un rematado irlandés; ese hombre, como decía, y yo, desplegamos las velas con el objeto de llevarnos la goleta á su lugar otra vez. ¡Pero ahora, qué! ahora ya se enfrió, y está allí tan tirante como un pantoque, por lo cual lo que yo digo es que quién va ahora á gobernar el buque: eso es lo que yo no veo. Si yo no le doy á Vd. mi ayuda, no es Vd. el que podrá llevar la goleta, ó nada entiendo yo de goletas ni de marina. Bueno; pues la cosa es esta: Vd. me asegura mi comida y mi bebida, y una corbata vieja ó cualquiera cosa para vendar mi herida y yo le diré cómo se ha de llevar el buque. Me parece que no puede ser más redondo el negocio que propongo.

—Le diré á Vd. una cosa, Maese Hands, prorrumpí yo; mi intención no es volver La Española á su antiguo ancladero, sino llevarla á la bahía del Norte y acercarla allí á la playa tranquilamente.

—Bueno, ya lo entiendo, gritó Hands. Me parece que yo no soy un haragán tan endemoniado, después de todo. Yo bien sé entender las cosas como son, ¡digo que sí! Yo ya traté de sacar el pie adelante y no pude: pues ahora le toca á Vd. Capitán Hawkins. Vd. ha ganado la partida. ¿Conque á la Bahía del Norte? Pues vamos á ella; yo no tengo que andar escogiendo, ¡digo que no! Le ayudaré á Vd. á llevar el buque, aunque vayamos á fondear á la Playa de los Ajusticiados. ¡Por cien mil diablos que sí!

Me pareció que aquel hombre no iba muy desatinado en su resolución. Cerramos nuestro trato en el acto mismo y, á los tres minutos, La Española ceñía gallardamente el viento á lo largo de la costa de la isla con muy buenas esperanzas de voltear la punta Norte á eso de medio día y de bajar de nuevo en dirección de la Bahía antes de la pleamar, á fin de poder, á ese tiempo, orillarla en punto seguro y aguardar hasta que el reflujo nos permitiera bajar á tierra.

Abandoné, entonces, por algún rato la caña del timón y bajé á la cámara para buscar en mi maleta de á bordo una suave mascada de mi madre, con la cual, y con mi ayuda personal, Hands se vendó una gran herida que había recibido en el muslo y que todavía le sangraba. Con este alivio y después de haber comido un poco y dar un trago ó dos más de cognac, el timonel comenzó á reanimarse muy visiblemente, se sentó ya derecho, habló más claro y más alto, y, en una palabra, parecía otro hombre positivamente.

La brisa nos ayudó de una manera admirable. La Española se deslizaba ante ella con la ligereza de un pájaro; la costa de la isla corría, en apariencia, á nuestro lado, y á cada momento cambiaba la decoración que se presentaba á nuestra vista. Muy pronto dejamos atrás los terrenos altos y bordeando por una costa baja y arenosa sembrada de un pinar no muy espeso, que antes de mucho dejamos también á nuestra espalda, volteamos, al fin, la punta de la escabrosa montaña que limita la isla por el Norte.

Sentíame yo sobre manera engreído con mi nuevo carácter de Capitán de buque, y no menos contento con el tiempo claro y favorable que hacía, al par que con el variado panorama que mis ojos iban gozando sobre las costas. Tenía á la sazón agua suficiente, excelente comida, y por no dejar, mi conciencia, que no había cesado de remorderme por mi deserción, estaba ya harto sosegada pensando en la gran conquista que había hecho. Me había parecido que no me quedaba cosa alguna que desear, á no ser por los ojos del timonel que me seguían en todas mis maniobras con una mirada burlona, y por la sonrisa extraña que aparecía en sus labios incesantemente. Era aquella una sonrisa que llevaba en sí una mezcla de dolor y de maldad, huraña sonrisa de viejo, montaraz y agreste. Pero, además de eso, su semblante dejaba traslucir una expresión de escarnio, una sombra de no sé qué traidores pensamientos que bullían en su cabeza, pues, mientras yo trabajaba, él, con su mañoso disimulo, espiaba, y espiaba y espiaba sin cesar.

CAPÍTULO XXVI

ISRAEL HANDS

El viento, que parecía servirnos al pensamiento, cambió al Oeste. Esto facilitó muchísimo nuestro curso, de la punta Noreste de la isla hacia la embocadura de la Bahía septentrional. Sólo que, como no nos era posible anclar, y no nos atrevíamos á orillarnos hasta que el reflujo hubiera bajado bien, nos encontramos con tiempo de sobra. El timonel me dijo lo que debía hacer para poner el buque á la capa; después de dos ó tres ensayos desgraciados logré el objeto, y entonces los dos nos sentamos en silencio á tomar una nueva comida.

Hands fué el primero que rompió el silencio diciéndome con su mofadora y sardónica sonrisilla:

—Oiga Vd., Capitán. Aquí está rodándose de un lado para otro mi viejo camarada O'Brien. ¿No le parece á Vd. que sería bueno que lo echara Vd. á los pescados? Yo no soy muy delicado ni muy escrupuloso, por lo regular, ni me pica la conciencia por haberle cortado las ganas de hacer conmigo un picadillo; pero, al mismo tiempo, no me parece que ese trozo sea un adorno muy bonito, ¿Qué dice Vd. de eso?

—Digo, le contesté, que ni tengo la fuerza suficiente para hacer eso, ni es de mi gusto semejante tarea. Por lo que á mí hace, que se esté allí.

—Esta Española, Jim, continuó tratando de disimular, es un buque muy sin fortuna. Ya va una porción de hombres matados en pocos días, una porción de pobrecillos marineros muertos y desaparecidos desde que Vd. y yo tomamos pasaje á bordo de ella en Brístol. Nunca en mi perra vida me he metido en un buque tan de mala suerte. Y si no, aquí está ese pobre O'Brien; ya también se ha enfriado, ¿no es verdad? Bueno; pues lo único que yo digo es esto: yo no soy ningún estudiante y Vd. es un chicuelo muy leído y escribido que sabría sacarme de dudas, ¿El que se muere, se muere para de una vez, ó puede revivir algún día?

—Amigo Hands, le contesté, Vd. puede matar el cuerpo, pero no el espíritu; esto ya debe Vd. saberlo bien. O'Brien está ahora en otro mundo desde el cual puede que esté contemplándonos.

—¡Ah!, dijo él. Según ese pensamiento se me figura que matar gentes viene á ser casi... vamos al decir... como tiempo perdido. Con todo y eso, y por lo que yo tengo de experiencia, los espíritus no cuentan ya por mucho en el juego. Yo no les tengo maldito el recelo, Jim. Bueno; pero por ahora ya ha hablado Vd. como un dotor y creo que no se me pondrá bravo si le pido que baje otra vez á la cámara y me traiga de allá... pues... sí... con mil demonios, ¿por qué no?... me traiga una botella de... de... no puedo atinar el nombre... una botella de vino, vamos. Este cognac, Jim, es muy rasposo ahora y muy fuerte para mi cabeza.

Ahora bien, la vacilación del timonel me parecía muy poco natural, y en cuanto á su preferencia del vino sobre el cognac la encontré de todo punto increíble. Todo aquello me olía simplemente á pretexto. Lo que él quería era que yo me ausentara de sobre cubierta; esto era claro como la luz; pero, con qué objeto, esto era lo que yo no me podía imaginar.

Sus ojos esquivaban tenazmente los míos; sus miradas se paseaban de aquí para allá, de arriba á abajo, ya con una ojeada al cielo, ya con otra de soslayo al cadáver de O'Brien. Constantemente le veía sonreir ó sacar la lengua de la manera más llena de embarazo, de suerte que un niño podría haber conocido que aquel hombre meditaba alguna engañifa. Pronto estuve con mi respuesta, sin embargo, porque no se me ocultó de qué lado estaba mi conveniencia y que, además, con un sujeto tan completamente estúpido, me era muy fácil ocultar mis sospechas hasta el fin.

—¿Quiere Vd. vino?, le dije. Pues nada más fácil. ¿Lo quiere Vd. rojo ó blanco?

—Pues mire Vd., se me figura que maldita la diferencia, camarada, me replicó. Con tal de que sea fortalecedor y mucho ¿qué me importa el color?

—Está bien, le contesté; le traeré á Vd. Oporto, amigo Hands. Pero tengo que desenterrarlo del fondo de la bodega.

Dicho esto bajé la escalera de la carroza con todo el ruido que pude; luego me descalcé rápidamente, y corrí por la galería que comunicaba la cámara con la proa, subí por la escalera de la escotilla y saqué cautelosamente la cabeza por la carroza de proa. Yo sabía que Hands no se esperaba verme allí, pero no obstante tomé todas las precauciones posibles, y en verdad que aquello me sirvió para confirmarme en mis peores sospechas, que resultaron demasiado exactas.

Hands se había levantado de su posición, primero con las manos, luego poniéndose de rodillas y después, aunque su pierna le hacía sufrir agudamente al moverse y aun le oí articular más de un quejido, pudo, sin embargo, arrastrarse con bastante prontitud sobre cubierta. En medio minuto ya había llegado á los imbornales de babor y sacó de un rollo de cuerda, un largo cuchillo, ó más bien, un estoque corto, descolorado y sucio de sangre hasta la empuñadura. Hands contempló aquella arma por un momento; hizo un gesto con la quijada inferior, probó la punta sobre la palma de su mano y en seguida ocultándola apresuradamente en el pecho de su jubón, se arrastró de nuevo hasta su lugar precedente, contra la barandilla de popa.

No necesitaba saber más. Israel podía moverse, estaba armado, y si había manifestado tal empeño en desembarazarse de mí, era claro que tramaba hacerme víctima de sus maquinaciones. Qué sería lo que hiciera después: si trataría de arrastrarse á todo lo largo de la isla hasta llegar al campo de los piratas cerca de los pantanos, ó si intentaría hacer señales, confiando en que sus camaradas podían llegar más pronto en su auxilio, eran cosas que, por supuesto, me era imposible adivinar.

Sin embargo, de una cosa me creí seguro, y fué de que nuestro interés común nos imponía la necesidad de orillar la goleta en un punto bastante seguro y á cubierto, de manera que, llegada la ocasión, pudiera ponérsela de nuevo á la mar con el menor trabajo y riesgo posibles. Hasta lograr esto, consideré que mi vida no correría el menor peligro.

Pero mientras rumiaba estas ideas no había permanecido ocioso. Había vuelto de nuevo, por el mismo camino, hasta la cámara, me calcé otra vez apresuradamente, eché mano, al acaso, á la primera botella de vino que se me presentó, y con ella para servirme de excusa hice mi reaparición sobre cubierta.

Hands estaba allí, donde lo había dejado, todo encogido y anudado, con los párpados caídos como si quisiera dar á entender que estaba bastante débil para que le fuese dable soportar la luz. Sin embargo, al sentir mis pasos, alzó la vista, rompió el cuello del frasco con la naturalidad del hombre que está acostumbrado á hacer la misma operación con mucha frecuencia y dió un gran sorbo con su frase favorita "¡buena suerte!" En seguida permaneció quieto por algún tiempo, y luego sacando un paquete de tabaco me rogó que le cortara una tajadilla.

—Córteme Vd. un pedazo de eso, dijo; porque yo no tengo navaja y apenas me siento con fuerza para menearme. ¡Ah, Jim, Jim, se me figura que todos mis estayes se han reventado! Córteme un pedacillo, que se me figura será ya el último, porque mi casco hace agua y creo que sin remedio me voy á pique.

—Está bien, no me resisto á cortarle á Vd. su tabaco, pero si yo fuera Vd. y me sintiera mal hasta ese extremo, crea Vd. que lo que haría sería ponerme á pedir á Dios misericordia, como un buen cristiano.

—¿Por qué?, me preguntó. ¿Quiere Vd. decirme por qué?

—¿Cómo por qué?, exclamé yo. Hace un momento precisamente que me preguntaba Vd. algo acerca de los que mueren. Vd. ha hecho traición á su fe. Vd. ha vivido encenagado en el vicio, en la mentira y en la sangre. Vd. tiene aún allí, rodando junto á sus pies, el cadáver de un hombre á quien ha asesinado hace pocos instantes, ¿y todavía me pregunta Vd. por qué?... ¡Pues por eso, amigo Hands, por todo eso!

Mi palabra llevaba impreso un sello de calor inusitado, gracias á que, en el fondo, pensaba yo en aquel estilete que el rufián acababa de ocultar en su jubón y con el cual se proponía dar buena cuenta de mí. Él, por su parte, me vió, tomó un gran trago de vino y luego dijo con un tono de solemnidad desusada:

—Durante treinta largos años he recorrido los mares, durante treinta años he visto bueno y malo, mejor y peor, tiempo hermoso y horrendas tempestades; víveres escasos á bordo; agua casi agotada, y zafarranchos y rebeliones, y luchas, y muertes, y abordajes... ¡oh! ¡tantas cosas!... Pues bien, lo único que no he visto en esos treinta años es que lo bueno produzca nada bueno. El que pega primero es el afortunado y nada más. Los muertos no muerden, Jim; esa es mi opinión, esa es mi fe, y así sea...

Y cambiando instantáneamente de entonación prosiguió:

—Pero vamos allá. Creo que ya hemos perdido bastante el tiempo con esas tonteras. La bajamar está bastante propicia en este momento. Siga Vd. mis órdenes, Capitán Hawkins, y pronto atracaremos y estaremos listos con la goleta.

Dicho y hecho: nos quedaban sólo dos millas escasas que recorrer, pero la navegación era delicada porque el acceso á esta bahía del Norte no solamente era estrecho y lleno de bancos de arena, sino que serpeaba de Este á Oeste, de suerte que el buque tenía que ser listamente maniobrado para hallar el paso. Creo que fuí, en aquella ocasión, un subalterno pronto y bueno y estoy seguro también de que Hands era un excelente piloto, porque el hecho es que pasamos y pasamos, recortando diestramente los peligros, casi desflorando los arrecifes, con una seguridad y una limpieza tales que positivamente daban gusto.

Acabábamos apenas de cruzar frente á los peñones de tierra, junto á nosotros. Las playas de la Bahía Norte estaban tan densamente arboladas como las del fondeadero del Sur, pero el espacio era más largo y más estrecho, y más parecido á lo que era realmente, esto es, la desembocadura de un río. Exactamente junto á nosotros, hacia el extremo Sur, vimos los restos de un buque en el último período de destrucción. Se advertía que aquel había sido un gran navío de tres palos, pero había permanecido tan largo tiempo expuesto á los embates de los elementos, que se veía orlado aquí y allá por enormes colgajos de algas marinas, y sobre su cubierta enarenada habían arraigado las ramas de los arbustos de la playa, que apretados y vigorosos, como si estuviesen en tierra, florecían allí sin embarazo alguno. Era aquél un espectáculo triste, pero él nos daba la seguridad de que el fondeadero era perfectamente tranquilo y seguro.

—Ahora, dijo Hands, allí tenemos ya un banco á propósito para atracar un buque: arena limpia y plana, jamás un soplo á flor de agua, árboles en todo el derredor, y un montón de flores reventando en la cáscara de aquel barco como en un jardín... ¿qué más queremos?

—Bien está, le repliqué, pero una vez atracados ó encallados, ¿cómo hacemos para poner la goleta á flote otra vez?

—Muy fácil, me contestó. Largas un cabo allá, á la playa opuesta, á la hora del reflujo, le das una vuelta en torno de uno de los pinos más gruesos y traes la punta á bordo. Durante el reflujo, allí se está todo quieto, pero viene la pleamar, lías tu cabo al cabrestante, todos á bordo se ponen á las barras, dan dos ó tres vueltas y la goleta saldrá á flote tan dulcemente como por su voluntad. Y ahora, muchacho, pára. Ya estamos cerca de nuestro banco y vamos demasiado aprisa... Un poco á estribor... ¡ eso es!... firme... ¡á estribor!... ahora un cuarto á babor... firme... ¡firme!

Así daba él sus voces de mando, que yo obedecía casi sin tomar aliento, hasta que, por último, gritó repentinamente:

—¡Bien, muy bien!... ¡Orza!

Obedecí una vez más y con todas mis fuerzas alcé el timón: La Española dió una vuelta rápidamente y con el branque á tierra se deslizó ligeramente hacia la arbolada playa.

El entusiasmo de éstas últimas maniobras había sido causa de que me olvidara un poco de espiar atentamente como hasta allí los movimientos todos del timonel. En aquel mismo instante estaba todavía tan vivamente interesado en ver al buque tocar tierra, que hasta había olvidado el peligro que se cernía sobre mi cabeza, y permanecía yo de pie, embobado, sobre la balaustra de estribor, contemplando los suaves escarceos del agua que se despeinaban contra la proa y costados de nuestro buque. Pude haber caído allí, lisa y llanamente, sin un solo esfuerzo para defenderme, á no ser por una inquietud repentina que se apoderó de mí y me obligó á volver la cabeza. Tal vez había llegado hasta mí algún ligero crujido; tal vez de reojo ví su sombra moviéndose hacia mí; tal vez no fué aquello más que un movimiento instintivo como el de un gato, pero el caso es que, al volver la cabeza, ví allí á Hands á medio camino en dirección de mí, con la daga, desnuda ya, en su mano derecha.

Ambos debemos haber lanzado un grito simultáneo cuando nuestros ojos se encontraron, pero si el mío fué el alarido del terror, el suyo no fué más que el espantable bramido de un toro salvaje á punto de embestir. En el mismo instante Hands avanzó hacía mí, y yo salté de lado hacia la proa. Al ejecutar este movimiento dejé caer la caña del timón que saltó violentamente á sotavento, y creo que ésto salvó mi vida porque el madero aquel, golpeó á Hands con fuerza sobre el pecho y lo detuvo, por un momento, paralizándolo por completo.

Antes de que hubiera podido volver en sí de semejante golpe, yo había podido ya salirme del rincón en que me había acorralado, y puéstome en vía de tener toda la cubierta á mi disposición para escabullirme. Á proa del palo mayor me detuve, saqué una pistola de mi bolsillo, apunté fríamente, á pesar de que él había ya vuelto sobre sus pasos y se dirigía una vez más sobre mí; preparé mi arma y oprimí el fiador.... El martillo cayó, pero no hubo ni relámpago ni detonación: ¡el cebo se había inutilizado con el agua del mar! No pude menos que condenar mi negligencia... ¿cómo es que no me había ocurrido, mucho antes, recargar y cebar de nuevo mis únicas armas? De haberlo hecho así no me hubiera visto reducido á ser un mero corderillo correteando frente á su carnicero.

Herido como estaba, era asombroso cuán de prisa podía moverse; con su enmarañado cabello cayéndole sobre el rostro y con su cara misma tan enrojecida por la furia y la precipitación como una bandera de degüello. Desgraciadamente no me quedaba tiempo de ensayar mi otra pistola; esto era ya imposible, y además tenía la certeza de que debía estar tan inutilizada como la otra. Una cosa me apareció clara y fuera de duda y era que yo debía hacer algo que no fuese simplemente retroceder ante él, porque, de seguirlo haciendo así, muy pronto me acorralaría á proa como un momento antes me tenía cogido á popa. Y una vez acorralado, y con nueve ó diez pulgadas de aquella daga dentro de mi cuerpo, podría decir que habían concluído mis aventuras en este lado de la eternidad. Coloqué las palmas de mis manos contra el palo mayor que era bastante grueso y esperé, con el alma en un hilo como suele decirse.

Notando Hands que mi intención era sacarle las vueltas, él también se detuvo y un momento ó dos se pasaron en fingir él ataques y movimientos que yo eludía con la mayor ligereza. Era aquella la repetición de un juego que muchas veces había yo jugado en las rocas de la caleta del Black Hill; pero, con toda seguridad, jamás lo hice con el corazón saltándome tan precipitadamente como entonces. Sin embargo, como acabo de decirlo, aquello era un juego de muchachos, en la forma, si no en el fondo, y creí que podría fácilmente llevar la ventaja en él, muchacho como yo era, sobre un hombre más viejo que yo y con un muslo herido. Á la verdad, mi valor había comenzado á renacer de tal manera que ya me permitía algunos pensamientos arrojados sobre el fin probable de aquella lucha; y eso que, aun admitiendo la seguridad que yo tenía de entretener la maniobra aquella por largo tiempo, no veía una posibilidad verdadera de escape definitivo.

Pues bien, en tal estado las cosas, La Española tocó repentinamente el banco á que la dirigíamos; se bamboleó, fué rozando la arena por un momento y luego, rápida como una exhalación, se inclinó sobre babor recostándose de tal manera que la superficie de la cubierta formaba un ángulo de cuarenta y cinco grados. El chapuzón levantó una oleada que se coló por los imbornales y se estancó luego en un charco entre la cubierta y la balaustra.

Tanto Hands como yo rodamos en un segundo, casi juntos, hacia los imbornales, revolviéndose con nosotros el cadáver de O'Brien, con su gorro encarnado y sus brazos siempre en cruz. Tan juntos rodamos ciertamente que mi cabeza se encontró enredada con los pies del timonel, golpeando en ellos con un sonido que hizo que mis dientes chocaran tiritando á causa del horror. Pero con golpe y todo, yo fuí el primero en estar en pie, pues Hands estaba enredado estrechamente con los brazos y piernas de su víctima. La inclinación repentina del buque hacía que su cubierta fuera ya inútil para correr sobre ella. Tenía, pues, precisión de buscarme alguna nueva vía de escape, y eso en aquel instante mismo, porque mi adversario se había ya desligado del muerto y estaba, de nuevo, en pie, casi sobre mí. Rápido como el pensamiento salté sobre los obenques de mesana, avancé una mano sobre la otra y no tomé siquiera aliento hasta que me encontré sentado en uno de los baos de gavia.

Á la rapidez con que obré debí mi salvación; la daga había golpeado á medio pie de distancia, debajo de mí, mientras mi trabajo de ascensión iba en proceso; pero al último, allí estaba Israel Hands, con la boca abierta y con la cara vuelta á mí, en una actitud que me hacía verle como la perfecta estatua de la sorpresa y la contrariedad.

Comprendiendo entonces que podía disponer de algunos instantes, no los desperdicié, sino que al punto cambié el cebo de mi pistola, y ya con una lista para servicio, doblé las seguridades de mi defensa cargando de nuevo y cebando con igual cuidado la otra.

Aquella nueva operación mía impresionó á Hands en un alto grado; comenzaba á ver que el juego se le volvía en contra y así fué que, después de una corta vacilación, saltó él también pesadamente sobre los obenques, y poniéndose la daga entre los dientes para dejarse las manos libres, comenzó una ascensión lenta y penosa para él. Bastante tiempo y quejidos le costaba el arrastrar consigo aquella pierna herida, así es que tuve tiempo suficiente para concluir mis aprestos de defensa antes de que él hubiera avanzado siquiera un tercio del camino que tenía que recorrer. Empuñé entonces una pistola en cada mano y apuntándole con ellas le dije:

—Un paso más hacia acá, amigo Hands, y le vuelo á Vd. la tapa de los sesos. Ya he aprendido de Vd. aquello de que "los muertos no muerden," añadí con una entonación de burla.

Como por encanto se detuvo en su marcha. Ví por el movimiento de su rostro que estaba tratando de pensar, pero en aquel cerebro estúpido pensar era un procedimiento tan lento y laborioso que, sintiéndome muy seguro, no pude evitar el reirme de él con todas mis ganas. Por último, no sin tragar una ó dos veces, habló, conservando en su semblante las mismas señales de perplejidad. Para poder hablar había tenido que quitarse la daga de la boca, pero en todo lo demás permanecía sin cambiar de actitud.

—Jim, díjome; confieso que hemos andado haciendo tonteras tanto Vd. como yo, sí señor. Es preciso que hagamos las paces. Yo le hubiera cogido á Vd. con toda seguridad á no ser por esa barrera en que se ha colado. Pero no tengo suerte, amigo, ¡digo que no! Se me figura, pues, que tengo que rendirme, lo cual es cosa dura, ya lo entiende Vd., para un marino viejo, tratándose de capitular con un chicuelillo como Vd., Jim.

Estaba yo gozándome en esas palabras y sintiéndome allí tan satisfecho y orgulloso como un gallo sobre una pared, cuando en un instante casi inapreciable ví que echaba hacia atrás la mano derecha y que la levantaba de nuevo sobre el hombro. Algo como una flecha silbó en el viento, experimenté un golpe horrible, un tormento agudo y me sentí clavado contra el mástil por el hombro. En la espantosa sorpresa y dolor indecible de aquel momento, no sabré decir si fué con mi voluntad ó, lo que es más probable, con un movimiento inconsciente, y sin hacer puntería alguna, pero el hecho es que mis dos pistolas dieron fuego, se me escaparon de las manos y cayeron sobre cubierta. Empero no fueron ellas las únicas que cayeron. Con el impulso que hizo su brazo derecho para lanzar la daga, el timonel relajó la presión de su mano izquierda sobre el obenque y, no sin lanzar un espantoso grito de terror, cayó de cabeza adentro del agua.

CAPÍTULO XXVII

"¡PIEZAS DE Á OCHO!"

Debido á la gran inclinación en que había quedado la goleta, los mástiles se veían suspensos en gran parte encima del agua; así es que, desde mi asiento en el bao de las gavias, yo no veía debajo de mí sino la superficie de la bahía. Hands, que todavía no iba tan alto, estaba, en consecuencia, más cerca del buque, y su caída se efectuó pasando su cuerpo entre mí y la balaustra. Por una vez le ví alzarse á flor de agua en una mezcla de espuma y sangre y luego se hundió de nuevo para no reaparecer más á flote. Tan luego como el agua se serenó pude verle tendido sobre la limpia y brillante arena del fondo, y como protegido por la sombra que los costados del buque arrojaban sobre el agua. Uno ó dos peces azotaron su cuerpo al paso. Una vez ú otra con el ondear del agua parecía como si se moviera un poco, como si estuviese tratando de levantarse. Pero bien muerto estaba para tales maniobras, habiéndole herido una de mis balas y ahogádose en seguida, por lo cual en poco tiempo ya no fué sino alimento de peces en el mismo sitio en que había meditado acabar conmigo.

No bien estuve seguro de esto cuando comencé á sentirme enfermo, desfallecido, terrificado. Mi sangre caliente corría copiosamente sobre el pecho y la espalda. En el lugar en que la daga me había clavado al mástil, la sentía yo arder como si fuera un hierro candente. Y sin embargo, por grande que fuese ese sufrimiento no era él lo que más me acongojaba, pareciéndome que podría muy bien sufrirlo sin quejarme: lo que me enloquecía era el horror que me inspiraba la idea de que podía de un momento á otro desprenderme del bao y caer en el agua, todavía mal sosegada, junto al cadáver del timonel.

Me así al mástil con ambas manos, con tal fuerza que las uñas me punzaban, y cerré los ojos como para no ver el peligro que corría. Gradualmente, empero, mi ánimo volvió, mis pulsos agitados se aquietaron un poco y una vez más me sentí en posesión de mí mismo.

Mi primer pensamiento fué sacar la daga, pero ó estaba muy adherida, ó mi fuerza no era suficiente, por lo cual desistí con un violento estremecimiento. ¡Cosa extraña! aquel estremecimiento hizo lo que yo no pude hacer. El puñal, en resumidas cuentas, había venido muy á punto de errar el golpe; tan á punto que apenas me había cogido la piel, por lo cual la convulsión aquella bastó para sacar el arma de la herida. La sangre se escapaba más de prisa, esto era evidente, pero en cambio yo era de nuevo dueño de mí mismo y sólo quedaba clavado al mástil por el saco y la camisa.

Con una sacudida violenta desprendí estos últimos y acto continuo bajé sobre cubierta por los obenques de estribor. Por nada en el mundo me habría atrevido, conmovido como estaba, á bajar por los mismos obenques por donde subí, desde los cuales Hands había caído directamente al agua.

Bajéme en el acto á la cámara y arreglé mi herida como Dios me dió á entender; sentía á causa de ella un dolor bastante agudo y todavía sangraba en abundancia, pero no era ni profunda ni peligrosa, ni sentí que me embargara el libre movimiento de mi brazo. Eché luego una ojeada en mi derredor, y bien convencido ya de que el buque, en cierto sentido, era ya enteramente mío, comencé á pensar en desembarazarlo de su último pasajero, ó sea del cadáver de O'Brien.

Este había caído recargado, á causa de la sacudida del buque, contra la balaustrada, quedando en pie y en una posición horrible, parecida un tanto á la de un vivo, pero bien diverso de un cuerpo con vida en el color y en el donaire, ¡oh! ¡bien diferente! En aquella postura me era muy fácil encontrar el medio de realizar lo que yo quería, y como ya la costumbre de las aventuras trágicas había concluído por hacerme perder todo miedo á los cadáveres, cogí aquel por la cintura como si hubiera sido un saco de salvado y haciendo un buen esfuerzo lo arrojé al agua. La víctima de Hands cayó al mar con un sonoro chapuzón; y el gorro encarnado salió á flote y quedó nadando sobre la superficie. No bien la agitación del agua se hubo calmado, pude ver al horrible muerto yaciendo sobre el cuerpo del timonel y ambos meciéndose suavemente con el meneo del manso fondo de la bahía. O'Brien, aunque todavía bastante joven, era en extremo calvo, y yo veía muy bien aquella su cabeza desnuda descansando sobre las rodillas del hombre que lo había asesinado, en tanto que, rápidos y nerviosos, los peces pasaban azotando aquellas masas inertes.

Solo ya, solo enteramente, estaba sobre la goleta; la marea había vuelto y el sol estaba á tan pocos grados de su ocaso que las sombras de los pinos de la costa occidental comenzaban ya á cruzar la anchura del fondeadero y á caer sobre la cubierta de La Española. La brisa vespertina se había desatado, y aun cuando muy á cubierto con la colina de los dos picos hacia el Este, las jarcias empezaban ya á silbar un poco, y las sueltas lonas á azotar de un lado para otro.

Comencé entonces á temer algún peligro para el buque: arrié los foques á toda prisa y los eché, sin gran trabajo, sobre cubierta; pero en cuanto á la vela mayor, esta era ya materia mucho más difícil. Por supuesto que al ladearse el navío, el botalón se había colgado hacia afuera, al extremo de que su remate y uno ó dos pies de la vela colgaban sumergidos en el agua. Me pareció que esta circunstancia lo hacía todavía mucho más peligroso, y añádase aún que la compresión era tan fuerte que medio temía yo hacer algo en el asunto. Por último me resolví; saqué mi navaja y corté la cuerda de la verga. El peñol se abatió instantáneamente y una gran curva de lona, ya suelta, flotó esparcida sobre el agua; desde aquel momento, abatido como lo deseaba, ya no me era posible menear la cargadera: esto era todo cuanto estaba en mi poder ejecutar. Por lo demás, La Española debía confiar, como yo mismo, en nuestra buena estrella.

Entre tanto, toda la bahía estaba ya sumergida en la sombra del pinar: recuerdo que los últimos rayos del sol acababan de penetrar por un pequeño claro del boscaje y habían brillado como joyas resplandecientes sobre la diadema de flores de aquel destrozado casco de navío, con sus arbustos, líquenes y musgos marinos. El fresco era ya penetrante, la bajamar iba rápidamente hacia afuera del ancladero, y la goleta quedaba más y más á cada momento descansando sobre las extremidades de los baos.

Subí en cuatro pies en dirección de proa y lancé una ojeada en torno mío. Me convencí de que el fondo de agua que quedaba era insignificante y así fué que, cogiéndome con ambas manos á la cortada guindaleza, por una última precaución, me dejé deslizar suavemente hacia afuera del buque. El agua apenas me cubría las piernas, la arena era firme, cubierta con las ondulantes acentuaciones de la agitación suave de las aguas, por lo cual salí por fin á tierra, lleno de alegría, dejando á La Española recostada sobre sí misma, con su vela mayor bañándose ampliamente sobre la superficie de las olas. En aquel mismo instante el sol se ponía definitivamente en Occidente y la brisa murmuraba suavemente en el crepúsculo, jugueteando entre los ondulantes pinos.

Por último, y á lo menos, me veía fuera del mar y no tornaba, por cierto, con las manos vacías. Allí estaba la goleta, libre al fin de todo pirata, y lista para que nuestros hombres la tripularan una vez más y se hicieran á la mar de nuevo. Nada, por consiguiente, estaba más en mis intenciones que el volver, á casa como quien dice, esto es, á la estacada, y contar allí con orgullo mis hazañas y aventuras. No sería extraño que se me riñera un poco por mi truhanería, pero el haber recapturado La Española era una elocuente y significativa respuesta que, lo aguardaba así, obligaría al Capitán Smollet á confesar que no había yo perdido el tiempo.

Raciocinando de este modo, y con el ánimo levantado en gran manera, púseme en camino de lo que he llamado mi casa, que era el reducto en que estaban mis compañeros. Me acordaba bien que el más oriental de los ríos que desembocan en la bahía del Capitán Kidd, corría desde la montaña de los dos picos, sobre mi izquierda, por lo cual enderecé el rumbo en aquella dirección, seguro de poder cruzar el río en el punto en que era aún angosto. El bosque no era nada espeso y siguiendo, sin desviarme, la línea más baja de la falda del cerro, pronto había volteado su extremidad y no mucho rato después ya había vadeado, con el agua sólo á media pierna, la corriente del río.

Esto me puso muy cerca del punto en que encontré á Ben Gunn, el hombre aislado y, por lo mismo, mi marcha fué ya más circunspecta teniendo siempre un ojo abierto para cada lado. La luz del crepúsculo iba ya cediendo el campo á las grandes sombras de la noche, y no bien hube franqueado el espacio necesario para poder ver entre la abertura que forman los dos picos, llegó hasta mi vista la ondulante claridad de un fuego que se destacaba sobre el fondo del horizonte. Supuse que el hombre de la isla estaba allí cocinando su cena al resplandor de una clara y alegre hoguera. Pero no dejaba de maravillarme que tan sin cuidado ni precaución alguna se mostrara, porque si yo veía aquel fulgor ¿no era probable que también llegara hasta los ojos de Silver en su campamento de la playa, entre los marjales?

Gradualmente la noche había llegado más y más negra; y en las tinieblas que me envolvían, lo único que yo podía hacer era guiarme, y eso no muy seguramente, hacia mi destino, teniendo á mi espalda la doble cima de la altura, y á mi derecha la mole del "Vigía" que cada momento se desvanecían más y más en los nimbos de la oscuridad. Las estrellas eran escasas y pálidas y en el terreno bajo que yo recorría me era imposible evitar el enredarme al paso con zarzas y matorrales ó caer en sinuosidades arenosas.

De pronto cierta claridad inesperada cayó cerca de mí. Alcé la vista; el vislumbre pálido de los rayos lunares se dilataba sobre la cima del "Vigía," y muy poco después ví algo como un globo de plata alzándose lentamente de sobre las copas de la arboleda: era la luna que salía.

Con esta ayuda pude ya franquear más fácilmente lo que me faltaba de andar, y á veces marcando á paso natural, á veces corriendo, me acercaba á cada momento más y más á la estacada. Sin embargo, como ya me encontraba en el bosque que limita la fortaleza, no me pareció tan fuera de propósito el moderar mi paso y marchar con bastante precaución, pues cierto que hubiera sido un triste fin de mis aventuras el verme atravesado por la bala de un centinela de nuestro campo que hiciera fuego sobre mí, sin conocerme.

La luna se alzaba más y más alto; su luz se desparramaba ya aquí y acullá sobre los espacios que la arboleda del bosque dejaba limpios, y, cosa extraña, frente á mí apareció un resplandor de tinte diferente, entre los pinos. Aquel brillo era rojo y ardiente, pero de vez en cuando se oscurecía, como si fuera un brasero sofocado de tiempo en tiempo por la humareda.

Por vida mía que no podía yo atinar con lo que aquello pudiera ser.

Pero al fin y al cabo llegué á los límites de la parte desarbolada. La extremidad occidental estaba á la sazón inundada con la claridad del astro de la noche; pero la parte restante lo mismo que el reducto todavía quedaban envueltos en la sombra, si bien con una que otra lista de luz que lograba caer allí á través de la masa espesa del follaje. Al otro extremo de la casa una inmensa hoguera había ardido hasta tornarse en rescoldo puro, y su reverbero acentuadamente rojo contrastaba en gran manera con la dulce palidez de la luna. Empero no había por todo aquello un alma que se moviera, ni el menor ruido interrumpía la cadencia suave y monótona del soplo de la brisa.

Me detuve presa de la más grande extrañeza, y quizás con algo de terror en mi corazón. No había sido costumbre nuestra, por cierto, el encender grandes lumbradas, pues precisamente una de las órdenes más terminantes del Capitán era que economizáramos la leña, por lo cual comencé á temer que algo malo había sucedido allí durante mi ausencia.

Me deslicé con cautela dando vuelta por la esquina oriental, manteniéndome resguardado en la oscuridad, y en el lugar que juzgué más á propósito por ser la sombra más espesa salvé resueltamente la empalizada.

Para aumentar mis seguridades me puse á recorrer el trayecto que me separaba del ángulo del reducto, andando sobre las rodillas y las manos, sin hacer el más pequeño ruido. Cuando ya estuve bastante cerca, mi corazón se dilató con una expansión de gozo indecible. Lo que la causaba no era un rumor que pueda llamarse, de por sí, agradable en manera alguna, y aún recuerdo haberme quejado de él en más de una ocasión; pero en aquella lo percibí como si hubiera sido el eco de una música deliciosa. ¿Qué era ello? ¡Ah! nada menos que el concierto sonoro de los ronquidos de mis amigos, durmiendo todos apaciblemente. El grito del centinela nocturno de á bordo que nos anunciaba á las altas horas "¡todo va bien!" jamás sonó más agradablemente á mi oído.

Por lo pronto, en lo que no cabía la menor duda era en que en mi campo la vigilancia era de todo punto detestable. Si Silver y sus hombres fueran en aquel instante los que estuvieran cayendo sobre mis amigos, de seguro que ni uno solo vería levantarse la luz del nuevo día. Eso era lo que influía, pensé yo, el tener al Capitán herido; raciocinio que me hizo reprocharme una vez más el haberlos dejado en aquella situación peligrosa, con tan pocas personas hábiles para montar la guardia.

Á la sazón ya había llegado á la entrada y estaba allí, de pie. Todo era oscuridad adentro y mis ojos no podían distinguir nada en la densa tiniebla de aquel recinto. En cuanto á oir, ya se comprenderá que en aquel punto era, para mí, mucho más distinta y perceptible la música de los ronquidos. Á ella se añadía, aunque fuese del todo insignificante, un ruido ligero como de alas ó picoteo casi imperceptible.

Con las manos hacia adelante avancé resueltamente al interior. Mi intento fué acostarme en mi lugar de costumbre, y, añadí riendo para mis adentros, ¡cómo me voy á divertir viendo las caras que ponen mañana cuando me vayan viendo!

Mi pie tropezó con algo que cedía á mi paso: era la pierna de uno de aquellos descuidados dormilones que, á mi contacto, no hizo más que murmurar y volverse del otro lado; pero sin despertar.

Pero en aquel instante, y como partiendo del rincón más oscuro de la pieza, una voz chillona y aguda prorrumpió desaforadamente:

—¡Piezas de á ocho! ¡piezas de á ocho! ¡piezas de á ocho! ¡piezas de á ocho! ¡piezas de á ocho! ¡piezas de á ocho!... y continuaba así incansable y sin respiración como una carraca.

¡Aquel era Capitán Flint, el loro verde de Silver!

Él era el que producía el rumor ligero que yo escuché, picoteando una corteza de los maderos del muro.

Él era el que, ejerciendo una vigilancia mucho mejor que la de una criatura humana, acababa de anunciar mi llegada con su incansable refrán.

No tuve el tiempo siquiera indispensable para recobrarme. Al grito agudo y penetrante del loro todos los roncadores se despertaron y se pusieron en pie, escuchándose al punto la voz imponente de Silver que, con el acompañamiento obligado de una insolencia, gritó:

—¿Quién va?

Me volví para correr, pero dí contra una persona; híceme á un lado para buscar nuevo camino y caí en los brazos de otra que, por su parte me estrechó violentamente teniéndome bien apretado.

—Trae una antorcha, Dick; dijo Silver cuando mi apresamiento estaba asegurado.

Entonces uno de aquellos hombres salió del reducto y momentos después volvió con un hachón encendido.

PARTE VI

EL CAPITÁN SILVER

CAPÍTULO XXVIII

EL CAMPO ENEMIGO

La claridad rojiza de la antorcha iluminando el interior de la cabaña, me hizo ver que, cuanto de malo pude imaginar en aquellos momentos era, por desgracia, demasiado cierto. Los piratas estaban en posesión del reducto y de las provisiones: allí estaba la barriquilla de cognac; allí las carnes saladas y los bizcochos como antes de mi ausencia y, cosa que acrecentó infinitamente mi terror, ni la menor señal de un prisionero. No era posible pensar otra cosa sino que todos habían perecido y mi corazón se sintió angustiosamente oprimido al pensar que yo no había estado allí para perecer con ellos.

Seis de los piratas quedaban allí únicamente: ni uno más sobrevivía. Cinco estaban en pie, colorados, soñolientos y mal humorados por haberse tenido que arrancar al sopor de la embriaguez. El sexto se había medio incorporado nada más, sobre uno de los codos; estaba mortalmente pálido, y el ensangrentado vendaje que rodeaba su cabeza daba á entender que aquel hombre había sido recientemente herido, y aun más recientemente curado. Recordé entonces al hombre que en el ataque de la estacada había sido herido y escapádose por el bosque, y no me cupo duda de que éste era el mismo.

El loro había saltado sobre el hombro de su amo, peinando y componiendo su plumaje. En cuanto á Silver me pareció más pálido, y como más severo que de ordinario. Todavía llevaba puesto el hermoso traje de paño que se endosó el día de las conferencias, sólo que ahora estaba en extremo manchado de arcilla y con bastantes desgarrones causados por las espinosas zarzas de los bosques.

—¡El diablo me ayude!, exclamó. ¡Vaya una sorpresa! Conque aquí tenemos á Jim Hawkins, entrando, así, como quien dice, sin cumplimientos, ¿eh? ¡Sea enhora buena! ¡Recibámosle como amigos!

Dicho esto se sentó sobre la barriquilla del cognac y dió trazas de componer y llenar su pipa.

—Dick, presta acá tu eslabón y tu yesca por un momento, dijo.

Y cuando ya tenía una buena lumbre, añadió:

—¡Esto te saldrá bien, chiquillo! Veamos, Dick, encaja esa antorcha en el montón de la leña. Y Vds., amigos, pueden sentarse, no hay necesidad de estarse allí de pie. El Señor Hawkins los dispensará á Vds., no les quepa duda. Conque sí, amigo Jim, aquí estás tú. ¡Qué sorpresa más grata para tu viejo John! Yo siempre he dicho que tú eras vivo como un zancudo, desde que te puse el ojo encima; pero la verdad, chico, esto le saca el pie adelante á todos mis prenósticos!

Á todo esto, como se supondrá fácilmente, yo no contestaba una sola palabra. Habíame reclinado contra uno de los muros y desde allí clavaba mis ojos en los de Silver, con bastante descaro y resolución aparentes, pero bien sabe Dios que, entre tanto, la más negra desesperación envolvía mi alma por completo.

Silver dió una ó dos vigorosas fumadas á su pipa con la mayor compostura, y acto continuo prosiguió:

—Ahora bien, Jim, puesto que ya estás aquí, voy á decirte algo de lo que pienso. Yo siempre te Le querido, y siempre te he tomado por un mozuelo de ánimo, y por el mismísimo retrato mío cuando era yo como tú, muchacho y buen mozo. Yo siempre quise que tú fueras de los nuestros, y que tomaras la parte que te correspondiera para que pudieses vivir y morir siendo de veras persona. Ahora ya estás aquí, polluelo... ¡tanto mejor! El Capitán Smollet es un buen marino, no cabe duda, tan bueno como yo mismo lo sería, en cualquier tiempo, pero rigoroso en achaques de disciplina. "El deber antes que todo," es su dicho favorito, y tiene razón, con cien mil diablos. Pero héte aquí emancipado ya de tu Capitán. El Doctor mismo que te quería tanto, lo tienes ahora enojado á muerte contigo—"prófugo malagradecido"—dijo refiriéndose á tí. Así, pues, por más vueltas que le des al asunto, el resultado es que tú ya no puedes ir de nuevo á reunirte con los tuyos, porque ya ellos no te quieren y así, á menos que te propongas encabezar una tercera fracción en la isla, para lo cual tendrías el sentimiento de no tener más compañía que tu sombra, tienes, por fuerza que alistarte bajo las banderas de tu viejo amigo Silver.

Aquel discurso me hizo un grandísimo bien. Por él supe que mis amigos aún vivían y, aun cuando, no desconfiaba yo de que fuera cierto, en parte, lo que Silver decía acerca de los resentimientos del partido de cámara, por mi deserción, me sentí mucho más consolado que afligido con sus noticias.

—Nada te diré respecto de que estás en nuestras manos, continuó Silver. Supongo que ninguna duda te cabrá sobre este particular. Pero, mira tú si juego á cartas descubiertas; mi intención no es intimidarte sino convencerte. Nunca he visto que las amenazas produzcan nada bueno. Si te gusta el servicio... bien, adelante; te afilias con nosotros y ya está... Ahora... si no te conviene, muy dueño eres de tu voluntad y de tu boca para darnos aquí un no redondo, y lléveme el diablo si algo más claro que todo esto, puede salir de escotilla humana.

—¿Puedo ya contestar?, pregunté con una voz bastante trémula.

En el fondo de toda aquella charla burlona bien claro veía yo que la amenaza de la muerte estaba en suspenso sobre mi cabeza, por lo cual mis mejillas abrasaban y el corazón me latía dolorosamente dentro el pecho.

—Muchacho, contestó Silver, aquí nadie te está urgiendo. Forma tu derrotero. Ninguno de nosotros tiene prisa, camarada. El tiempo corre tan agradablemente en tu compañía que, ya lo ves, no hay para qué precipitarse.

—Está bien, contesté yo sintiéndome con un poco más de brío y atrevimiento. Si debo de elegir, declaro que me creo con derecho para saber primero cómo están las cosas y por qué están Vds. aquí, y en dónde paran mis amigos.

—¡Pues no quiere poco el niño!, dijo en tono gruñón uno de los piratas. No sería para él poca fortuna el averiguar todo eso.

—Paréceme, amigo, dijo Silver al interruptor con un tono demasiado agrio, que harías mejor en tapar esa escotilla y guardar tus andanadas para cuando se te pidan y necesiten.

En seguida, volviéndose á mí, continuó con el mismo acento amable y gracioso de antes:

—Ayer por la mañana, amigo Hawkins, á la hora de la segunda guardia, vino por acá el Doctor Livesey trayendo en la mano una bandera de paz: "Capitán Silver, díjome, están Vds. vendidos: ¡el buque se ha marchado!" Aquello podía suceder muy bien; nosotros habíamos estado echando un trago y acompañándolo de una ronda de canto para hacerlo pasar bien. No dije que no. La verdad es que ninguno de nosotros había apuntado sus vidrios para allá. Salimos á ver... ¡ábrase el infierno!... aquello era verdad... ¡la goleta había desaparecido! Jamás he visto en mi vida un puñado de hombres más dementes que estos; puedes creer que sí... parecían frenéticos de remate. "Sea en hora buena, díjome el Doctor, creo que es ya el caso de capitular." Y capitulamos, no hubo remedio, capitulamos él y yo, y aquí nos tienes instalados con reducto, cognac, provisiones y toda la leña que Vds. tuvieron la buena precaución de compilar; en una palabra, el bote entero y completo desde las crucetas hasta la sobrequilla. En cuanto á ellos, se han largado con viento fresco, pero lléveme el diablo si sé en donde han tirado el ancla.

Diciendo esto dió una nueva fumada á su pipa con la mayor calma, hecho lo cual prosiguió así:

—Y para que no te hagas la ilusión de que se te ha incluido en el tratado, voy á decirte cuáles fueron las últimas palabras que hablamos. "¿Cuántos son Vds. para salir de aquí?" le pregunté yo. "Cuatro, me contestó, y uno de esos cuatro, herido. En cuanto á ese muchacho, yo no sé dónde está ni me importa saberlo... el diablo cargue con él, aunque de pronto lo sentimos mucho." Estas fueron sus palabras.

—¿Eso es ya todo?, le pregunté.

—Eso es cuanto tú tienes que oir, hijo mío, replicó Silver.

—Y ahora... ¿debo ya hacer mi elección?

—Ahora tienes que elegir; sí, mi amigo, no te quepa la menor duda.

—Está bien, continué. No soy tan gran badulaque que ignore lo que se me espera. Pero suceda lo que suceda, y poco me importa que sea lo peor posible. Desde que caí metido en esta aventura he visto morir á tantos hombres, que ya la idea de la muerte no me asusta tanto. Pero hay una ó dos cosas que quiero decir á Vds...

Mi palabra iba tomando un acento desusado de excitación. En ese tono proseguí:

—Lo primero que quiero decir es esto: están Vds. perdidos; perdido está el buque, perdido el tesoro, perdidos los hombres para Vds. Todo el proyecto que ha engendrado su rebelión no es ya más que un deshecho... ¡está en pedazos! ¿Y quieren Vds. saber de quién es la obra de su destrucción?... ¡Es mía! Yo estaba oculto en el barril de las manzanas la noche en que vimos tierra, y desde él le oí á Vd., John, y á Vd. Dick Johnson, y á Hands que á la hora de esta yace en el fondo del océano; y después de oir cuanto decían lo repetí todo, palabra por palabra, antes de que hubiera trascurrido una hora, á quienes tenían el derecho de saberlo. Y por lo que hace á la goleta, fuí yo también el que cortó su cable; yo quien mató á los dos hombres que tenía Vd. á bordo y yo, por último, el que la he llevado á un punto en que ninguno de Vds. volverá á verla jamás. Si alguien debe y puede reir en este negocio, ese soy yo... yo, que desde un principio he tenido la ventaja sobre todos Vds., de quienes no tengo, en este momento, más miedo del que me inspiraría una mosca. Mátenme, si gustan, ó déjenme con vida. Pero una cosa diré solamente para concluir, y es que, si se me deja vivir... servicio por servicio... el día que Vds., amigos, estén en una corte del crimen, acusados de piratería, yo salvaré de la horca, con mi testimonio, á todos los que pueda. Vds., pues, y no yo, son los que tienen que elegir. Maten uno más, y aumenten inútilmente, con eso, la lista de sus crímenes; ó déjenme vivo y asegúrense, de esa manera, el testigo que puede arrancarlos del patíbulo.

Me detuve al llegar aquí porque, lo confieso, se me había acabado el aliento. Empero, con gran asombro mío, ninguno de aquellos hombres se movió, sino que todos se quedaron con los ojos clavados sobre mí, como si fuesen corderos. Aprovechándome de su silencio, y en tanto que ellos seguían contemplándome atónitos, rompí de nuevo:

—Ahora bien, Sr. Silver, como creo que Vd. es aquí el hombre más de confiar, quiero hacerle un solo encargo para el caso de que me acontezca lo peor que acontecerme puede, y es que tenga la bondad de contar al Doctor de qué manera he sufrido mi final destino.

—Lo tendré muy presente, contestó el pirata, con un acento tan extraño que, por vida mía que me fué imposible decidir si estaba burlándose de mí, ó si se sentía favorablemente impresionado con mi valor.

Entonces tomó la palabra aquel Morgan, cara de caoba, á quien yo ví en la taberna de Silver, cerca de los muelles, en Brístol.

—Yo añadiré algo á todo eso, dijo, y es que ese mismo muchacho es el que reconoció á Black Dog.

—Pues miren Vds., añadió á su vez el cocinero, yo puedo agregar aún algo más ¡por vida del infierno! y es que el mismo muchachillo que Vds. ven, es el que supo birlarnos la carta de Flint que guardaba Billy Bones. Del principio al fin no hemos hecho más que estrellarnos contra Jim Hawkins.

—¡Pues aquí las pagará todas juntas!, dijo Morgan con un horrible juramento y avanzándose hacia mí con su gran navaja abierta.

—¡Aparta allá!, gritó Silver. ¿Quién eres aquí, tú, Tom Morgan? Figúraseme que te has creído ser el Capitán. ¡Por Satanás mi padre y señor, que prometo enseñarte á ser quien eres! Hazme enojar y ya verás si no te despacho á donde muchos hombres buenos han ido á parar, por mi mano, en estos últimos treinta años, algunos á mecerse en los peñoles, otros al agua, atados de pies y manos, y todos ellos á engordar los peces del océano. Acuérdate que no hay ni ha habido un hombre que se atreva á mirarme entre ceja y ceja, que haya podido jactarse de ver un día después de eso; Tom Morgan, ¡no eches eso en saco roto!

Morgan se detuvo, pero un murmullo ronco partió de todos los demás.

—Tom tiene razón, avanzó uno.

—Creo que he tenido, más largo tiempo del regular, á un hombre solo por espantajo, aventuró otro. ¡Lléveme el demonio si un cojo como Vd., John Silver, mete miedo á un hombre cabal como yo soy!

—¿Sería que alguno de Vds., caballeros, siente ganas de saber por sí mismo quién es John Silver?...

El cocinero bramó más bien que dijo esas palabras, saltando de sobre el barrilete de cognac en que estaba sentado, avanzando bastante hacia el grupo de los piratas y sin soltar su pipa que brillaba aún encendida en su mano derecha. Y sin hacer pausa alguna prosiguió:

—¡Pues me parece muy bien! No más sáquese un paso al frente el que quiera, y diga lo que se le ofrece, que me figuro que ninguno es mudo. No tiene más que pedir; yo doy lo que se me demande. ¿Con todos los años que tengo, había de venir ahora un botarate, hijo de algún ladrón de agua-dulce á calarse el sombrero de través en mi presencia, como término á mi historia? ¡Por el santísimo infierno que se equivoca! Pero que haga la prueba el más gallito... ¡ya sabe el modo! Todos Vds. son "caballeros de la fortuna," según Vds. mismos... ¡Pues á la obra! ¡aquí estoy listo! Desencamise el cuchillo el que sea hombre para ello y por mi patrón Satanás que antes de que esta pipa se acabe ya habré visto el color y el tamaño de su asadura!...

Ninguno de aquellos hombres se movió, ninguno murmuró una palabra. Entonces él añadió volviendo la pipa á la boca.

—¡Ah! ¡gallinas!... ¡eso es lo que son Vds.! ¡De veras que es una gloria el ver ese montón de poltrones! Muy bravos si se trata de batirse con una botella, pero muy sordos cuando se les llama á probar si son lo que parecen!... Veremos si entienden Vds. el inglés de nuestro Rey Jorge: yo soy aquí el Capitán, por elección unánime. Yo soy el Capitán porque á legua soy mejor y valgo más que todos Vds. juntos. Así, pues, y ya que no quiere ninguno salir conmigo á medirse como uno de los verdaderos "caballeros de la fortuna," á obedecer todos, canallas, y sin chistar... ¿entendidos?... Yo quiero á este muchacho; yo no he visto jamás un chico que valga lo que vale él, y por quien soy afirmo que él es más hombre y vale él solo mucho más que el mejor par de todas estas ratas de navío amontonadas aquí. Ahora bien, lo que yo digo es esto y nada más que ésto: yo lo tomo á mi lado; yo lo protejo y cubro con mi mano. Eso es cuanto he de decir y ténganlo bien entendido!...

Después de esto vino un largo silencio. Yo permanecía aún rígido, apoyado contra el muro, con el corazón latiéndome todavía como un martillo de fragua, pero con un rayo de esperanza comenzando á aparecer en el fondo de mi alma. Silver retrocedió también á su lugar primitivo, contra la pared, y estaba allí con los brazos cruzados, con la pipa en un ángulo de la boca, tan tranquilo y tan sereno como si hubiera estado en una iglesia. Sin embargo, su ojo pequeño pero sagaz vagaba furtivamente de uno á otro de sus insubordinados secuaces, á quienes miraba incesantemente de través. Ellos, por su parte, fueron retirándose gradualmente hacia la extremidad opuesta del recinto y allí comenzaron á murmurar en voz baja con un rumor que me parecía el de un torrente lejano. Uno después del otro, todos volvían la cara de vez en cuando hacia donde estábamos Silver y yo, y al efectuar ese movimiento la luz rojiza que caía en sus facciones les prestaba contornos y tintas espantables. Empero sus ojeadas amenazadoras no eran ya para mí, sino para Silver.

—Me parece que tienen Vds. pudriéndoseles de calladas una lía de cosas que buscan aire.

¡Pues abrir las escotillas y soltarlas, sin melindres, amigos, ó si no, apartarse!, dijo Silver escupiendo con el más altivo desdén.

—Pues con el permiso de Vd., señor, saltó uno de los hombres. Vd. es bastante olvidadizo tratándose de algunas de nuestras reglas. Sería, tal vez, con el fin de vigilar por el cumplimiento de las restantes. ¡Está bien! Pero esta tripulación que ve Vd. aquí, está descontenta; esta tripulación está resuelta á arriesgar el todo por el todo (dispensando la libertad) y así es que, conforme á nuestras propias reglas, según entiendo, nos retiramos á celebrar consejo todos juntos. Vd. dispensará, señor, reconociéndolo como lo reconocemos por nuestro Capitán á estas horas todavía. Yo reclamo mi derecho y me salgo afuera para deliberar.

—Diciendo esto hizo un respetuoso y complicado saludo, á estilo de marineros, y con la mayor calma y sangre fría salió afuera del reducto. Á ese que era un sujeto alto, de aspecto enfermizo, con ojos amarillentos y como de treinta y cinco años, siguieron otro y otros de los de la banda, observando en todo su ejemplo. Cada uno iba haciendo su reverencia al pasar y cada uno añadía alguna excusa por el estilo.

—¡Conforme á reglamento!, dijo uno.

—Sesión de afiliados, añadió Morgan.

Y así, ya con una expresión, ya con otra, todos salieron del reducto dejándonos á Silver y á mí solos, iluminados por la antorcha.

El cocinero de La Española se quitó, al punto, la pipa de la boca y de una manera firme y resuelta, pero apenas perceptible, me habló así:

—Pronto, ven acá, Hawkins. Debes comprender que la cuchilla de la muerte está colgada de un solo cabello sobre tu cabeza y, lo que es todavía peor, acompañada de tormentos. En este instante van á deponerme de mi cargo. Pero no importa, fíjate en ésto: yo permanezco firme de tu lado, venga lo que viniere. No era esto lo que yo me proponía al principio, ¡no por cierto! Pero después de que hablaste ya fué otra cosa. Me desesperaba la idea de perder todas mis bravatas y salir derrotado en el negocio. Pero he visto que tú eres el hombre que yo necesito. Me dije entonces á mí mismo: "John, tú ponte del lado de Hawkins y él estará al lado tuyo del mismo modo. Tú eres para él la última carta del juego, y por tu patrón Satanás, John, que él puede ser también la tuya!" Ayuda por ayuda, me dije: tú, Silver, salvas á tu testigo y él salvará tu pescuezo, de la horca!

Aunque confusamente comencé á comprender.

—¿Quiere Vd. decir que todo está perdido?, le pregunté.

¡Ah! ¡por el infierno que sí!, me respondió. El buque ido, cuesta el pescuezo: he allí la situación en dos palabras. Una vez que yo eché una mirada á esa bahía, Jim Hawkins, y ví que no había ya goleta sobre qué contar... yo soy duro y correoso, pero con todo, puedes creer que me sentí desorientado. En cuanto á ese grupo y su concejo, te digo que no son más que unos estúpidos y cobardes. Yo te sacaré salvo de entre sus garras, en cuanto de mí dependa; pero lo dicho, Jim, servicio por servicio, tú salvas á tu amigo Silver de la horca.

Me sentía anonadado y aturdido. Parecíame una cosa tan sin visos de esperanza lo que él me pedía... él,... el viejo pirata, ¡el cabecilla de la rebelión!

—Lo que esté en mi mano hacer, eso haré, le respondí.

—¡Pues trato hecho!, exclamó John Silver. Tú has sabido hablar con valor y con fiereza y ¡por el infierno! yo sabré cumplirte mi palabra.

Se adelantó luego hacia la antorcha que estaba, como he dicho antes, encajada entre la leña, y allí volvió á encender su pipa que se había apagado.

—Entiéndeme bien, Jim, prosiguió en seguida: yo tengo una verdadera cabeza sobre mis hombros. Lo que es ahora, nadie es más partidario del Caballero que yo. Comprendo muy bien que tú has puesto á salvo ese buque en alguna parte... ¿Cómo?, no lo sé; pero sí afirmo que está en seguro. Tal vez lograste reducir y convencer á Hands y á O'Brien. Yo nunca tuve en ellos una gran fe. Pero, fíjate en ésto: yo nada pregunto ni dejaré que los otros pregunten. Yo sé y conozco bien cuándo un juego está de punto, ¡sí señor! Pues te aseguro, chico, que lo que es éste, ¡ya quema! ¡Ah! tú eres un niño todavía; pero tú y yo juntos ¡cuántas y cuan buenas cosas pudiéramos haber hecho!

Diciendo esto abrió la llave del barrilillo y dejó correr un poco de cognac en un vasito de lata.

—¿Quieres un trago, camarada?, preguntóme. Y como yo rehusase prosiguió:

—Necesito un tónico, porque, de esta hecha, tenemos gresca dentro de pocos momentos. Y á propósito de gresca, dime tú, ¿por qué me entregaría el Doctor la carta de Flint?

Mi rostro expresó un asombro tan grande y tan natural, que Silver vió luego la inutilidad de hacerme más preguntas sobre el asunto.

—¡Ah! pues sí que lo hizo, añadió. Y no me cabe duda de que debajo de eso hay algo, no cabe duda, Jim; bueno ó malo, pero algo hay.

Dicho esto, dió un trago ó dos de cognac, oprimiéndose después su grande é inteligente cabeza, con el ademán de un hombre que prevee y teme todo lo que hay de más malo.

CAPÍTULO XXIX

OTRA VEZ EL DISCO NEGRO

La sesión de los filibusteros había durado ya por un rato bastante considerable, cuando uno de ellos volvió á entrar al reducto y, no sin repetir el mismo saludo ó reverencia á que antes me referí y que, á mi entender, era más irónico que sincero, rogó á Silver que por un momento se les prestase el hachón. John accedió desde luego y el emisario se retiró dejándonos sumidos en la oscuridad.

—Ya comienza á soplar la brisa, Jim, dijo Silver que á la sazón había adoptado definitivamente un tono de todo punto amistoso y familiar conmigo.

Me aproximé entonces á la tronera que estaba más cerca de mí y eché una ojeada hacia afuera. Los leños de la grande hoguera se habían consumido casi por completo, brillando á esa hora tan opaca y débilmente que, con sólo verlos, me pareció comprender la razón de que los hombres aquellos quisieran el hachón. Como á la mitad del declive de la loma de la estacada aparecían todos reunidos en un grupo; uno de ellos tenía la antorcha; otro estaba medio arrodillado en medio del grupo, y pude advertir que en su mano brillaba el acero de una navaja abierta, produciendo cambiantes de varios colores, á la doble claridad de la luna y de la antorcha. Los demás estaban un poco inclinados sobre el de en medio, como si vigilasen ó atendieran con interés á lo que hacía. Pude notar también que el mismo hombre de en medio tenía en las manos un libro, y todavía no volvía de la extrañeza que me causaba ver en poder de aquellos piratas una cosa tan ajena de su carácter y costumbres, cuando el personaje arrodillado se puso de pie y todos con él comenzaron á desfilar de nuevo hacia el reducto.

—Ya vuelven allí, dije; y al punto me apresuré á volver á colocarme en mi posición anterior, porque me pareció indigno de mí el que me encontrasen espiándolos.

—Déjalos que vengan, muchacho, déjalos, exclamó Silver con un gran acento de confianza. Creo tener todavía un tiro en mi cartuchera.

La puerta dió entrada á los cinco hombres, juntos unos con otros en un apretado grupo; pero no dieron sino un paso adentro del umbral, y empujaron á uno de ellos, de modo que ocupase la delantera. En cualesquiera otras circunstancias hubiera sido en extremo cómico ver trastrabillar á aquel pobre hombre en su avance lento y vacilante y teniendo su mano derecha empuñada delante de sí.

—Avanza, muchacho, avanza, exclamó Silver; no creas que te voy á comer. Entrega eso, haragán; yo sé bien las reglas, puedes creerlo y no he de meterme á maltratar á una diputación.

Esto dió al pirata diputado un poco más de ánimo y pudo ya adelantarse más fácilmente. Entonces y cuando tuvo á Silver al alcance de su mano, pasó algo á la del cocinero y en el acto retrocedió con la mayor ligereza hasta el grupo de sus compañeros.

John Silver echó una ojeada sobre lo que se le acababa de pasar, y murmuró:

—¡El disco negro! ¡Ya me lo esperaba! Pero ¿en dónde diablos han cogido Vds. papel! ¡Ah!

¡Vamos! ¡ya caigo! Aquí está el secreto: pero, chicos, esto es de mal agüero; han ido Vds. á cortar el papel de una Biblia. ¡Pues yaya que no podía darse nada de más tonto!

—¡Ah! ¿qué tal?, dijo Morgan, ¿qué tal? ¿No fué eso mismo lo que yo dije? ¡De allí no puede salir cosa buena!

—Tanto peor para los profanadores: ¡Vds. mismos se han condenado á la horca!, continuó Silver. Y á todo esto, ¿quién era el santurrón holgazán que tenía una Biblia?

—Era Dick, dijo uno.

—Conque Dick, ¿eh? Pues hijo mío, ya puedes encomendarte á Dios, replicó John. Creo que con esto ha concluído ya tu lote de buena suerte, puedes creérmelo.

En esto el pirata flaco oji-amarillento, saltó diciendo:

—Basta ya de charla inútil, John Silver. Esta tripulación le ha pasado á Vd. el disco negro, en sesión plena, y conforme á las reglas; Vd. no tiene más que hacer sino voltearlo como las mismas reglas se lo mandan y leer lo que hay escrito en él. Después podrá Vd. hablar.

¡Gracias, Jorge, un millón de gracias!, replicó el cocinero de La Española. Este muchacho siempre ha sido así para todos los negocios, vivo y enérgico. Además se sabe de memoria todas nuestras reglas, lo cual me complace en sumo grado. Pero, en fin, veamos qué es ello, con lo cual nada se pierde. ¡Ah! vamos: "¡Depuesto!" Eso es, ¿no es verdad? ¡Bonita escritura, hombre, muy bonita! Se diría que era de un maestro de escuela! ¡Si hasta parece hecho con letras de molde! ¿Fuiste tú quien escribió ésto, Jorge? Pues hombre, te felicito, porque, la verdad, se ve que ya te vas haciendo un personaje notable entre estos buenos chicos. ¿Qué apostamos á que tú vas á ser mi sucesor, nombrado Capitán con todos tus honores? Pero, entre tanto, ¿no me haces el favor de pasarme ese hachón? Esta pipa no arde bien.

—Basta una vez más, dijo Jorge. Se acabó el tiempo en que enredaba Vd. con su charla á esta tripulación. Vd. se tiene por muy gracioso, á lo que entendemos; pero, por ahora, ya no es Vd. nadie, con lo cual haría Vd. muy bien en bajarse de ese barril y ayudarnos á votar á otro jefe.

—Me pareció haberte oído decir que conocías nuestro reglamento, dijo Silver desdeñosamente. Pero si no es así, yo sí lo conozco. Digo, en consecuencia, que no me muevo de aquí, y añado que soy todavía el Capitán de la banda,—fijarse bien en esto— hasta que Vds. hayan desembuchado, una por una, todas sus quejas y yo haya contestado á ellas. Mientras tanto, su disco negro no vale un ardite. Después de cumplir con ese requisito, ¡ya veremos!

—¡Oh! pues en cuanto á eso no hay inconveniente en darle á Vd. gusto. Aquí todos somos llanos y parejos y no nos mordemos la lengua. He aquí nuestras razones: Primera: Vd. ha convertido esta expedición en un mero jigote; supongo que no tendrá Vd. el descaro de negarlo. Segunda: Vd. ha dejado escapar al enemigo, de esta ratonera, sin provecho alguno... ¿por qué querían ellos salirse? yo no lo sé, pero lo que es evidente es que salir querían. Tercera: Vd. no nos ha permitido atacarlos después de salidos... ¡ah! no se figure que dejamos de ver claro en esto: Vd. no juega limpio, John Silver, y eso es lo peor que puede hacer. Cuarta: ese muchacho que se nos ha colado esta noche y á quien Vd. defiende.

—¿Eso es ya todo?, preguntó tranquilamente Silver.

—Con lo que basta y sobra, contestó Jorge. Me parece que todos tendremos que vernos colgados y secando al sol, todo por culpa de Vd.

—Pues está bien. Voy á contestar á esos cuatro puntos, uno por uno. ¿Con que yo he hecho un jigote de esta expedición? ¡Vamos!... ¿acaso ignoran Vds. lo que yo quería y lo que había resuelto? Vds. saben bien que si aquello se hubiera hecho esta noche estaríamos todos á bordo de La Española, como siempre, todos vivos, todos contentos, muy bien comidos, mejor bebidos y con el tesoro almacenado en la cala, ¡con mil demonios! Y bien, ¿quién se me interpuso? ¿quién forzó mi mano que era la del legítimo capitán? ¿quién me hizo pasar el disco negro el mismo día que desembarcamos y comenzó esta danza?... ¡Ah! ¡bonita danza por cierto! Ya me veo en ella con Vds. hasta el verdadero fin. Esto me parece tan gracioso y divertido como si viera una gaita colgando en la punta de la horca en la Playa de los Ajusticiados. Pero ¿de quién es la culpa? Pues bien, fueron Anderson, y Hands, y tú, Jorge Merry, los que determinaron aquello. Tú eres el único que queda vivo de esos oficiosos impertinentes, y ahora te me vienes con la insolencia estúpida y endemoniada de ponérteme enfrente para tomar mi puesto de capitán... tú que has hundido á la mayoría de nuestra tripulación! ¡Por mi patrón Satanás, esto sí que es el más alto colmo de la desvergüenza y del cinismo!

Silver hizo una pausa durante la cual pude observar en los semblantes de Jorge y sus camaradas, que aquella filípica tremenda no había sido pronunciada en vano.

—Eso es por lo que hace al cargo número uno, dijo el acusado endulzando un poco el ceño terriblemente adusto con que hasta allí había hablado, y bajando el diapasón de aquella voz con que acababa hacer retemblar la casa.

—Es cosa que pone á uno enfermo, prosiguió, el disgusto de tener que entenderse con Vds. De todos no hay uno que tenga ni entendimiento, ni memoria; y hasta me admiro de pensar cómo se les iría el santo al cielo á sus mamás que los dejaron meterse á la mar. ¡Á la mar!... ¡Marinos Vds.! "¡caballeros de la fortuna!"... Sastres; ése debe ser su oficio.

—Siga Vd., John, dijo Morgan. Pero háblele á los demás también; no, no más á mí.

—¡Ah! ¡sí! ¡los otros! ¡precioso hato de hombres! ¿no es verdad? Dicen Vds. que esta expedición está desconcertada y descuadernada. ¡Oh! ¡si pudieran Vds. comprender hasta qué punto está descuadernada! ¡ya verían Vds. entonces! Básteme decirles que tenemos todos la horca tan cerca que casi huelo el cáñamo y siento el pescuezo oprimido, de sólo pensar en ello. Ya Vds. habían visto ese espectáculo... ¡qué hermoso! ¿no es verdad? Un hombre cargado de cadenas, suspenso de una cuerda, rodeado de buitres que revolotean sobre su cadáver ó almuerzan tranquilamente con sus entrañas. Y los marineros horrorizados señalándoselo con el dedo, unos á otros, cuando á la hora de la bajamar cruzan en sus barquillas junto al patíbulo. "¿Quién es ese?" dice uno—"¿Ese? ¿y lo preguntas? Pues es John Silver; yo lo conocí muy bien," le contesta otro. Y entre tanto, puede llegar hasta los oídos del trabajador marino que cruza hacia la boya cercana, el ruido siniestro con que golpean unas con otras las cadenas de aquel ajusticiado... Pues hay que convencerse de que éso es lo que nos aguarda, á cada hijo de su madre, en esta compañía, gracias á Jorge, y á Hands y Anderson y á todos los torpes que han arruinado este negocio. Ahora, si quieren Vds. que conteste á su cuarto punto, es decir, á ese muchacho Hawkins ¡por el diablo en persona! ¿se figuran Vds. que vamos á asesinar á un huésped? ¡No nosotros, por vida mía! Es muy posible que él sea nuestra última tabla en el naufragio y no me sorprenderé que así sea. ¿Matar á este chico? ¡Repito que no, camaradas! ¿Y sobre el punto tercero? ¡Ah! mucho hay que decir sobre el tercer punto. Podrá suceder que para Vds. nada significa tener un Doctor entero y verdadero que viene á visitarlos diariamente, á tí John con tu cabeza rota, ó á tí Jorge Merry á quien la malaria ha puesto allí con unos ojos amarillos como limón maduro y que todavía no hace seis horas estabas tiritando con el calofrío y delirando con la fiebre. Podrá suceder también que ignoren Vds. que hay un segundo buque que debe venir á buscar á la tripulación de La Española, si se dilata por cierto tiempo. Pues sí, señores, viene, y para entonces ya veremos quien se alegra ó quien siente recibir una visita. Y por lo que hace al número dos, esto es, cuál es la razón que tuve para hacer un trato, no tienen Vds. más que ponerse todos aquí de rodillas, de rodillas como vinieron un día á pedírmelo, arrastrándose, para que lo hiciera yo. Pues allí es nada, vean Vds. la causa... ¡ésa es!

Y diciendo esto, arrojó en medio del grupo, sobre el piso, un papel que yo reconocí en el instante y que no era otra cosa que el mapa en pergamino, con las tres cruces rojas, que yo encontré en la tela impermeable guardada en el fondo del cofre del Capitán. Por qué razón el Doctor había pasado aquello á Silver, era problema que yo no acertaba á resolver.

Pero si bien, para mí, aquello no tenía explicación plausible, la carta fué en sí de un efecto increíble y mágico para los revoltosos. Todos á una saltaron sobre ella como gatos sobre un ratón. Pasáronsela de mano en mano, pero casi arañándose unos á otros para arrebatársela. Al oir los gritos, los juramentos, las carcajadas infantiles con que acompañaban su examen, se habría creído, no sólo que ya tenían entre las manos el oro codiciado, sino que ya se veían en alta mar, en posesión de él, y en completamente en salvo.

—Por supuesto, dijo uno; esto es de Flint, luego se ve. Aquí están sus iniciales J. F. y debajo una raya con un clavo atravesado encima, que era lo que él siempre ponía en su nombre.

—Todo esto está muy bueno, dijo Jorge, pero la cosa es que ¿cómo nos vamos á llevar la hucha si ya no hay buque?

—¡Jorge Merry!, gritó Silver poniéndose violentamente de pie y apoyándose con una mano contra la pared. Voy á hacerte una prevención á tiempo. Si sueltas una palabra más, tienes que salirte de aquí allá abajo y verte la cara conmigo, que tengo la certeza de aplastarte. ¿Cómo?... ¡Qué sé yo! ¿Tienes la insolencia de proferir lo que has dicho, tú, que con tus compinches has causado la pérdida de mi goleta, á causa de tu intervención? ¡tráguete el infierno! ¡No! no serás tú el que nos saque del atolladero, porque tú no puedes alcanzar ni á la pobre inventiva de una cucaracha. En nada de este asunto puedes tú tomar la palabra, Jorge Merry; y cuenta con desobedecerme.

—Eso es muy claro, dijo el viejo Morgan.

—¡Claro! ¡pues ya lo creo!, replicó el cocinero. Tú perdiste el buque y yo encontré el tesoro ¿quién vale de nosotros dos, Jorge Merry? Y ahora... presento mi renuncia. Pueden Vds. elegir Capitán á quien les dé la gana. Yo tengo ya bastante del cargo éste.

—¡Silver!, gritaron todos en coro. ¡Barbacoa ahora y siempre! ¡Barbacoa es nuestro Capitán! ¡Viva Barbacoa!

—¡En hora buena! esas tenemos ¿no es verdad?, exclamó el cocinero. Pues ya lo ves, Jorge, por hoy me parece que tendrás que aguardar otro turno para tener tu capitanía. Y da gracias al demonio de que yo no sea un hombre vengativo. Pero es la verdad, no es ese mi modo. Y ahora bien, camaradas... ¿este disco negro?... Me parece que por hoy no vale ya gran cosa, ¿no es verdad? Todo se reducirá á que Dick haya oscurecido su buena estrella y maltratado su Biblia... ¡nada más!

—¿No cree Vd. que la cosa se compondrá besando severamente el libro?, exclamó Dick que positivamente se sentía desazonado al pensar en la maldición celeste que creía haber hecho caer sobre su cabeza.

—¡Una Biblia con un pedazo recortado!, dijo Silver sarcásticamente. ¡Imposible! Entre ella y una simple colección de canciones no hay ya diferencia alguna.

—¿Cree Vd. que no?, replicó Dick con cierta especie de alegría. ¡Bueno! pues sin embargo, creo que todavía vale la pena de guardarla.

—Y ahora, Jim, dijo Silver, aquí hay una curiosidad para tu colección de ellas.

Diciendo esto me pasó el pedacillo de papel: era éste como del tamaño de una moneda "corona." De un lado nada tenía impreso, porque era la última hoja del libro: del otro lado contenía un versículo de la Revelación, y en él me llamaron la atención estas palabras de una manera particular: "Afuera están los perros y los asesinos." El lado impreso había sido ennegrecido con carbón de la hoguera, que á la sazón comenzaba ya á desprenderse y á manchar mis dedos; en el lado blanco habíase escrito con el mismo material la palabra "Depuesto." Todavía al escribir este relato conservo en mi poder aquella curiosidad, y la tengo aquí, sobre mi mesa; pero no podría ya verse en ella la menor huella de escritura, si no es una especie de araño como el que alguien podría hacer con la uña de su dedo pulgar.

Con aquello terminaron los sucesos de esa noche. Á pocos momentos se sirvió á todos un vaso de cognac y nos tendimos todos á dormir. La señal de venganza que dió Silver fué nombrar á Jorge para hacer cuarto de centinela, amenazándole con la muerte si no obraba con toda lealtad.

Mucho rato se pasó para que yo pudiera cerrar los ojos, y bien saben los cielos que razón me sobraba al solo recuerdo de aquel hombre á quien por la tarde había yo quitado involuntariamente la vida, en el instante de mayor peligro para la mía. Pero lo que más contribuía á desvelarme era aquella partida terrible y sagaz que acababa de ver jugar á Silver, cuyos maravillosos esfuerzos tendían, por un lado, á mantener unidos y á raya á los sublevados, y por el otro á intentar todos los medios humanos, posibles é imposibles, para obtener una reconciliación y salvar su miserable existencia. Pero él, por su parte, se durmió al momento de la manera más apacible y muy pronto comencé á oir el estrépito de sus ronquidos. Entre tanto mi corazón se oprimía penosamente al pensar en los riesgos inminentes que rodeaban á aquel hombre, por más malvado que fuera; y en la horca infamante que tenía como última perspectiva de su triste carrera.

CAPÍTULO XXX

BAJO PALABRA

Una voz clara y alegre que sonaba á la orilla del bosque llamando á los del reducto me despertó, y despertó igualmente á todos los demás; y el centinela mismo que se había buenamente recargado contra la puerta se estremeció enderezándose en su puesto.

—¡Ha del reducto!, gritaba la voz. Aquí viene el Doctor.

Y el Doctor era, no cabía dada. Yo sentía gusto, ciertamente en escuchar aquel acento amigo, pero mi alegría no era muy pura que digamos. Recordé, al punto, con gran bochorno, mi insubordinación y conducta furtiva, y al ver á qué extremo me había ella conducido, en qué compañía y de qué peligros me rodeaba, sentí vergüenza de ver al Doctor á la cara.

Él debió haberse levantado muy de madrugada, por que la luz no llegaba aún decididamente, y cuando yo hube corrido á una de las troneras para verle, le divisé allá abajo, de pie, y como á Silver el día de su misión, hundido hasta las rodillas en una niebla rastrera.

—¡Es Vd. Doctor! ¡Santos y buenos días tenga vuesa merced!, dijo Silver perfectamente despierto y armado de excelente humor en un momento. Vivo y madrugador, no cabe duda, pero ya sabemos aquí que, como lo dice el dicho "el pájaro madrugador es el que coge las raciones." Jorge, muévete, muchacho, y ayuda al Doctor Livesey á saltar á bordo de este navío. Por aquí todo va bien, Doctor; todos sus enfermos van mejorando mucho y todos están contentos.

Hablando de esta suerte estaba allí, de pie en la cima de la loma, con su muleta bajo el brazo y con la otra mano apoyándose en una de las paredes de la casa. Su actitud, su acento, sus palabras, sus modales, ya eran, de nuevo, los del mismo John Silver que yo conociera en Brístol.

—Le tenemos preparada á Vd., por hoy, una pequeña sorpresa Señor Doctor, continuó. Tenemos aquí un extrañito. Un nuevo comensal y huésped, sí señor, tan listo y templado como un violín. Aquí ha dormido toda la noche, como un sobrecargo, al lado mismo del viejo John.

Á este tiempo, el Doctor Livesey había ya saltado la estacada y estaba muy cerca del cocinero, por lo cual pude observar muy bien la alteración de la voz en que preguntaba:

—¿Supongo que no será Jim?

—El mismo Jim en cuerpo y alma, sí señor, contestó Silver.

El Doctor se detuvo afuera, y aunque no respondió ya palabra alguna, pasaron algunos segundos antes de que pareciera poder moverse.

—¡Bien, bien!, dijo por último. Primero la obligación y luego el placer, como se diría Vd. á sí mismo. Vamos á ver y á examinar á esos enfermos.

Un momento después ya estaba adentro de la cabaña y sin tener para mí más que una torva inclinación de cabeza, se puso en el acto á la obra con sus enfermos. No parecía tener el más pequeño recelo, á pesar de que debe haber comprendido muy bien que su vida en manos de aquellos traidores y endemoniados piratas estaba pendiente de un cabello. Con la misma naturalidad que si estuviera haciendo una ordinaria visita profesional á una tranquila familia en Inglaterra, iba de paciente en paciente, sonando, componiendo y arreglándolo todo. Sus maneras, á lo que creo, habían ejercido una reacción saludable sobre aquellos hombres, porque el caso es que se comportaban con él como si nada hubiera sucedido, como si todavía fuese el mismo médico de á bordo y ellos marinos leales en sus puestos respectivos.

—Lo que es tú vas muy bien, dijo al individuo de la cabeza entrapajada. Y si hombre alguno en el mundo recibió un porrazo peligroso, ése has sido tú: tu cabeza debe ser dura como de acero. Vamos á ver tú, Jorge, ¿cómo estás hoy? Bonito color de limón estás echando allí, no te quepa duda: es que el hígado se te ha vuelto hacia abajo. ¿Tomaste esa medicina? Á ver, muchachos, digan la verdad ¿tomó Jorge su medicina?

—¡Oh! en cuanto á eso, sí señor, de veras que sí, respondió Morgan.

—La cosa es que, desde que me he convertido en médico de rebeldes, ó diré mejor, en médico de cárcel, continuó el Doctor en el tono más afable, vengo considerando como un puesto de honor para mí el no perder ni un solo hombre para nuestro Rey Jorge (Q. D. G.) y para la horca.

Los malvados aquellos se miraron unos á otros, pero no hicieron más que tragar la píldora en silencio.

—Dick no está hoy muy bien, señor, dijo uno.

—¿Esas tenemos? Á ver, ven acá, Dick, llamó el Doctor. Enséñame esa lengua. No, no me sorprende que se sienta mal: esta lengua de por sí bastaría para espantar á una armada francesa. ¡Otra malaria tenemos!

—¡Ah! dijo Morgan, eso resulta de andar profanando Biblias.

—Eso resulta de ser, como tú dices, unos asnos monteses, replicó el Doctor; ó para hablarte más claro, de no saber distinguir un aire viciado y ponzoñoso, de un aire sano y vivificador, ni un pantano inmundo y envenenado de una tierra alta y seca. Me parece lo más probable (sin que pase esto de una opinión, por supuesto) que todos Vds. sin excepción van á tener que pagar el duro tributo de la fiebre antes de que logremos arrojar de sus cuerpos los gérmenes de la malaria que absorbieron por todos los poros. ¡Acampar en un marjal!... Silver, me sorprende verle á Vd. autorizar tal disparate. Vd. es mucho menos tonto que todos estos juntos, pero no se me figura que tenga Vd. ni los más pequeños rudimentos de higiene.

—Está bien, añadió después que ya hubo medicinado á todos, y cuando ya cada uno había tomado su droga respectiva con una humildad infantil que distaba mucho de denunciar á aquellos hombres como sanguinarios rebeldes, y piratas. Está bien; por hoy ya no hay más que hacer. Y ahora, desearía tener un rato de conversación con ese muchacho.

Y diciendo esto me señaló con un desdeñoso movimiento de cabeza.

Jorge Merry estaba en la puerta escupiendo alguna medicina poco agradable, pero apenas el Doctor dijo sus últimas palabras, se volvió con un movimiento brusco y casi bramó así:

¡No! ¡por cien mil diablos!

Silver golpeó sobre la barrica con su mano abierta y rugió estas dos palabras, tomando el aspecto de un verdadero león.

—¡Silencio tú!

Y luego en su melifluo tono habitual prosiguió:

—Doctor, ya estaba yo pensando en ello, sabiendo lo mucho que siempre ha querido Vd. á este chiquillo. Todos nosotros le estamos á Vd. inmensamente agradecidos por su amabilidad y, como Vd. lo ve, ponemos la más gran fe en Vd. y tomamos sus drogas como empinaríamos un jarro de grog. Creo pues, que he encontrado un medio que lo concilia todo. Hawkins, ¿quieres darme tu palabra de honor, como caballero, puesto que lo eres, aunque jovencito y pobre de nacimiento, de que no nos jugarás una mala pasada?

—Cuente Vd. con mi palabra, le contesté sin vacilar.

—Pues entonces, Doctor, añadió Silver, no tiene Vd. que hacer más sino salir afuera del recinto de la estacada, y una vez allí, yo personalmente llevaré abajo á Jim para que, él de este lado y Vd. del otro, puedan conversar á través de los grandes claros de los postes. Que Vd. lo pase muy bien, Doctor, y presente mis más humildes respetos al Caballero y al Capitán Smollet.

La explosión de descontento, mal reprimida por las miradas terribles de Silver, se produjo no bien el Doctor salió del reducto. Silver fué rotundamente acusado de jugar doble; de intentar una reconciliación especial para sí; de sacrificar los intereses de sus cómplices y víctimas y, en una palabra, de hacer precisamente lo mismo que en realidad estaba haciendo. Me parecía aquello, á la verdad, tan claro, que no me era posible imaginar como podría él desarmar su furia. Pero lo cierto es que él solo valía doble, como hombre, que todos aquellos juntos, y que su triunfo de la víspera le había asegurado una sólida preponderancia sobre el ánimo de cada cual. Díjoles muy formalmente la mayor sarta imaginable de sandeces y tonterías, para convencerlos; añadió que era preciso de todo punto que hablase yo con el Doctor; les paseó una vez más la carta por delante de los ojos y concluyó por preguntarles si alguno se atrevía decididamente á romper los tratados el día mismo en que se les permitía ponerse ya en busca del tesoro.

—¡No! ¡por el infierno!, exclamó. Nosotros somos los que debemos romper el tratado, pero hasta su debido tiempo. Entre tanto yo he de mimar y embaucar á ese Doctor, aun cuando me viera obligado á limpiarle sus botas personalmente.

Dicho esto les ordenó que arreglasen el fuego y se lanzó afuera, sobre su muleta y apoyando una de sus manos sobre mi hombro, dejándolos desconcertados y silenciosos; pero más embotados por su palabrería que convencidos con sus razones.

—¡Despacio!, chico, ¡despacio!, díjome moderando la rapidez de mi marcha. Podríamos hacerlos caer sobre nosotros en un abrir y cerrar de ojos, si viesen que nos apresurábamos demasiado.

Ya entonces deteniéndonos con toda deliberación nos adelantamos á través de la arena basta el punto en que, habiendo ya cumplido la condición, el Doctor esperaba al otro lado de la empalizada.

—Vd. tomará nota de lo que hago en este momento, Doctor, dijo Silver en cuanto que llegamos á distancia de poder hablar. Además Jim le contará á Vd. cómo he salvado anoche su vida, y cómo fuí depuesto por sola esa razón, no lo olvide Vd. Doctor, cuando un hombre hace cuanto está en su poder por dar á su embarcación el rumbo cierto, como yo lo hago; cuando con sus postreros esfuerzos trata aún de jugar al hoyuelo, ¿cree Vd. que será mucho conceder á semejante hombre el decirle una palabra de esperanza? Vd. no debe perder de vista que ahora no se trata ya simplemente de mi vida, sino de la de este muchacho, que está comprometida en nuestro trato; así, pues, hábleme Vd. claro, Doctor y déme siquiera un rayo de esa esperanza que solicito, para seguir en mi obra; hágalo Vd. por favor.

Silver era, en aquel momento, un hombre totalmente diverso del que parecía antes de volver la espalda á sus amigos. Allí estaba ahora, con la voz trémula, con las mejillas caídas, y con toda la apariencia de una persona muerta positivamente.

—¿Qué es eso, John?, díjole el Doctor. ¡Me figuro que no tiene Vd. miedo!

—Doctor, replicó él. Yo no tengo de cobarde ni tanto así. Si lo fuera no lo confesaría. Pero es el caso que creo ya sentir los horrendos estremecimientos del patíbulo. Vd. es un hombre bueno y leal; yo nunca ví sujeto mejor que Vd. Así, pues, lo que deseo es que Vd. no se olvide de lo bueno que yo haya hecho y procure olvidar lo malo. Con esto, me hago ya á un lado, vea Vd., aquí, para dejarlos á Vds. hablar á solas. Y quiero que añada Vd. esto más á mi favor también, pues estamos pasando por una situación más que espinosa.

Diciendo esto se retiró un poco hacia atrás hasta colocarse donde no pudiera oirnos, y allí tomó asiento en el tronco de uno de los abetos cortados y comenzó á silbar, girando en torno de su asiento una y otra con el objeto de vigilar tanto á mí y al Doctor, como á sus insubordinados secuaces de allá arriba que se ocupaban en ir de aquí para allá en la arena arreglando el fuego y yendo y viniendo á la cabaña de la cual sacaban tocino y pan para confeccionar su almuerzo.

—Conque sí, amiguito, díjome el Doctor en un tono triste, por fin ya estás aquí, ¿eh? Lo que has sembrado eso es lo que cosechas, muchacho. Bien sabe Dios que no me siento con la energía necesaria para reñirte en regla, pero no omitiré decirte esto, ya sea que te parezca suave ó duro: cuando el Capitán Smollet estaba bueno y sano jamás te atreviste á salirte, pero en cuanto que lo viste herido y que nada podía impedírtelo ¡por San Jorge! entonces te aprovechaste al punto. ¡Mira tú si conducta semejante no era ruin y cobarde!

Debo confesar que al oir esto me eché á llorar sin poderme contener. En cuanto pude hablar, dije:

—Doctor, Vd. puede disculparme; demasiados reproches me he hecho yo mismo; pero, como quiera que sea, mi vida está perdida, y ya hubiera yo muerto á la hora de esta á no ser porque Silver ha estado de mi parte, y—créame Vd. Doctor—yo puedo muy bien morir y aun me atrevo á decir que lo merezco, pero, francamente, la idea de ser torturado me aterroriza. Si, pues, llega el caso de que me den tormento...

—Jim, me interrumpió el Doctor, en una voz bastante cambiada ya; Jim, no puedo consentir en semejante idea. ¡Salta al punto este cercado y correremos hasta ponernos en salvo!

—Doctor, le dije, tengo empeñada mi palabra.

—Ya lo sé, ya lo sé, me replicó. No podemos evitar el faltar á ella, Jim. Yo asumo la responsabilidad del acto; toda sobre mí, hijo mío. Vergüenza ó castigo, yo me comprometo á sufrir lo que venga. Pero es imposible dejarte aquí. ¡Vamos! date prisa... ¡brinca! de un solo salto ya estarás al otro lado y te aseguro que correremos como antílopes.

—¡No!, le contesté. Vd. comprende bien que Vd. mismo sería incapaz de hacer lo que me aconseja; y como Vd., no lo harían ni el Caballero, ni el Capitán... Pues ni yo tampoco. Silver ha confiado en mí. Me ha dejado sin más lazo que la garantía de mi palabra... tengo, pues, que volver y volveré. Pero Vd. no me ha dejado terminar: si se llega el caso de que me den tormento, decía yo, podría suceder que se me escapara alguna confesión acerca del punto donde la goleta está ahora, puesto que yo he logrado capturarla, en parte por mi buena suerte y en parte arriesgándome un poco. La Española, Doctor, está en estos momentos en la Bahía Norte, hacia su playa meridional, precisamente abajo de la marca de la pleamar. Á media marea debe encontrársela alta y en seco.

—¡La goleta!, exclamó asombrado el Doctor.

Brevemente le referí mis aventuras de mar que él escuchó en silencio.

—Hay en esto una especie de hado misterioso, díjome cuando hube concluido. Á cada paso eres tú el destinado á salvar nuestras vidas. ¿Y puedes suponer, por tanto, que vamos á dejarte aquí á una perdición segura? Sería eso una gratitud de muy mala calidad, amigo Jim. Tú descubriste la conspiración; tú encontraste á Ben Gunn, hazaña la más notable que en tu vida has hecho y que harás aun cuando vivas más que Matusalém. ¡Oh! ¡por el cielo! y hablando de Ben Gunn, este es el daño personificado. ¡Silver!, gritó; ¡Silver!...

Y cuando el cocinero estuvo bastante cerca para poder oirlo, prosiguió.

—No tengan Vds. ninguna prisa respecto de este tesoro: es consejo que me permito dar á Vd.

—Puede Vd. creer, señor, contestó John, que hago todo cuanto está en mi mano para hacer tiempo. Pero tenga Vd. entendido que de emprender la descubierta del tal tesoro dependen mi vida y la de este muchacho; no hay que olvidarlo.

—En hora buena, Silver, replicó el Doctor. Si ello es así, daré todavía un paso más en mis advertencias: cuidado con un chubasco posible, cuando se encuentre.

—Doctor, dijo Silver, como de hombre á hombre debo decir á Vd. que sus palabras ó me dicen demasiado, ó bien poco. ¿Qué es lo que Vds. persiguen; por qué dejaron este reducto; por qué me dieron la carta; todo eso lo ignoro, ¿no es verdad? Y sin embargo, ya ve Vd. que sigo sus instrucciones á ojos cerrados sin haber recibido ni una sola palabra de esperanza. Pues bien, esto último es ya demasiado. Si no quiere Vd. decirme claramente qué es lo que Vd. quiere darme á entender, decláremelo así sin rodeos y le ofrezco á Vd. que al punto suelto el timón.

—No, contestó el Doctor. No tengo derecho de decir nada más: no es un secreto mío, Silver; que si lo fuera, le empeño á Vd. mi palabra de que lo diría. Sin embargo, me avanzo, en bien suyo, hasta donde creo que puedo atreverme, y un paso más todavía; porque me parece que el Capitán va á ajustarme la peluca si no me equivoco. Pero no importa: por primera vez, Silver, le doy á Vd. alguna esperanza; si ambos salimos vivos de esta lobera, le ofrezco á Vd. que, menos perjurar, haré cuanto esté en mi mano por salvarle.

La fisonomía de Silver radió con una expresión brillante.

—Si fuera Vd. mi madre, exclamó aquel hombre, no podría Vd. decir nada que me consolara más; estoy seguro.

—¡Bien!, esa es mi primera concesión, añadió el Doctor. La segunda es algo como un nuevo consejo: guarde Vd. á este muchacho muy cerca de sí, y si necesitare Vd. ayuda, no haga más que gritar. Yo voy á asegurársela á Vd., y eso mismo le probará que yo no hablo á la ventura. Adiós, Jim.

Diciendo esto, el Doctor Livesey me apretó la mano, al través de los mal unidos postes, hizo una inclinación á Silver y se alejó á paso vigoroso perdiéndose luego entre la arboleda.

CAPÍTULO XXXI

EN BUSCA DEL TESORO—EL DIRECTORIO DE FLINT

—Jim, díjome Silver en cuanto que estuvimos solos: si yo salvé tu vida, tú has salvado también la mía y te ofrezco no olvidarlo. Ya noté al Doctor urgiéndote para que te fugases; lo he visto de reojo, sí señor, y he visto que tú no has querido; lo he visto tan claro como si lo hubiera oído. Jim, esto debo abonártelo en cuenta. Desde que el primer ataque falló, este es el primer rayo de esperanza que me llega, y ese lo debo á tí. Ahora, bien, es ya tiempo de que nos pongamos en marcha en busca de ese tesoro, llevando pliegos cerrados, como quien dice; lo cual no es de mi gusto; pero sea como fuere, tú y yo debemos mantenernos siempre juntos, casi espalda con espalda, y yo te aseguro que salvaremos nuestros pescuezos, á despecho del hado y de la fortuna.

En aquel mismo instante un hombre nos dió voces desde arriba gritando que el almuerzo estaba listo; por lo cual, sin más deliberaciones, llegamos cerca de la hoguera y nos sentamos todos aquí y allá, sobre la arena, haciendo los honores al bizcocho y al tocino frito.

Habían encendido los piratas una hoguera capaz de asar un buey entero y verdadero; y esa hoguera se había puesto tan ardiente que no era posible acercársele, sino por el lado que soplaba el viento, y eso con bastantes precauciones. Con el mismo espíritu de desperdicio, á lo que supongo, habían cocinado una cantidad de carne, por lo menos, tres veces mayor de la que necesitábamos y podíamos comer, por lo cual uno de ellos, con una estúpida risotada arrojó á la hoguera todo cuanto quedó sobrante, atizándose en gran manera el fuego con este nuevo pábulo. Nunca en mi vida he visto hombres más descuidados del mañana; "mano á la boca" es lo único que puede describir su manera de ser y obrar. Con desperdicio de víveres y centinelas que se dormían, podían aquellos hombres estar buenos, quizás, para una escaramuza de momento y salir con bien en ella, pero era evidente que no servían en manera alguna para algo que se pareciese á una campaña prolongada.

El mismo Silver corriendo con su Capitán Flint posado en su hombro, no tenía una sola palabra de reproche para su falta de previsión y de cuidado. Y esto me sorprendió tanto más cuanto que me parecía que aquel hombre jamás se había mostrado tan astuto y marrullero como aquel día.

—¡Ah!, camarada, dijo: deben Vds. tenerse por muy felices con tener por Capitán á este Barbacoa para que piense en vez de Vds. con esta cabeza que Dios le ha dado. Ya he dado con lo que quería, prosiguió. Esas gentes tienen el buque ¿en dónde? aún no lo descubro; pero una vez que demos con la hucha, ya sabremos descubrirlo. Además, muchachos, nosotros tenemos los botes, es decir, les llevamos la ventaja.

Sobre este tema continuó disertando, sin esperar á que su boca estuviese libre de los tremendos bocados de tocino que se llevaba á ella. Esto sirvió para restablecer la esperanza y la fe de los piratas; pero yo en cambio tornándome desconfiado, sentí rebajarse mucho las que había cobrado, poco rato hacía.

—En cuanto á nuestro huésped, continuó, me parece que no volverá á tener otra conversación con aquellos á quienes tanto quiere. Ya he recibido mis pocas de noticias y gracias le sean dadas por ello; pero eso ya está hecho y pasado. Por ahora me lo llevo entre filas mientras dura nuestra busca del tesoro, pues creo que el guardarlo con nosotros es tanto como guardar oro molido, por "lo que pudiera suceder" ¿no es verdad? Pero una vez que tengamos el dinero y el navío—las dos cosas—y nos demos á la mar como buenos camaradas, entonces ¡qué! nos despediremos del Sr. Hawkins, sí señor, y le daremos su parte, sin que quepa la menor duda, agradeciéndole todos sus servicios y amabilidades para con sus amigos.

No era de sorprender que aquellos hombres estuvieran de buen humor; mas por lo que hace á mí me sentía terriblemente descorazonado. Me parecía que en el caso de que el proyecto que acababa de bosquejar pareciese factible; Silver, doblemente traidor, no vacilaría ciertamente en adoptarlo. En aquellos momentos tenía todavía un pie en cada campamento, pero no era de dudarse que preferiría la riqueza y la libertad, con los piratas, á la débil probabilidad de escapar al verdugo, lo cual era lo más que le esperaba de nuestro lado.

Pero aun suponiendo que los sucesos se presentaran de tal manera que aquel hombre se viese constreñido á guardar la fe del pacto con el Doctor Livesey; aun suponiendo esto, ¡qué peligro tan terrible no teníamos en frente! ¡qué momento tan crítico aquel en que las sospechas de sus secuaces y cómplices se trocaran en perfecta realidad! ¡qué lucha tan á muerte y tan desigual, la de cinco marineros vigorosos, ágiles y decididos, contra un viejo inválido y un débil niño!

Añádase á esta doble preocupación el misterio que aun envolvería, á mis ojos, la conducta de mis compañeros; su inexplicable abandono de la estacada; su no menos extraña cesión del mapa de Flint, ó, lo que todavía era para mí más incomprensible, aquella última prevención del Doctor á Silver: "Cuidado con un chubasco posible cuando se encuentre." Añádase todo esto y se comprenderá sin dificultad qué poco sabor pude tomar á mi almuerzo y con qué poca tranquilidad me puse en marcha detrás de mis capturadores, en busca del dichoso tesoro.

Nuestro aspecto era bien curioso y hubiera divertido á cualquiera que hubiese podido vernos: todos con trajes de marino perfectamente sucios, y todos, excepto yo, armados hasta los dientes. Silver llevaba dos fusiles colgados, uno sobre el pecho y el otro á la espalda, ambos en bandolera; al cinto llevaba ceñida su gran cuchilla y en cada bolsa de su saco una pistola. Para completar esta extraña figura Capitán Flint iba posado sobre su hombro chapurreando toda clase de tonteras y frases incoherentes de charlas marinas. Yo marchaba atado á la cintura por una cuerda cuyo extremo llevaba el cocinero á ratos con su mano desocupada, á ratos sujeta con su poderosa dentadura; no me quedaba más recurso que seguirle humildemente, pero lo cierto es que parecía yo un oso de feria.

EN BUSCA DEL TESORO.

"... todos, excepto yo, armados hasta los dientes."

Los restantes iban diversamente cargados: unos, con picos, palas y azadones, que habían cuidado de sacar de La Española desde el primer momento; y otros con víveres para la comida de medio día. Todas las provisiones eran las mismas nuestras; lo que probó que Silver había dicho la verdad la noche anterior. Si el Doctor y él no hubiesen concluído un verdadero convenio, tanto él como sus secuaces se verían precisados á subsistir con agua clara y con el producto de sus cacerías. El agua habría sido bien poca cosa para su paladar y, por lo que hace á la caza, un marinero no es precisamente lo que se llama un buen tirador; á lo cual hay que añadir que es muy probable que si andaban escasos de provisiones no debían estar más bien provistos de pólvora y municiones.

Ahora bien; así dispuestos y equipados nos pusimos en camino, sin exceptuar ni el sujeto de la cabeza rota, el cual, por lo visto, debería haber quedádose á la sombra. Uno tras de otro fuimos hasta la playa en que los botes estaban amarrados. En ellos notábanse también las huellas de las brutales borracheras de los piratas; uno tenía un travesaño roto y ambos estaban positivamente asquerosos con lodo y toda clase de inmundicias. Por vía de precaución se tomaron ambos esquifes, dividiéndose la banda en ellos, y ya embarcados en esa disposición nos pusimos en movimiento hacia el centro del ancladero.

Al ponernos en movimiento no dejó de suscitarse alguna discusión acerca del mapa. Por de contado la cruz roja era demasiado grande para que por sí sola pudiera servirnos de guía, y los términos en que estaba concebida la nota á espaldas del pergamino no dejaban de contener alguna ambigüedad. Como se recordará, decían así:

"Árbol elevado en el declive del 'Vigía' en dirección de Norte á Nor-Nordeste.

"Islote del Esqueleto, Este Sudeste, cuarta al Este.

"Diez pies."

Un árbol elevado era la seña principal. Ahora bien; precisamente frente á nosotros, el ancladero estaba ceñido por una meseta de dos á trescientos pies de elevación, juntándose hacia el Norte con la pendiente Sur de "El Vigía" y alejándose otra vez, en dirección Sur, hacia la eminencia abrupta y rocallosa designada con el nombre de Cerro de Mesana. Toda la cima del declive estaba espesamente arbolada con pinos de diversas alturas. Aquí y allá, alguno, de especie diferente, se alzaba cuarenta ó cincuenta pies sobre las cumbres de los que lo rodeaban... ¿cuál de estos era, entonces, el que estaba especialmente designado por el Capitán Flint con el nombre de "árbol elevado?" Esto no podía decidirse sino sobre el sitio mismo con las indicaciones precisas de la brújula.

Pero aunque esto último era palmario, cada uno de los que tripulaban los botes eligió su árbol favorito, antes de que estuviéramos á medio camino, y sólo John Silver permanecía encogiéndose de hombros y diciendo á sus gentes que se esperasen hasta estar en tierra.

Remamos sin hacer grandes esfuerzos, conforme á las instrucciones de Silver, para no cansarnos prematuramente, y después de una travesía, no muy corta por cierto, desembarcamos cerca de la boca del segundo riachuelo, el que corre, tierra abajo, por una de las más arboladas cuencas del "Vigía." Una vez desembarcados, volvimos nuestros pasos sobre la izquierda y comenzamos á ascender el declive del terreno hacia la meseta superior.

Al principio, un terreno pesado y cenagoso y una tupida vegetación de marjal demoraron en gran manera nuestra marcha; pero poco á poco la loma se iba escarpando un poco, ofreciéndonos ya camino un tanto pedregoso, al par que la vegetación aparecía con otro carácter muy diverso, presentando sus árboles en una disposición más abierta y ordenada. Positivamente la parte de la isla en que íbamos entrando era la más grata de toda ella. Finas retamas de un aroma delicioso y arbustillos vestidos de flores habían ocupado casi enteramente el lugar del césped. Pequeños boscajes de verdegueantes mimosas se apretaban aquí y allá entre las erguidas columnas de los pinaletes y bajo su sombra protectora, mezclando todos aquellos vegetales y flores sus esencias y sus perfumes en un solo perfume que embriagaba los sentidos. La brisa, además, era fresca y regeneradora, lo cual, bajo los destellos clarísimos del sol, refrigeraba y tonificaba asombrosamente todos nuestros sentidos.

Los expedicionarios se desparramaron en forma de abanico, gritando y saltando como chicuelos. Hacia el centro y bastante atrás del cuerpo de expedicionarios, seguíamos Silver y yo; él tropezando á cada paso en las resbaladizas piedras, y yo, tras él, tirado por la cuerda á que me he referido. Empero, de cuando en cuando me veía precisado á sostenerle, porque, de lo contrario, hubiera perdido el pie y caído de espaldas, loma abajo. De esta manera habíamos avanzado como por una media milla y ya casi tocábamos al borde de la meseta cuando el hombre que caminaba más alejado hacia nuestra izquierda comenzó á gritar con todas sus fuerzas, con un marcado acento de terror. Una vez y otra y otra llamaba á sus compañeros; ya éstos comenzaban á correr hacia él.

—Se me figura que no ha de haber encontrado la hucha, dijo el viejo Morgan pasando del lado derecho junto á nosotros en dirección del que gritaba. Esta es una cumbre muy pelada para haber hecho tal descubrimiento.

Y en verdad que, cuando Silver y yo llegamos al sitio aquel, nos encontramos con que era algo totalmente distinto. Al pie de un pino bastante alto y medio envuelto en las espirales de una verde trepadora, estaba un esqueleto humano, y á su lado, en el suelo, uno que otro andrajo de vestido. La exuberancia de la enredadera había ya cubierto algunos de los miembros de aquella osamenta. Me parece que un calofrío involuntario se apoderó de todos nosotros, llegándonos hasta el corazón en aquel momento.

—Este era un marinero, dijo Jorge Merry que más atrevido que los otros se había acercado y examinaba los andrajos esparcidos por el suelo. Por lo menos, esto no es más que un buen paño marino.

—¡Por vida mía!, dijo Silver, ¡me gusta el descubrimiento! ¿Acaso podríamos esperar encontrarnos aquí el cuerpo de un arzobispo? Pero ¿qué especie de postura es esa para un cadáver? Me parece muy poco ó nada natural, ¿no creen Vds.?

Y ciertamente una segunda ojeada nos convenció de la inverosimilitud de aquella postura extraordinaria. Por quién sabe qué causas, tal vez por la obra de los pájaros que habían comido sus carnes, tal vez por la acción de crecimiento de la enredadera, el hecho es que el hombre aquel yacía perfectamente recto con sus pies apuntando en una dirección, y sus manos tendidos paralelamente sobre su cabeza, señalando rígidamente en dirección opuesta.

—Me acaba de entrar una idea en la vieja calavera, dijo Silver chocarreramente. Aquí está la brújula; allí se ve la cima principal del Islote del Esqueleto sobresaliendo como un gran colmillo: sigan Vds. la dirección marcada por los huesos y tomen una visual hacia aquella punta.

Hízose como lo ordenó Silver. Las manos del esqueleto apuntaban directamente hacia el Islote y la brújula marcó, con toda claridad: Este Sudeste, cuarta al Este.

—Bien me lo figuré, exclamó el cocinero; este sujeto es un directorio. Pues allí derecho tenemos la línea que nos guía hacia la estrella polar y las benditas talegas. Pero lléveme el diablo si no me da calofrío el pensar en el amigo Flint. Esta es una de las bromas que él usaba, no cabe duda. Él y sus seis marineros vinieron solos hasta aquí: los seis murieron á sus manos, sabe el demonio de qué manera, y á este le cupo en suerte ser colocado aquí, de apuntador, con todas las medidas náuticas muy bien tomadas, ¡voto al infierno! Esos huesos son muy largos y el cabello parece haber sido amarillo. De seguro que este era Allan... ¿te acuerdas de Allan, Tom Morgan?

—¡Vaya si me acuerdo!, contestó Morgan. Por cierto que me debía algunas guineas que le presté, sí señor; y, además, se trajo consigo mi cuchilla cuando bajó á tierra.

—Y á propósito de cuchilla, dijo otro, ¿por qué no encontramos la de Allan, por aquí cerca de él, ni su dinero? El Capitán Flint no era hombre que se entretuviera en recoger la bolsa de un marinero, y en cuanto á los pájaros no me parece que excitara su codicia semejante hallazgo.

—¡Por mi patrón Satanás!, exclamó Silver. Eso me parece muy racional.

—Pues no hay por todo esto ni trazas de cosa alguna, dijo Merry, que registraba todavía en todo el derredor de la osamenta; ni un pobre penique de cobre, ni nada parecido. Pues esto sí que no es natural.

—¡No, por vida mía!, agregó Silver; ni natural ni tranquilizador, ni agradable en manera alguna. ¡Mil carronadas!, compañeros... la verdad es que si Flint estuviera aún vivo, ya tendríamos aquí cuentas largas que entregar. Seis eran los que le acompañaron; seis somos nosotros, y de aquéllos, ya lo hemos visto, no quedan más que las osamentas.

—Yo lo ví muerto con estos ojos que se ha de comer la tierra, dijo Morgan. Billy Bones me llevó á verlo. Tendido estaba allí con un penique de cobre sobre cada ojo.

—¡Muerto, sí!, ya lo creo, y sepultado en los infiernos, dijo el herido de la cabeza. Pero yo creo, de veras, que si alguna vez hubo ánima en pena, ¡esa ha de ser el alma condenada de Flint! ¡Cáspita! ¡pues vaya si tuvo una mala y horrible muerte aquel hombre!

—En cuanto á eso, ni quien lo dude, observó un tercero. En su agonía, ya blasfemaba como un condenado, ya deliraba con el rom, ya prorrumpía con una voz hueca como si saliera de la sepultura, en su canción eterna:

"¡Son quince los que quieren el cofre de aquel muerto!"

Dijérase que no sabía otra canción más que esa y, la verdad, camaradas, desde entonces no es mucho lo que me divierte esa canturria. Hacía un calor horrible; la ventana del agonizante estaba abierta y yo podía oir clara, cada vez más clara, la lúgubre tonada que el hombre dejaba escapar, interrumpida por el hipo de la muerte, y ya con las sombras del cadáver sobre el rostro...

¡Vamos, vamos!, dijo Silver, ¿quieres dejar semejante conversación? Muerto está el hombre, muy bien muerto, y los que se mueren no vuelven, que yo sepa; ó si vuelven no pasean de día; á lo menos, estemos seguros. Se acabó el cuento: "¡entro por un caño dorado y salgo por otro, y basta!" ¡Adelante! ¡adelante que la hucha nos espera!

Diciendo y haciendo, partimos otra vez. Pero á despecho del ardiente sol y de la deslumbradora claridad, los piratas ya no marcharon separados, corriendo y gritando por la espesura, sino todos juntos, apretados unos contra otros y hablando con la respiración agitada. El terror del filibustero difunto había caído como una sombra densa sobre sus espíritus.

LA VOZ DEL ALMA EN PENA

En parte por la influencia aterrorizadora de aquella alarma y en parte para que descansaran Silver y sus compañeros enfermos, todos los expedicionarios tomaron asiento en cuanto que hubimos ganado definitivamente el borde superior de la meseta. Estando ésta un poco empinada hacia el Oeste, el lugar en que nos habíamos detenido nos descubría un ancho panorama á un lado y otro. Frente á nosotros, sobre las cumbres de los árboles mirábamos el Cabo de la Selva con su inmensa franja de espumantes ondas. Detrás no solamente dominábamos el ancladero y el Islote del Esqueleto, sino que podíamos divisar por sobre la punta arenosa en que está la Peña blanca, y por encima de las tierras bajas, una gran extensión de mar abierto hacia el Oriente. Por cima de nosotros se destacaba el "Vigía," ya matizado á trechos por pinos aislados, ya negreando con profundos barrancos y desfiladeros. Ningún ruido llegaba hasta allí, á no ser el monótono golpear de las rompientes lejanas subiendo en oleadas de rumor incesante hasta nuestros oídos, y el zumbido de insectos incontables bullendo en la espesura. Ni un hombre, ni una vela en el océano: lo inmenso de aquel vasto panorama parecía aumentar su triste soledad.

En cuanto que Silver se hubo sentado hizo ciertos cálculos con la brújula.

—Hay tres "árboles elevados" dijo, hacia la dirección de la línea marcada rectamente del Islote del Esqueleto. "La vertiente del Vigía," ya lo entiendo; esto significa aquel punto en declive hacia allá. Pues ahora es ya un juego de niños el encontrar la hucha. Me parece, sin embargo, que haríamos bien en comer primeramente.

—No me siento muy filoso, murmuró Morgan. Este pensamiento de Flint me ha quitado el apetito. ¡Ah! si Flint estuviera vivo, yo podría darme ya por muerto.

—Ah, vamos, hijo mío, dijo Silver; dale gracias á tu buena suerte. Flint no tiene nada que hacer ya en este mundo.

—Era un diablo bien horroroso el tal Flint, exclamó el tercer pirata. ¡Con aquella eterna cara de murria!

—Fué el rom el que le produjo aquel tinte azulado y aquella expresión de esplín; aunque "murria" como tú dices, me supongo que es una mejor palabra.

Desde que habíamos descubierto el esqueleto de Allan y dado margen con él á esta clase de pensamientos, la voz de los piratas había ido bajando, bajando, hasta que, en aquel punto, ya no era casi más que un ligero murmullo cuyo sonido escasamente podría decirse que interrumpiese el silencio misterioso de la selva.

De repente, como del medio de los árboles que había frente á nosotros, una voz aguda, penetrante, temblorosa, prorrumpió en la lúgubre y conocida cantilena:

"Son quince los que quieren el cofre de aquel muerto,
Son quince ¡yo—ho—hó! son quince ¡viva el rom!"

Jamás he visto ni espero volver á ver hombres más horriblemente asustados que los piratas. Como por arte de encantamiento sus caras se quedaron, de súbito, lívidas como la cera: algunos se pusieron de pie; algunos se asieron trémulos y trastornados al brazo ó á la ropa del más cercano; Morgan murmuró, sin levantarse, palabras sin sentido.

—¡Ese es Flint, por el infierno!, exclamó Merry.

La canción aquella había cesado de una manera tan súbita como empezó; cortada, podía decirse, como si alguien hubiera cubierto bruscamente con su mano la boca del cantor. Viniendo de la distancia á que venía á través de la atmósfera clara y luminosa y de entre las cumbres de los árboles, me pareció á mí que la voz aquella había sonado dulce y airosa, y lo que había que extrañar era el efecto producido sobre mis compañeros.

—¡Vamos!, dijo Silver pugnando con sus labios cenicientos por hacer salir las palabras,

¡Esa no pega! Á otro perro con ese hueso. Ese es alguno que comienza á ponerse la mona y se va por allí haciéndonos la calandria; es alguno que tiene su carne y huesos, no lo duden Vds.

Conforme hablaba le iba volviendo más y más el alma al cuerpo y con ella el color al rostro. Los otros ya comenzaban también á dar oídos á su envalentonamiento, y ya iban recobrándose poco á poco, cuando el mismo acento prorrumpió de nuevo, esta vez ya no cantando, sino con un voceo lejano que los ecos de las cuencas en el "Vigía" repetían muy débilmente:

—¡Darby Grow!, gimió aquel acento, ¡Darby Grow! ¡Darby Grow!, y seguía repitiendo aquel nombre; y luego en un diapasón un poco más alto y no sin acompañar un horrible juramento, concluyó así: ¡Corre á traerme rom; pronto Darby!

—Eso ya no deja duda, murmuró uno. ¡Vámonos!

—Esas fueron las últimas palabras de Flint, murmuró Morgan; sus últimas palabras á bordo de este mundo.

Dick había sacado un Biblia y rezaba mecánicamente, como un maniaco. Este pobre muchacho había recibido una mediana educación antes de venir á la marina con tan malas compañías.

Sin embargo, Silver aún permanecía luchando. Sus dientes casi castañeteaban de cuando en cuando, pero él no se rendía al terror ni mucho menos.

—Nadie ha podido oir hablar en esta isla acerca de Darby, clamó; nadie más que los que aquí estamos.

Pero luego, como para contrapesar esas palabras, prosiguió haciéndose un esfuerzo:

—Camaradas: yo he venido aquí para encontrar esa hucha y ni alma en pena ni hombre de carne y hueso podrán impedírmelo. Jamás, durante su vida, tuve miedo al viejo Flint y ¡por Satanás mi patrón! yo le haré frente hasta á su misma alma condenada. Á menos de un cuarto de milla de aquí están setecientas mil libras en oro... ¿Cuándo se ha visto que un caballero de la fortuna haya volteado la popa á una hucha de ese tamaño nada más que por miedo á la memoria de un viejo borracho, con su cubilete de rom, y ya muerto y enterrado?

Los piratas no daban señal alguna de reanimarse con este discurso; antes bien pareció que la notoria irreverencia de aquellas palabras aumentaba su terror.

¡Cuidado, cuidado, John!, dijo Merry. ¡No es bueno enojar á los espritus!

En cuanto á los otros estaban sobrado aterrorizados para que pudiesen contestar. Varios de ellos habrían emprendido una retirada á carrera abierta si se hubieran encontrado con valor, siquiera para esto; pero el miedo los hacía querer estarse juntos en torno de John, como si encontraran ayuda en el valor de éste. Silver, por su parte, había ya logrado sobreponerse bastante á su debilidad.

—¿Spritu?, dijo. ¡Bueno! Podría ser. Pero noto una cosa que no me parece muy clara, y es que la voz del tal espritu ha tenido un eco. Ahora bien, yo digo que ningún hombre ha visto que las almas hagan sombra. ¿Cómo podía entonces su voz hacer un eco? Quisiera averiguar esto. Á mí, por lo pronto, no me parece natural.

Aquel argumento me pareció á mí bastante débil. Pero es imposible decir qué cosas afectarán á la superstición; así es que, con no poca sorpresa de mi parte, ví que Jorge Merry se mostraba muy consolado.

—¡Vaya! ¡pues de veras!, exclamó. John, Vd. lleva una verdadera cabeza sobre sus hombros, no hay duda en eso. Á propósito, camaradas: esta tripulación lleva su vela sobre una mala amura. Decíamos que esa voz se parece á la de Flint; un poco, digo yo; pero á esa distancia tan larga no era fácil juzgar tan bien del parecido. Puede ser muy bien la voz de otro...

—¡Por el infierno!, gritó Silver; ¡ese fué Ben Gunn!

—Ben Gunn ha sido, le ha acertado Vd., dijo Morgan incorporándose hasta ponerse de rodillas. ¡Ben Gunn y muy Ben Gunn!

—Pues ahora no tiene ya mucho de extraordinario, dijo Dick. Ben Gunn no anda con nosotros, es verdad, pero supongo que tampoco andará con Flint.

Los de más edad en la compañía recibieron la sosa observación de Dick con el más marcado desprecio.

—¡Y qué nos importa Ben Gunn!, exclamó Merry. Vivo ó muerto, aquí nadie le tiene miedo á Ben Gunn.

Era cosa sorprendente el ver hasta qué punto había vuelto el ánimo á sus corazones y el color natural á sus caras, poco antes lívidas. Poco rato después ya estaban charlando unos con otros, si bien todavía de cuando en cuando prestaban oído atentamente; más como no percibiesen ya sonido alguno, concluyeron por echarse á cuestas todos sus aperos y la caravana entera se puso de nuevo en marcha. Merry iba á la vanguardia llevando consigo la brújula de Silver á fin de seguir, sin desviarse, la línea recta tirada del Islote del Esqueleto. Jorge había dicho la verdad; vivo ó muerto, nadie allí tenía miedo de Ben Gunn.

Dick, sin embargo, todavía conservaba su Biblia en la mano, como un amuleto, y echaba en torno ojeadas llenas de temor; pero su cobardía no encontró ya prosélitos, y Silver no le hizo poca burla á causa de sus precauciones.

—Ya te lo había yo dicho, Dick, exclamaba el cocinero; ya te había yo dicho que tu Biblia estaba profanada, y si tal como está ya no sirve ni para jurar por ella, ¿qué fuerza quieres tú que tenga para libertarte de un espritu? ¡Ninguna por cierto!

Pero Dick no estaba para oir razones: la verdad es que, según ya noté, el pobre muchacho se estaba poniendo muy enfermo; la fiebre que el Doctor le había anunciado en la mañana se apoderaba de él á toda prisa, espoleada por el susto, el calor y la fatiga.

Ya sobre la cima, el terreno era abierto, y nuestro camino descendía un poco, porque, como he dicho antes la meseta se inclinaba un tanto en dirección del Oeste. Los pinos, pequeños y grandes, crecían á buena distancia unos de otros, y aun entre los espesos lunarcillos de azaleas y mimosas, quedaban grandes claros al descubierto en que el sol reverberaba con insólita fuerza. Prosiguiendo como íbamos, en dirección Noroeste, al través de la isla, nos acercábamos cada vez más, por una parte, á los declives del "Vigía," y por otra á aquella bahía occidental formada por el Cabo de la Selva en la cual había yo pasado tales angustias á bordo del llevado y traído coracle.

Llegamos al primero de los grandes árboles, pero tomada la dirección con la brújula resultó no ser aquél el que buscábamos. Lo mismo sucedió con el segundo. El tercero se alzaba como á unos doscientos pies sobre la cima de un boscaje de arbustos. Era este un verdadero gigante de los bosques con una columna recta y majestuosa como los pilares de una basílica y con una copa ancha y tupida bajo cuya sombra podría muy bien haber maniobrado una compañía de soldados. Tanto desde el Este como desde el Oeste podía distinguirse muy bien en el mar aquel coloso y pudiera habérsele marcado en el mapa, como una señal marítima.

Pero no era por cierto su corpulencia imponente lo que impresionaba á mis compañeros, sino la seguridad de que nada menos que setecientas mil libras en oro yacían sepultadas en un punto cualquiera bajo el círculo extenso de su sombra. La idea de las riquezas que les aguardaban concluyó por dar al traste con todos sus terrores precedentes en cuanto que se acercaban al sitio codiciado. Sus ojos lanzaban rayos; sus pies parecían más ligeros y expeditos; su alma entera estaba absorta en la expectativa de aquella riqueza fabulosa que había de asegurarles para toda la vida una no interrumpida serie de extravagancias y placeres sin límites, cuyas imágenes danzaban tumultuosamente en sus imaginaciones.

Silver gruñía, cojeando más que nunca, sobre su muleta; su nariz aparecía ancha y dilatada, estremeciéndose de cuando en cuando; si una mosca se paraba sobre cualquiera parte de su rostro, juraba y maldecía como un poseído; tiraba furiosamente de la cuerda con que me llevaba sujeto y de tiempo en tiempo echaba sobre mí ojeadas con que hubiera querido aniquilarme. La verdad es que no se tomaba ya el menor trabajo para disimular sus pensamientos, y á mí me era tan fácil leerlos como si los llevara escritos sobre la frente. Á la aproximación del oro, todo otro pensamiento se había borrado de su memoria; su promesa, las advertencias del Doctor, todo era para él como no existente, y no me cabía la menor duda de que su esperanza, en aquellos momentos, era apoderarse del tesoro, encontrar y fletar La Española á favor de la oscuridad de la noche, degollar sin compasión á cuantas gentes honradas había en la isla y hacerse á la mar, como lo había primeramente meditado, con su doble cargamento de crímenes y de oro.

Impresionado con pensamientos tan poco consoladores, era para mí cosa difícil el seguir el paso rápido y agitado de los buscadores de oro. De vez en cuando tropezaba y entonces era cuando Silver daba violentos tirones á la cuerda con que me conducía y me arrojaba, como dardos, sus miradas asesinas. Dick que se había quedado á nuestra espalda y que, á la sazón, formaba la retaguardia de la caravana, venía murmurando para sí, todo mezclado, oraciones y juramentos. Esto no hacía más que aumentar mi desazón y malestar y, para coronarlo todo, me acordé en aquellos momentos de la tragedia que se había desenlazado una vez en esa misma meseta, cuando aquel pirata sin Dios que murió en Savannah cantando y pidiendo rom, había asesinado allí á sus seis cómplices. Ese bosque, tan tranquilo y silencioso á la sazón, debió resonar entonces con los alaridos de terror y de agonía de las víctimas sacrificadas, alaridos que el terror hacía resonar á los oídos de mi imaginación.

Nos encontrábamos, en aquel momento, al borde del boscaje.

—¡Hurra, muchachos!, gritó Merry; ¡todos juntos!

Y al decir esto el hombre de vanguardia echó á correr.

Repentinamente, y antes de que hubiera avanzado diez yardas vimos al grupo detenerse. Un grito ahogado se escapó de cada pecho. Silver accleró el paso, empujándose con el apoyo de la muleta á distancias inverosímiles, y un momento después tanto él como yo habíamos tenido que hacer alto como los demás.

Á nuestros pies se veía una gran excavación nada reciente, porque se veían los costados de la fosa desprendidos, y en el fondo había ya brotado el césped. Allí yacía, roto en dos pedazos, el mango de una azada, y las tablas de varias cajas de empaque se miraban esparcidas aquí y acullá. En una de esas tablas pude leer esta marca hecha con un hierro candente: "Walrus," nombre del buque de Flint, como se recordará quizás.

Aquello era claro como la luz del día. El escondite había sido descubierto y explotado. ¡Las setecientas mil libras habían desaparecido!

CAPÍTULO XXXIII

LA CAÍDA DE UN CAUDILLO

Jamás trastorno alguno en la vida ha sido más sentido que aquel. Se diría que un rayo había herido á todos aquellos hombres. Pero á Silver el golpe le pasó en un instante. Todas las facultades de su alma se habían concentrado por un rato en aquel tesoro, es verdad; pero el instinto le hizo recobrarse en un segundo: su cabeza se alzó firme, su valor apareció al instante y ya había formado todo su plan cuando los otros aún no acertaban á darse cuenta exacta del terrible chasco.

Y al punto, dándome una pistola de dos cañones, me dijo:

—Toma esto, Jim, y preparémonos para una querella.

Al mismo tiempo comenzó á trasladarse sin precipitación hacia el Norte, y á pocos pasos ya había puesto la excavación entre nosotros y los otros cinco. En seguida me dirigió una mirada y me hizo con el dedo una señal muy significativa como diciendo: "Aquí se juega el pellejo," en lo cual estaba yo de acuerdo. Empero sus miradas eran ya de todo punto amistosas, y yo me sentí tan indignado con estos frecuentes cambios, que no pude menos que decirle:

—Por lo visto ya es Vd. de los nuestros otra vez.

No tuvo tiempo para contestarme. Los filibusteros, con gritos y maldiciones de todo género, comenzaban á brincar adentro del hoyo unos tras de otros, cavando rabiosamente con sus propias uñas y haciendo caer los bordes de la fosa al hacer esto. Morgan se encontró una pieza de oro. Alzóla en sus manos con una verdadera explosión de juramentos: era una moneda de valor de dos guineas y fué pasando de mano en mano durante unos quince segundos.

—¡Dos guineas!, rugió Merry enseñando aquella pieza á Silver y sacudiéndola en alto. ¿Son estas tus setecientas mil libras? ¡De veras que eres tú el hombre para hacer contratos! Tú eres el que aseguras que jamás empresa se ha echado á perder entre tus manos, viejo imbécil, haragán, ¡cabeza de alcornoque!

—¡Escarben, escarben, muchachos!, gritó Silver con la más fría insolencia; no me sorprenderá que todavía encuentren algunos cacahuates.

—¡Cacahuates!, repitió Merry en un grito salvaje. ¿Camaradas, lo han oído Vds.? Pues ahora tengo la seguridad de que ese infame lo sabía todo. No hay más que mirarle á la cara; allí le leo yo su traición.

—¡Hola, Merry!, le gritó Silver; ¿ya piensas proponerte de nuevo para capitán? ¡Eres un chico emprendedo, no cabe duda!

Pero lo que es por esta vez todos estaban decididamente del lado de Merry. Uno tras de otro, todos fueron echándose afuera de la excavación, arrojando miradas furiosas tras de sí. Una cosa observé en aquellos críticos momentos, que por cierto nos favorecía en gran manera, y es que todos saltaban del lado opuesto al que ocupábamos Silver y yo.

Por fin, estábamos allí frente á frente, dos de un lado y cinco del otro, con el socavón separando ambas facciones y sin que ninguna de ellas pareciera resuelta á dar el primer golpe. Silver permanecía inmóvil, observando simplemente al enemigo, erguido sobre su muleta y con una frialdad que parecía inverosímil. Aquel bandido era valiente, no cabe duda.

Merry, al cabo, creyó que un discurso aceleraría la conclusión de la escena.

—Camaradas, dijo, allí están dos individuos solos de los cuales el uno es el viejo derrengado, á quien trague el infierno, que se ha burlado de nosotros trayéndonos á sufrir una decepción inmerecida. El otro no es más que ese cachorro del diablo á quien pienso arrancarle por esta vez hasta las entrañas. No hay temor, ¡á ellos, camaradas!...

Al decir esto alzó la voz y el brazo como para guiar al ataque; pero en aquel mismo instante... ¡crac! ¡crac! ¡crac!, tres detonaciones de mosquete sonaron casi simultáneamente y tres relámpagos se vieron brillar en la espesura más cercana. Merry se desplomó de cabeza dentro de la excavación; el hombre de la cara vendada dió vueltas girando como una peonza que espira y cayó de lado cuan largo era, completamente muerto, por más que todavía hiciera algunos movimientos, inconscientes ya, después de caído. En cuanto á los tres restantes no esperaron nuevas razones, sino que en el acto volvieron la espalda y se pusieron en precipitada fuga, corriendo como ciervos espantados.

En un abrir y cerrar de ojos Silver había disparado los dos cañones de una doble pistola sobre el agonizante Merry, y como este desdichado levantase hasta él los ojos en sus últimas convulsiones, le gritó el implacable cocinero:

—Me parece, Jorge, que te he ajustado las cuentas.

En el mismo instante, el Doctor, Gray y Ben Gunn salían, á reunírsenos, de un bosquecillo de mimosas, trayendo entre las manos sus mosquetes humeando todavía.

—¡Adelante, muchachos!, gritó el Doctor. No hay que perder un instante, para impedirles que se apoderen de los botes: ¡adelante! ¡adelante!

Con esta excitativa tan apremiante partimos á paso veloz, sumergiéndonos, algunas veces, hasta el pecho, en las espesuras de retamas y matorrales de toda clase de yerbas.

Silver, en aquellas circunstancias, demostraba el mayor empeño por no separarse de nosotros. Y lo que aquel viejo inválido hizo, abriéndose paso por donde nosotros íbamos, saltando frenéticamente sobre su muleta hasta hacer casi que se destrozaran los músculos de su pecho, todo eso no lo habría podido hacer con más energía y resolución un hombre sano. El Doctor fué de la misma opinión que yo en este particular. Con todo y eso, cuando llegamos á la ceja de la mesa en vía de descender, el hombre aquel venía á unas treinta yardas tras de nosotros y su fatiga era tal que parecía á punto de ahogarse.

—Doctor, gritó: mire Vd. allá; ya no hay prisa ninguna.

En efecto, no la había. Por un claro bastante grande de la meseta podíamos divisar á los tres fugitivos, corriendo todavía en la misma dirección en que partieron, esto es, en derechura hacia el Cerro de Mesana. Nosotros estábamos ya, á aquella hora, entre ellos y los botes, por lo cual todos cuatro nos sentamos para tomar aliento, en tanto que John

Silver, enjugándose el rostro, llegaba, ya lentamente, hasta nosotros.

—Doy á Vd. las más rendidas gracias, Doctor, dijo. Ha llegado Vd. en el momento crítico, á lo que creo, para Hawkins y para mí. ¡Hola!, con que Ben Gunn está también por aquí, ¿eh? ¡Bien! ¡bien! Tú eres un buen chico, á no dudarlo.

—¡Ben Gunn, y muy Ben Gunn!, replicó el hombre de la isla, meneándose como una anguila con un embarazo bastante visible.

Y luego, después de una pausa, añadió aquel mísero aislado:

—¿Y qué tal está Vd., Sr. Silver? Muy bien, dirá Vd., no es esto; ¡pues tanto que me alegro!

—¡Ah! ¡Ben, Ben!, murmuró Silver. ¡Y pensar en la que nos has jugado!

El Doctor envió á Gray á que recogiera uno de los picos abandonados por los piratas en su precipitada fuga, y en seguida fuimos ya bajando, con todo despacio, hacia el punto en que los botes yacían amarrados, en cuyo tiempo el mismo Doctor nos refirió, en pocas palabras, lo que había pasado. Pero su narración interesó profundísimamente á Silver; sobre todo al ver que, desde el principio hasta el fin, era el único héroe de ella aquel Ben Gunn, el semi-idiota abandonado hacía tres años en la isla.

Ben, en sus solitarias y vagabundas excursiones por la isla, había encontrado el esqueleto de Allan y lo había despojado de sus armas y dinero. Después había encontrado el tesoro; había hecho la excavación, dejando en ella, por último, su azada rota y ya inútil; había cargado sobre sus hombros todo el oro, en incontables viajes penosísimos, desde el pie del gigantesco pino, hasta una gruta que él tenía en la loma de las dos puntas, en el ángulo Nordeste de la isla y allí, por último, lo tenía todo almacenado, dos meses hacía, perfectamente á salvo.

Cuando el Doctor se hubo hecho dueño de este secreto, en la tarde del día del ataque, y al ver á la mañana siguiente desierto el ancladero, no vaciló ya en ir á ver á Silver, darle el mapa que era ya perfectamente inútil, y cederle todas las provisiones, puesto que la gruta de Ben Gunn estaba abundantemente surtida con carne de cabras monteses y de venados, salada por él mismo; sin reservarse, en una palabra, cosa alguna, á fin de asegurarse la retirada del reducto hacia la colina de las dos puntas, en donde no había el menor peligro de malaria y se mantendría una vigilancia efectiva sobre el tesoro.

—En cuanto á tí, Jim, dijo, la cosa me podía mucho; pero yo hice lo que me pareció mejor para los que habían permanecido fieles á su deber, y si tú no estabas entre ellos, ¿de quién era la culpa?

Pero aquella mañana, comprendiendo que iba yo á verme envuelto en el horrible desengaño que había preparado para los rebeldes, había corrido hasta llegar á la gruta, y, dejando al Caballero para cuidar al Capitán, había traído consigo al hombre aislado y á Gray, y describiendo una diagonal á través de la isla, se preparaba para estar á la mano, cerca del gran pino. Pronto vió, sin embargo, que los sublevados le llevaban la ventaja, y por tanto Ben Gunn, que ya casi volaba en aquellos terrenos, como se recordará, fué despachado á vanguardia para que, solo de por sí, hiciera lo posible por detener el avance de los sublevados. En estas circunstancias fué cuando al hombre de la isla le ocurrió prevalerse de la superstición de los piratas, y tuvo tal éxito en su ensayo que el Doctor y Gray pudieron bien llegar al gran pino y emboscarse cerca de él antes de que se presentaran los buscadores del tesoro.

—¡Ah!, dijo Silver. Por lo visto ha sido para mí una gran fortuna el tener á Jim conmigo. Á no ser por él, hubieran Vds. dejado hacer picadillo al pobre viejo John, sin consagrarle un pensamiento siquiera, ¿no es verdad?

—¡Ni un pensamiento!, dijo el Doctor jovialmente.

Á este tiempo ya habíamos llegado á los botes. El Doctor, sirviéndose del pico destruyó uno de ellos, y luego todos nos pusimos á bordo en el restante y nos arreglamos para ir rodeando por mar hasta la Bahía del Norte.

Era aquel un viaje de unas ocho ó nueve millas. Silver, aunque casi muerto de fatiga, fué asignado á uno de los remos como todos nosotros, y muy pronto ya iba nuestro esquife deslizándose ligero sobre un mar terso y favorable. Antes de mucho ya habíamos pasado el estrecho, doblamos la punta Sudeste de la isla, en torno de la cual, cuatro días antes, habíamos remolcado tan penosamente La Española.

Cuando pasamos frente á la colina de los dos picos, pudimos ver la negra boca de la gruta de Ben Gunn y una figura humana, de pie, cerca de ella, recargándose sobre un fusil. Era el Caballero, á quien saludamos ondeando nuestros pañuelos y lanzando tres hurras en los cuales la voz de Silver se unió tan calurosamente como la de cualquiera de nosotros.

Tres millas más lejos y muy cerca de la entrada de la Bahía del Norte, ¿qué otra cosa habíamos de encontrar sino La Española navegando sola? La última creciente la había levantado de la posición en que la dejé, y si hubiera dado la casualidad de que soplase un viento fuerte, ó que la marea hubiese engendrado una corriente enérgica como sucedía en el ancladero Sur, es seguro que jamás la habríamos vuelto á ver ó la hubiéramos encontrado encallada en algún arrecife fuera de toda probabilidad de ponerla de nuevo á flote. Tal como se nos presentaba, había muy poco que reparar y componer, excepto el destrozo de la vela mayor. Alistóse una nueva ancla y la tiramos á braza y media de agua y en seguida todos volvimos al bote remando hacia la "Caleta del Rom," que era el abrigo más próximo á la gruta del tesoro de Ben Gunn. Gray, sin nadie más que lo acompañara, fué despachado de nuevo en el esquife hasta La Española, á fin de que pasara en ella la noche en guardia.

Un ligero declive llevaba desde la playa de la caleta hasta la entrada de la cueva. En la parte más alta el Caballero salió á nuestro encuentro. Cordial y amable fué conmigo, omitiendo toda referencia á mi escapatoria, lo mismo para alabarla que para condenarla. Al recibir el saludo cortés de Silver, se puso encendido y dijo así:

—John Silver, es Vd. el más prodigioso villano é impostor que jamás vivió sobre la tierra... un impostor monstruoso, sí señor. Se me ha dicho que debo renunciar á perseguir á Vd. ante los tribunales. En hora buena: no lo haré. Pero eso no impedirá que todos esos hombres que han perecido pesen al cuello de Vd. como piedras de molino.

—Gracias de nuevo, gracias muy cordiales, señor, exclamó Silver saludando otra vez.

—Le desafío á Vd. á que vuelva á pronunciar esas palabras, dijo con vehemencia el Caballero. He allí una irrisión de mi deber. ¡Quédese Vd. detrás de todos!

Dicho esto entramos todos á la gruta. Era esta una gran estancia bien ventilada, con una fuentecilla y una represa pequeña de agua clara circundada de helechos. El piso estaba enarenado. Ante un grande y confortable fuego yacía el Capitán Smollet, y en un rincón más apartado, mal iluminado por los resplandores oblícuos de la hoguera, advertí un gran montón de monedas y un cuadrilátero formado con barras de oro. Aquel era el tesoro de Flint que desde tan lejos habíamos venido á buscar y que, á aquellas horas, había costado ya las vidas de diez y siete de los tripulantes de La Española. ¿Cuántas más habría costado el reunirlo, cuánta sangre vertida, cuántos amargos duelos ocasionados, cuántos buques arrojados al fondo inmenso del océano, cuantos hombres haciendo con los ojos vendados el horrible "paseo de la tabla," cuantos cañonazos disparados, cuanta mentira, cuanto engaño, y cuantas crueldades?... He aquí una cosa imposible de inquirir. Y sin embargo, allí mismo, en aquella isla, andaban aún tres hombres que habían tenido su participación en aquellos crímenes: Silver, el viejo Morgan y Ben Gunn; y cada uno de ellos había esperado en vano tener su participación en la recompensa.

—Ven acá, Jim, díjome el Capitán. Tú eres un buen muchacho en tu clase; pero no creo que tú y yo volveremos juntos á la mar de nuevo. Eres demasiado lo que se llama un niño mimado para que pudieras ir bajo mis órdenes por mucho tiempo, ¿Es Vd., John Silver? ¿Qué vientos lo arrojan á Vd. por acá, amigo?

—Vuelvo á mis obligaciones, señor, contestó Silver.

—¡Ah!, dijo el Capitán, y no añadió una palabra más.

¡Dios mío! ¡y qué cena que tuve aquella noche, junto á todos mis amigos, con las carnes saladas por Ben Gunn y golosinas exquisitas traídas de La Española, con más una botella de magnífico vino! Estoy seguro de que jamás hubo sobre la tierra gentes más alegres y felices. Y con nosotros estaba allí Silver, sentado detrás de nuestro grupo, casi fuera del radio de luz de la hoguera, pero comiendo con gran apetito, listo para levantarse y servir algo que hiciera falta y hasta uniéndose á nuestras risas de una manera poco ruidosa; en una palabra, el mismo hombre obsequioso, comedido y agradable que salió con nosotros de Brístol.

SE CUENTA EL FIN DE ESTA VERDADERA HISTORIA

Á los primeros albores de la mañana siguiente ya todos estábamos en movimiento y á la obra, porque lo cierto es que no era trabajo tan sencillo el trasporte de toda aquella masa de oro por cerca de una milla, en tierra, y por tres millas, en el bote, hasta llegar á La Española, siendo como éramos tan escaso en número los operarios. Los tres rebeldes escapados la víspera y que forzosamente permanecían aún en la isla, no nos dieron ningún quehacer. Pusimos un centinela en el declive de la loma para evitarnos una sorpresa, y por lo demás, nos tranquilizaba la idea de que ya no deberían tener mucha gana de pelear después de los sucesos de cuatro días infructuosos para ellos.

Con esta creencia, la obra del trasporte fué activada vigorosamente. Gray y Ben Gunn iban y venían con el bote, mientras los restantes, durante sus ausencias apilaban oro en la playa. Dos de aquellas barras atadas con un cabo de cuerda hacían una carga suficiente para un hombre formal, y puede creérseme que todos se sentían contentos hasta no poder más de ir marchando lentamente con semejante carga. Por lo que hace á mí, como no les era muy útil para el acarreo, me ocuparon todo el día en la gruta en empacar las monedas en cajas y sacos que se habían traído exprofeso para el objeto en La Española.

Como en la talega de Billy Bones, había allí la más extraña colección de monedas, sólo que en cantidad infinitamente superior, por de contado, y en mucha mayor variedad, al grado de que no creo haber gozado más en mi vida que al separarlas y arreglarlas. Monedas francesas, inglesas, españolas, portuguesas, Jorges y Luises, doblones y dobles guineas, moidores y zequíes, con los retratos de todos los soberanos de Europa, lo menos por un siglo; y extrañas piezas orientales marcadas con lo que me parecía haces de cuerdas ó trocitos de telarañas, piezas circulares, y otras agujereadas como si se las hubiera destinado á llevarse al cuello á guisa de collar; casi todas las variedades de moneda conocida, en una palabra, tenían sus representantes en aquella colección. En cuanto al número, tengo por cierto que eran tan incontables como las hojas que el otoño esparce; de tal suerte que la espalda me dolía ya terriblemente de tanto estar inclinado y las uñas me punzaban con el trabajo de la separación.

Un día y otro día repetíamos el mismo trabajo y á la llegada de cada noche una verdadera fortuna se había llevado á bordo de La Española, en tanto que otra fortuna más quedaba aún esperando para el día siguiente. En cuanto á los tres rebeldes sobrevivientes, para nada nos molestaron.

Por último—y creo que esto fué la tercera noche—el Doctor y yo vagábamos por el declive de la loma en el punto en que pueden dominarse desde ella todas las partes bajas de la isla, cuando en medio de la oscuridad de la noche el viento trajo hasta nosotros un rumor entre ahullido y canto. Fué una mera ráfaga lo que llegó á nuestros oídos y luego se restableció de nuevo el silencio.

—Dios los tenga de su mano, dijo el Doctor; esos son los rebeldes.

—¡Borrachos, sí señor!, añadió la voz de Silver tras de nosotros.

Aquí es la oportunidad de decir que á Silver se le había dejado el pleno goce de su libertad y que, á pesar de que tuvo que sufrir diarios y constantes desaires, parecía él considerarse, una vez más, como un dependiente querido y privilegiado. Lo cierto es que era de admirar la prudencia con que sobrellevaba todas sus humillaciones y la invariable urbanidad con que trataba de congraciarse con todos. Sin embargo, tengo entendido que nadie lo trató mejor que si hubiese sido un perro; á no ser Ben Gunn, que continuaba sintiendo un terror pánico por su antiguo contramaestre, y yo que, en realidad, tenía algo que agradecerle, si bien es cierto que aun en esto podía yo haberme sentido tan predispuesto como otro cualquiera en contra suya, puesto que recordaba muy bien haberle visto meditando en la meseta una nueva traición en contra mía. En virtud de esto, no fué sino muy ásperamente que el Doctor le respondiera:

—Borrachos ó delirando, ¿qué sabe Vd.?

—Tiene Vd. razón que le sobra, replicó John. Pero lléveme el diablo si ni á mí ni á Vd. nos importa que sea lo uno ó lo otro.

—No creo que tenga Vd. muchas pretensiones á ser considerado un miembro real de la humanidad, dijo el Doctor, con una mirada de desprecio para su interlocutor; por lo mismo, Maese Silver, es muy probable que mis sentimientos le sorprendan á Vd.; pero si yo tuviera la certeza moral de que los tres están delirando, como la tengo de que uno, por lo menos, debe estar postrado por la fiebre, crea Vd. que dejaría al punto este campo y á riesgo de mi propio pellejo, iría á llevarles los auxilios de mi profesión.

—Vd. me perdonará mucho, señor, si le digo que ese sería un gran error, añadió Silver. Vd. perdería con toda certeza su preciosa vida y no le quepa á Vd. duda de ello. Yo estoy ahora en las filas de Vds., en cuerpo y alma, y no consentiría yo jamás en que se debilitara nuestra fuerza, dejando á Vd. ir solo, á Vd. á quien muy bien sé todo lo que debo. Además, aquellos hombres no sabrían nunca mantener su palabra, aun suponiendo que se lo propusieran, y—lo que es peor todavía—nunca podrían tener fe en la promesa de un hombre de honor como Vd.

—Es verdad, dijo el Doctor; pero, en cuanto á hombres que cumplen su palabra, allí está Vd. que se pinta solo para ello.

Ahora bien, aquellas fueron casi las últimas noticias que tuvimos de los tres piratas. Sólo una vez oímos un disparo lejano, y supusimos que andarían cazando. Celebramos, á propósito de ellos, consejo de guerra, y se les sentenció á ser abandonados en la isla, con indecible regocijo de Ben Gunn y con la más cordial aprobación de Gray. Les dejamos un abundante surtido de pólvora y balas, todas las provisiones de carne salada por Ben, algunas medicinas, ropa, una pequeña vela, algunas brazas de cuerda, aperos de labranza y otros muchos útiles y, por deseo expreso del Doctor, una buena cantidad de tabaco como el mejor regalo, según él.

Esto fué casi ya lo último que hicimos en la Isla del Tesoro. Antes de esto ya habíamos embarcado cuidadosamente todo el oro, lo mismo que agua en abundancia, y víveres de sobra para el caso de algún accidente, por lo cual, en una mañana, por cierto muy hermosa, levamos el ancla, que era todo lo que nos restaba que hacer; y levantando al tope de nuestro palo mayor la misma bandera que izara el Capitán en la empalizada y bajo la cual peleamos, salimos mansamente afuera de la Bahía del Norte.

Los tres rebeldes deben haber estado á la mira de nuestros movimientos más cerca de lo que nosotros creíamos. Comprobó este aserto el hecho de que, al cruzar el estrecho que da paso al mar abierto, tuvimos que ir casi costeando la punta Sur y allí los divisamos á todos tres en una pequeña eminencia de arena, arrodillados, y tendiéndonos los brazos con aire suplicante. Lo que hacíamos era muy en contra de nuestros sentimientos, dejándolos en aquella isla salvaje y abandonada; pero era imposible exponernos á los riesgos de un nuevo motín á bordo, y llevarlos á bordo para entregarlos al verdugo en Inglaterra hubiera sido una compasión de una especie enteramente cruel. El Doctor les dió voces avisándoles de las provisiones de todo género que les dejábamos y el punto en donde podrían encontrarlas. Empero ellos continuaban llamándonos á todos por nuestros nombres con unos gritos que partían el corazón, y pidiéndonos que por el amor de Dios no los condenáramos á morir en semejante paraje.

Por último, viendo que el buque seguía inflexiblemente su marcha y se iba ya poniendo fuera del alcance de la voz, uno de ellos, que bien sé cual fué, se puso en pie de un salto lanzando un grito ronco, apoyó el mosquete en su hombro, apuntó é hizo fuego, lanzando una bala que pasó casi rozando la cabeza de Silver y perforó la vela mayor.

Después de esto nos pusimos á cubierto tras la balaustrada de cubierta, y cuando, algún rato después, saqué la cabeza para verlos, habían ya desaparecido de sobre la eminencia de arena, y la eminencia misma se fué perdiendo poco á poco en la bruma de la distancia. Aquel fué, en realidad, el fin del drama representado en la Isla del Tesoro; y como á eso de mediodía, con indecible regocijo de mi ánima, la punta más elevada, la del "Vigía," se sumergía, por fin, en la azul inmensidad del océano.

Nuestra tripulación era tan escasa que cada uno de nosotros tenía precisión de prestar su ayuda personal á la maniobra, excepto el Capitán que tendido á popa sobre un colchón, daba sus órdenes con toda propiedad, pues aunque ya muy mejorado de su grave herida, tenía aún que guardar una inmovilidad casi absoluta.

Hicimos proa á uno de los puertos más inmediatos de la América española, porque no nos era posible arriesgarnos á hacer todo el viaje sin tripulantes de refresco, pues aun en aquella corta travesía nos bastó tener uno ó dos días de malos vientos y unas dos fugadas recias para que casi todos quedáramos, como quien dice, fuera de combate.

Era precisamente la puesta del sol, cuando tiramos el ancla en un precioso golfo admirablemente protegido, y al punto nos vimos rodeados por lanchones de indígenas y negros y mestizos que vendían frutas y legumbres de toda especie y ofreciéndonos bucear, para divertirnos, por recompensas verdaderamente miserables. La vista de tantos rostros placenteros y amigables, especialmente los de los negros; el gustar las deliciosas frutas tropicales y, sobre todo, las luces que comenzaban á brillar en la población en calles, puertas y ventanas, me hacían sentir la inmensidad del contraste más grato con nuestra sangrienta estancia en la isla. El Doctor y el Caballero, llevándome consigo, bajaron á tierra con el ánimo de pasar en ella las primeras horas de la noche. Pero una vez allí encontraron al Capitán de un buque de guerra inglés anclado en la bahía, entraron en conversación con él, fueron á bordo de su navío y, en una palabra, se divirtieron tanto y tan bien que sería como el amanecer del día siguiente cuando volvimos á bordo de La Española.

Ben Gunn estaba solo sobre cubierta y, no bien hubimos entrado á bordo, cuando comenzó con las más estrambóticas contorsiones á hacernos una confesión. Silver se había marchado. El hombre de la isla había favorecido su escape en un lanchón costanero, hacía algunas horas, y ahora nos aseguraba que lo había hecho así con el solo ánimo de salvar nuestras vidas, que de seguro habrían corrido riesgo inmenso si aquel "marino de una sola pierna" hubiera seguido á bordo. Pero no era eso todo. El cocinero no se había marchado con las manos vacías. Había hecho un agujero disimuladamente y se había sacado uno de los sacos que contenían unas quinientas guineas, para ayudarse seguramente en sus correrías posteriores. Creo, de veras, que todos nos sentimos archisatisfechos de vernos libres de él á tan poca costa.

Ahora bien, para abreviar lo que aún queda por referir, diré que contratamos allí algunos nuevos y honrados marinos para completar nuestra tripulación; que hicimos una travesía feliz, y que La Española tiró el ancla en Brístol, precisamente en momentos en que ya el Sr. Blandy comenzaba á pensar en la precisión de enviar otro buque en busca nuestra. Sólo cinco de las personas que habían partido en la goleta volvían en ella,

"El diablo y la bebida hicieron, todo el resto,"

con la añadidura de una venganza. Sin embargo, á no caber la menor duda, nuestra condición no era tan mala, ni con mucho, como la de aquel navío del que decía la canción que

"No tornó á bordo sino un hombre vivo,
Cuando eran, al zarpar, setenta y cinco."

Todos nosotros recibimos una porción considerable del tesoro, y la usamos, ya cuerda, ya tontamente, según nuestras respectivas inclinaciones. El Capitán Smollet vive ahora retirado ya del mar, en una posición cómoda y desahogada; Gray, no solo guardó su dinero, sino que sintiendo el deseo vivo de acrecerlo, estudió cuidadosamente su profesión, y ahora es piloto y propietario, en parte, de un grande y magnífico buque mercante. Además, se ha casado, y es padre de una familia enteramente dichosa. En cuanto á Ben Gunn, le tocaron cinco mil libras, que dilapidó con una prontitud asombrosa, encontrándose, al cabo de pocas semanas, pidiendo limosna para vivir. Entonces se le dió precisamente lo que él tanto repugnaba en la isla; esto es, la conserjería de una casa, en la cual vive á estas horas siendo el gran favorito de todos los chicuelos de la vecindad á quienes embelesa con la narración de sus hazañas y aventuras. Por lo demás, su piadosa costumbre de orar los domingos en el agreste cementerio de la isla, le ha conducido á ser ahora un excelente cantor en la iglesia, lo mismo los domingos que en las fiestas de los grandes santos.

De Silver jamás volvimos á saber ni una palabra. Aquel formidable "marino de una sola pierna," había, por fin, desaparecido del escenario de mi vida. Pero no sería extraño que al cabo se hubiese reunido con su mulata y tal vez á la hora de esta vive aún cómodamente con ella y en la inseparable sociedad de su loro. Quiero creerlo así, porque si en esta vida no le es dable gozar algo, lo que es en la otra, mucho me temo que no le espere cosa alguna que sea de envidiarse.

La gran barra de plata y las armas aún permanecen, á lo que me figuro, en el mismo lugar en que el terrible pirata las sepultara, y permanecerán allí ciertamente hasta que yo vaya por ellas. Empero ni monjas y frailes descalzos me persuadirán á que vaya de nuevo á aquel maldito lugar. Créaseme que las más siniestras pesadillas que suelen aún turbar el reposo de mis tranquilas noches, son aquellas en que me veo trasportado á la Isla del Tesoro, y oigo el sordo mugido de la mar estrellándose en sus escarpadas costas, hasta que me despierto sudoroso sobre mi lecho tan luego como la pesadilla me hace oir la voz aguda y penetrante de Capitán Flint, gritando desesperadamente: "¡Piezas de á ocho! ¡Piezas de á ocho! ¡Piezas de á ocho!"

FIN

9 789361 903441

Printed at Repro India Ltd.